애널리스트가 분석한
코스닥 @기업정보

●

한국경제신문 증권부 지음

한국경제신문

Copyright ⓒ 2000, 한국경제신문 증권부

이 책은 한국경제신문 한경BP가 저작권자와의
독점계약에 따라 발행한 것으로 본사의 허락없이 임의로
이 책의 일부 혹은 전체를 복사하거나 전재하는 등의
저작권 침해행위를 금합니다.

머리말

 뜨는 코스닥 종목에는 반드시 그 이유가 있다. 미래의 성장성이 풍부하기 때문이다. 이들 기업에는 뛰어난 기술력과 남보다 앞서 생각하는 벤처 정신이 숨어 있다. 거품이니, 과열이니 하는 얘기는 그 기업들의 내용을 잘 모르고 하는 말이다. 그러면 성장성 있는 종목에는 어떤 것이 있을까? 이 책을 읽어보면 코스닥 시장에서 요즈음 이른바 잘 나가고 있다는 정보통신, 반도체, 인터넷 관련 첨단기술주들의 주가가 왜 그렇게 사람들의 마음을 휘어잡고 설레게 만드는지 감을 잡을 수 있을 것이다.
 코스닥시장에 등록돼 있는 벤처기업들은 지금 이 순간에도 변하고 있다. 이들 기업은 일반인들이 미처 생각지 못했던 신기술을 개발하고 첨단제품을 만들어내고 있다.
 남들이 잠잘 때 이들은 사무실과 연구실, 그리고 공장에 불을 밝혀놓고 기술개발에 구슬땀을 흘리며 세계 최고의 기업을 일궈내고 있는 것이다. 회사 이름이 잘 알려지지는 않았지만 보이지 않게 이들이 개발한 기술과 제품들이 세계시장을 움직이는 것을 보고 우리 벤처산업의 무한한 성장잠재력을 확인할 수 있었다. 선진국에 비해 산업화는 좀 늦었지만 정보화에서만큼은 우리나라가 앞서가고 있는 것은, 이들 기업 덕에 가능하다는 사실도 알게 되었다. 이들 기업 주가가 올라가는 이유가 여기에 있다. 그렇지만 이들 기업이라고 해서 주가가 한없이 올라갈 수만은 없다. 올라가면 반드시 내려간다는 주가의 기본원리를 잘 알면서도 주가가 오르면 좋고 내리면 속상한 것이 인간의 기본심리다. 오르고 내리는 와중에서 사람들은 기쁨과 좌절을 맛본다. 특히 코스닥시장은 이 같은 주가의 오르내림폭이 크다. 오히려 이 같은 특성 때문에 코스닥시장이 더 사람들에게 매력을 주는지도 모르겠다. 하지만 이런 불안심리는 기업내용을 자세히 모르고 투자하기 때문에 나타나는 증상이다. 자기가 투자하고자 하는 코스닥 종목이 과연 무엇을 하는 회사인지, 무슨 제품을 만들고 있는지, 앞으로 어떤 사업을 전개할지, 돈은 얼마나 버는지 등 최소한의 내용은 알고서 투자해야 되는 것이 아닐까.

'묻지마' 투자는 이제 통하지 않는다.

이 책은 투자자의 입장에서 이 같은 궁금증을 다소나마 풀어주자는 데 목적이 있다.

430여 개가 넘는 코스닥등록 기업들 중 각 증권회사 애널리스트들의 의견을 참조해 각 산업 테마별로 대표할 수 있는 기업들을 우선적으로 선정해 이 책에 실었다. 물론 여기에 실리지 않은 기업들 중에서 더 훌륭한 기업들이 있다는 것을 밝혀둔다. 책을 준비하는 동안 각 기업들의 움직임이 시시각각으로 변해 어제 밤의 원고가 오늘 아침에는 휴지통에 들어가는 일이 비일비재했다. 이 점이 이 책을 쓰는 동안 가장 힘든 부분이었다. 이미 써놓은 원고에 새로운 뉴스가 나오면 바꿔 끼워야만 했다. 가능한 가장 최근의 뉴스를 싣고자 노력했다. 그리고 회사 개요표와 사업실적 및 재무현황은 해당기업 실무책임자들로부터 직접 자료를 넘겨받아 정리했음을 밝힌다. 그리고 증권회사 애널리스트들이 분석한 자료를 가장 소중히 정리했음도 밝힌다.

시중에는 이미 몇 권의 관련서적이 나와 있다. 이 책은 해당기업의 내용 소개에 이어 각 기업마다 증권회사 애널리스트들의 객관적인 분석내용을 덧붙였다. 이 부분이 다른 책과의 차별점이다.

따라서 독자들은 좀더 객관적인 시각으로 기업을 바라볼 수 있을 것이다.

아무쪼록 이 책이 코스닥 주식투자자들 모두에게 좋은 결실을 거둘 수 있는 보따리가 돼주기를 바란다.

끝으로 이 책이 나오기까지 도와주신 애널리스트 여러분, 또 해당기업의 재무 및 홍보담당 실무자 여러분에게도 지면을 통해 깊은 감사를 드린다.

2000년 3월
한국경제신문사 증권부

차 례

머리말/3

프롤로그—알고 하면 돈 되는 코스닥

1. 코스닥이란 ··· 15
   새로운 역사 • 15
   코스닥은 제2의 증권거래소 • 16

2. 코스닥 매매제도 ··· 17
   계좌개설 • 18
   매매주문방법 • 18
   시장가주문 • 19
   접속매매 • 19
   동시호가 • 20
   3일결제 • 21
   거래시간 • 22
   가격제한폭 • 22

매매단위 • 23
위탁증거금 • 24
신용거래 • 24
위탁수수료 • 25
코스닥 지수 • 26
소속부 • 27

3. 코스닥 투자 십계명 ·· 28
   업종이 중요하다 • 28
   바텀업 전략을 구사하라 • 29
   나스닥시장의 움직임을 놓치지 마라 • 30
   경영자와 직원을 살펴라 • 31
   무늬만 벤처인 기업에 주의하라 • 32
   외국인 동향에 주목하라 • 33
   공시는 돈이다 • 33
   루머와 작전세력을 조심하라 • 34
   유동성을 점검하라 • 35
   기업설명회(IR)를 활용하라 • 35

4. 코스닥시장의 테마 ·· 36
   액면분할 • 36
   유상증자 및 무상증자 • 37
   나스닥상장 • 38
   증권거래소상장 • 39
   자사주 취득 • 40
   화의 및 법정관리 탈출 • 41
   배당투자 • 42

제 1 장 인터넷 관련주

다음커뮤니케이션(35720) • 48
드림라인(35430) • 52
디지틀조선일보(33130) • 57
새롬기술(35610) • 61
싸이버텍홀딩스(37240) • 65
제이씨현시스템(33320) • 68
코네스(35290) • 72
하나로통신(33630) • 76
한국디지탈라인(32600) • 80
한국정보통신(25770) • 84
한글과컴퓨터(30520) • 88

제 2 장 시스템통합 관련주

대신정보통신(20180) • 96
메디다스(32620) • 100
비트컴퓨터(32850) • 104
인성정보(33230) • 107
정문정보(33050) • 110

제 3 장 반도체 관련주

광전자반도체(36850) • 118
다산씨앤드아이(37200) • 121
동진쎄미켐(05290) • 125
삼우EMC(26250) • 128
서울일렉트론(32980) • 131
심텍(36710) • 135
아토(30530) • 139
엠케이전자(33160) • 143

원익(32940) • 147
주성엔지니어링(36930) • 151
테크노세미켐(36830) • 156
프로칩스(30350) • 160
피에스케이테크(31980) • 164

제 4 장 초박막액정표시장치 관련주
우영(12460) • 172

제 5 장 개인용컴퓨터 관련주
두인전자(31970) • 180
모아텍(33200) • 184
창명정보시스템(37010) • 188

제 6 장 네트워크 관련주
기산텔레콤(35460) • 194
도원텔레콤(36180) • 198
삼우통신공업(31860) • 201
삼지전자(37460) • 204
웰링크(35830) • 208
인터링크시스템(30420) • 212
자네트시스템(32050) • 216
KDC정보통신(29480) • 220
한아시스템(36020) • 223

제 7 장 통신 관련주
경덕전자(32570) • 230
세원텔레콤(36910) • 234
에이스테크놀로지(32930) • 238

와이드텔레콤(36790) • 242
　　　텔슨전자(27350) • 246
　　　필코전자(33290) • 249
　　　한국통신프리텔(32390) • 253
　　　한국통신하이텔(36030) • 257
　　　한솔엠닷컴(30700) • 260

제 8 장 디지털방송 관련주
　　　기륭전자(04790) • 268
　　　삼구쇼핑(35760) • 272
　　　서울방송(34120) • 276
　　　청람디지탈(35270) • 279
　　　휴맥스(28080) • 283

제 9 장 벤처캐피털 관련주
　　　한국기술투자(19550) • 290

제 10 장 기타 주요 종목
　　　다우데이타시스템(32190) • 298
　　　대양이앤씨(33030) • 302
　　　로커스(34600) • 306
　　　바이오시스(35960) • 310
　　　시공테크(20710) • 313
　　　코닉스(17210) • 317
　　　터보테크(32420) • 321
　　　한신코퍼레이션(37120) • 325

부록1 코스닥 등록예비심사청구 예정법인 현황/331
부록2 제3시장 진입희망업체/334

프롤로그

알고 하면 돈되는 코스닥

1. 코스닥이란

새로운 역사

2000년 2월 8일. 새로운 천년을 시작하는 첫해 2월 국내 증시에 새로운 이정표가 세워졌다.

이날 코스닥(KOSDAQ)시장의 거래대금이 사상 처음으로 증권거래소시장의 거래대금을 넘어섰다. 5년 역사의 코스닥시장이 45년 전통의 증권거래소시장을 눌렀다. 벤처기업의 자금조달시장인 코스닥시장이 대기업의 자금조달시장인 증권거래소시장을 앞선 것이다. 다윗이 골리앗을 쓰러뜨린 것이나 마찬가지다. 지난 99년초만 해도 증권거래소시장 거래대금의 1%에도 못 미치던 코스닥시장의 거래대금은 1년여 만에 100배 이상 급증했다.

이 같은 거래대금 역전 현상은 중요한 시사점을 가지고 있다. 대한민국 경제의 중심이 재벌에서 벤처기업으로 이동하고 있음을 보여주고 있다. 21세기 최고의 성장산업은 인터넷과 정보통신이다. 인터넷과 정보통신산업의 주역은 바로 벤처기업이다. 최근 들어 인력과 자본이 대거 재벌기업에서 벤처기업으로 빠져나가고 있는 것도 이 때문이다. 이런 변화를 주식시장이 가장 먼저 감지해낸 것이다.

거래대금 역전 현상이 고착화될 것이라는 것에 이견을 다는 전문가들은 없다. 벤처기업과 벤처기업의 자금조달시장인 코스닥시장은 이미 거스를 수 없는 대세인 까닭이다.

미국 주식시장에서는 이미 98년 이런 현상이 나타났다. 이 해 벤처기업 위주의 나스닥(NASDAQ)시장 거래대금이 전통의 뉴욕증권거래소(NYSE)시장 거래대금을 초과한 데 이어 현재는 나스닥시장의 거래대금이 뉴욕증권거래소시장 거래대금의 두 배에 달하고 있다.

당연히 주식투자자들도 증권거래소시장보다는 코스닥시장에 더 많은 관심을 가져야 한다. 주식 포트폴리오를 조정해야 한다. 증권거래소 상장주식에만 투자하던 보수적인 투자자라도 이제 코스닥시장을 무시할 수 없을 만큼 상황이 변한 것이다. 포트폴리오에 어느 정도 코스닥주식을 편입해야 한다. 이미 코스닥 투자를 하고 있는 사람은 코스닥 주식투자 비중을 50% 이상으로 높일 필요가 있다. 이미 큰손인 국내 기관투자가와 외국인투자자들은 포트폴리오 조정에 나선 상태다. 물론 코스닥시장은 고수익·고위험 시장인 만큼 포트폴리오에 코스닥 주식만 편입하는 것은 위험한 일이다.

코스닥은 제2의 증권거래소

코스닥시장은 제2의 증권거래소다. 기존 증권거래소가 제1증권거래소라면 코스닥시장이 제2증권거래소다. 증권거래소는 대기업이 자금을 조달하는 시장인 데 비해, 코스닥시장은 벤처기업의 자금조달시장이다.

증권거래소는 까다로운 상장요건을 규정하고 있다. 실적이나 재무구조가 튼튼한 기업만 들어갈 수 있다. 그러나 코스닥시장은 등록요건이 없는 것이나 마찬가지다. 아이디어와 기술력은 있지만 돈이 없는 벤처기업도 진출할 수 있다.

사람에 비유하면 코스닥시장 등록기업은 중·고등학교 학생이다. 장차 대통령이 될 수도 있다. 반대로 거지가 될 가능성도 있다. 이에 비해 증권거래소 상장기업은 다 자란 성인이다. 어느 정도 학벌과 지위를 갖춘 어른이다.

투자자 위치에서 보면 코스닥시장은 고위험·고수익 시장이다. 종목을 잘 고르면 대박을 터뜨릴 수 있지만 반대의 경우 한 푼도 못 건진다. 거래소시장은 저위험·저수익 시장이다. 대박을 터뜨릴 가능성이 낮지만 그만큼 돈을 잃어버릴 가능성도 낮다.

코스닥시장은 지난 96년 7월 벤처기업의 자금조달을 돕기 위해 설립됐다. 이 시장은 미국 나스닥(NASDAQ)시장을 본떠 만들었다. 나스닥시장은 미국 벤처기업의 젖줄이다. 야후, 마이크로소프트 등 유수의 벤처기업이 이 시장에서 자금을 조달해 세계적인 기업으로 성장했다. 벤처기업을 육성하지 않고는 치열한 세계경쟁에서 살아남을 수 없다는 것이 정부의 생각이다.

코스닥시장에서 거래되는 종목은 '등록종목'이라고 부른다. 증권거래소에서 거래되는 종목은 '상장종목'이라고 한다. 코스닥 거래종목에 대해 굳이 등록이라는 말을 쓰는 것은 편의상 증권거래소 시장과 구분하기 위한 것일 뿐 별다른 차이가 있는 것은 아니다.

2. 코스닥 매매제도

전투에 나서는 병사는 지형지물부터 파악하는 것이 기본이다. 주식투자자도 기본이 되는 매매제도부터 익혀둬야 한다. 매매제도를 잘 몰라 뜻밖의 손실을 보는 것을 막아야 한다. 코스닥시장의 매매제도는 증권거래소시장과 같은 점도 있고 다른 점도 있다. 둘 다 주식시장인 만큼 닮은 점도 있지만 성격이 다른 시장이어서 닮지 않은 면도 있다. 코스닥시장의 매매제도가 거래소시장과 다른 점이 있는 만큼 증권거래소 상장주식에 투자하고 있는 사람도 매매제도의 공통점과 차이점을 꼼꼼히 점검할 필요가 있다.

계좌개설

주식투자의 첫번째 단계는 계좌개설이다. 계좌개설방법은 증권거래소시장이나 코스닥시장이나 동일하다. 계좌는 증권사 본·지점에서 만든다. 은행계좌를 만들 때처럼 도장과 본인임을 증명할 수 있는 신분증만 있으면 된다.

이미 상장주식을 매매하고 있는 투자자는 별도의 계좌를 만들 필요가 없다. 한 계좌로 증권거래소 상장주식과 코스닥 상장주식을 동시에 매매할 수 있기 때문이다.

은행계좌를 트면 통장을 주지만, 증권계좌를 트면 신용카드처럼 생긴 증권카드를 준다. 이 카드가 통장 역할을 대신한다.

매매주문방법

주식 매매주문을 내는 방법은 크게 네 가지다. 가장 고전적인 방법은 직접 증권사 본·지점을 방문해 주문표를 작성하는 것이다.

전화로도 주문을 낼 수 있다. 거래하고 있는 증권사 지점의 직원에게 전화를 걸어 주문을 내면 된다. 팩스로도 주문이 가능하다.

최근 들어서는 인터넷, 증권단말기, 핸드폰 등을 이용한 사이버 매매주문이 급증하고 있다. 전체 거래의 40% 이상이 사이버 주문을 통해 매매되고 있다.

주문을 낼 때는 반드시 종목, 수량, 가격을 지정해 주문을 내야 한다. 예를 들어 "새롬기술 10주를 주당 20만원에 사주십시오" 하는 식이다. 다만, 얼마에 주문을 내야 매매를 체결시킬 수 있을지 판단하기 어렵다면 증권사 직원에게 "체결될 만한 가격으로 주문을 내달라"고 부탁할 수도 있다. 그러나 고객이 가격을 정해 주문을 내는 것이 원칙이다.

시장가주문

코스닥종목을 매매할 때는 증권거래소 주식을 매매할 때와 달리 '시장가 주문'을 낼 수 없다. 시장가 주문이란 가격은 불문하고 주식을 사거나 팔겠다는 주문이다.

투자자가 주문을 낼 때 매매종목과 수량만 지정한다. 가격은 지정하지 않는다.

'시장가 사자' 주문은 '상한가 사자 주문'과 동일하고 '시장가 팔자주문'은 '하한가 팔자 주문'과 비슷하다.

하지만 시장가 매수주문을 냈다고 반드시 상한가에 주식을 사는 것은 아니다. 상한가보다 낮은 가격의 매도주문이 있다면 이것부터 먼저 체결된다. 매도할 때도 반드시 하한가로 매도되는 것은 아니다. 하한가보다 높은 매수주문이 있다면 그 주문부터 먼저 체결된다. 투자자들은 흔히 거래를 반드시 성사시키고 싶을 때 시장가주문을 낸다.

코스닥시장은 아직 전산용량과 전산개발인력이 부족해 시장가주문을 받을 수 있는 매매 시스템을 구축하지 못하고 있다.

접속매매

장중의 매매주문은 가격-시간-수량 우선순으로 체결된다. 매수주문은 비싸게 사자는 주문부터 처리된다. 반대로 매도주문은 싸게 팔자는 주문부터 우선 체결된다.

만약 가격이 같으면 가장 먼저 나온 주문부터 체결된다. 또 가격과 시간이 같으면 수량이 많은 것부터 먼저 처리된다. 또 증권사의 주문보다는 개인과 기관 등의 주문을 먼저 처리한다. 이 같은 매매를 '접속매매'라고 부른다.

동시호가

코스닥시장엔 동시호가 시간이 한 번뿐이다. 오전장을 시작하기 전인 8~9시까지 한 번이다. 그러나 증권거래소시장엔 세 번이나 있다. 오전장 시작 전(오전 8~9시), 오후장 시작 전(정오~오후 1시), 오후장 마감 전(오후 2시 50분~오후 3시) 등이다.

'동시호가'란 특정 시간대의 주문을 모두 같은 시간에 낸 주문으로 보는 것을 말한다. 코스닥을 예로 들면 오전 8~9시까지 1시간 동안 들어온 주문을 모두 같은 시간대에 나온 주문으로 간주한다.

주문의 체결가격은 자신이 어떤 가격으로 주문으로 냈느냐와 상관없이 동일하다. 모든 주문을 모은 다음 특정한 체결가격을 정해 이 가격보다 높은 사자주문과 이 가격보다 낮은 팔자주문을 동시에 일괄체결시키는 것이다.

주식을 꼭 사고 싶을 때는 동시호가 때 상한가 주문을 내면 되고, 꼭 팔고 싶을 때는 하한가 주문을 내면 된다. 이 주문이 가장 우선적으로 체결된다. 그렇다고 매매가 반드시 상·하한가에 이뤄지는 것은 아니다. 어떤 종목의 동시호가 가격이 전일대비 +2,000원으로 결정되면 이 가격으로 매매가 이뤄지는 것이다.

코스닥시장은 증권거래소시장과는 달리 시간외 매매제도가 없다는 점도 알아둘 필요가 있다. 시간외 매매란 가격이 정해진 상태에서 주식을 사고 파는 것이다. 이 때의 가격은 그 날 종가다. 증권거래소시장은 후장 종료 후 30분 간 시간외 매매를 할 수 있도록 하고 있다. 가격은 그 날 종가다.

3일결제

코스닥시장은 증권거래소시장과 마찬가지로 3일결제방식을 따르고 있다. 3일결제방식이란 매매체결이 이뤄진 지 3일째 되는 날 비로소 매매당사자 간 주식과 현금을 이동시키는 방식이다.

즉 코스닥 주식을 사면 매수 당일 그 주식이 계좌에 들어오는 것은 아니다. 3일째 되는 날 결제된다. 오늘 주식을 샀다면 모레 자신의 계좌에 주식이 들어온다. 예컨대, 주식매수일이 5월 1일이라면 결제일은 5월 3일이다.

주식을 매도할 때도 마찬가지다. 3일째 되는 날 계좌에서 주식이 빠져나간다. 5월 1일 주식을 매도했다면 5월 3일 주식이 상대방 계좌로 넘어간다.

그렇다면 목요일 매매한 주식은 토요일 결제가 이뤄질까? 그렇지 않다. 목요일 매수한 주식은 다음 주 월요일 계좌에 들어온다. 토요일, 일요일, 공휴일 등 휴장일은 날짜 계산에서 제외된다. 따라서 금요일 매수한 주식의 결제일은 다음 주 화요일이다.

반드시 알아둘 것은, 주식은 결제된 뒤에 팔 수 있는 것이 아니라는 점이다. 매매체결이 성사됐다면 주식은 아직 수중에 없지만 그 소유권은 자신에게 있다. 따라서 주식매매가 체결된 것이 확인만 되면 바로 조금 전에 사들였던 주식을 되팔 수 있다. 하루에도 몇 차례씩 주식을 사고 파는 것이 가능하다. 최근 들어 하루에도 수십 번씩 주식을 사고 파는 데이트레이더(Day-Trader)들이 맹활약하고 있는 것도 이 때문이다.

3일 결제방식은 2000년 중 2일 결제방식으로 변경될 예정이다. 매수주문이 체결됐다면 바로 이튿날 그 주식이 실제 자신의 계좌에 입고된다.

거래시간

코스닥시장에서는 증권거래소시장과는 달리 점심시간에도 매매주문을 낼 수 있다. 코스닥시장은 단일장이다. 오전 9시~오후 3시까지 열린다. 하루 6시간 가동된다. 점심시간에도 장은 돌아간다. 그래서 증권거래소 상장주식을 매매한 경험이 있는 투자자는 헷갈리기 십상이다. 증권거래소시장의 경우 점심시간(정오~오후 1시)에는 매매가 중단된다. 코스닥시장의 매매시간이 1시간 더 많은 셈이다.

사실 많은 초보 코스닥 투자자들은 점심시간에도 장이 이어진다는 것을 몰라 점심시간에 매매를 하지 않는다. 그래서 99년 상반기만 해도 점심시간만 되면 거래량이 뚝 떨어지는 현상이 빚어졌다. 지금은 단일장이라는 사실이 널리 알려져 점심시간에도 주식매매가 활발한 편이다.

최근에는 전세계적으로 주식 매매시간을 늘리고 있는 추세. 미국 뉴욕증권거래소나 나스닥은 매매시간 연장을 추진하고 있다. 국내 증권거래소와 코스닥시장도 매매시간을 늘리는 방안을 검토 중이다. 또 야간 개장까지 검토하고 있다.

주식매매는 주중 월요일부터 금요일까지 가능하다. 토요일엔 장이 서지 않는다. 토요일 주식시장을 개장하는 나라는 전세계에서 대만뿐이다.

가격제한폭

가격제한폭이란 하루 중 주가가 움직일 수 있는 최대폭이다. 주가는 일정 폭 이상 오르거나 내려갈 수 없다. 가격제한폭까지 오른 것을 상한가라고 부른다. 반대로 가격제한폭까지 내려가면 하한가다. 우리나라 주식시장은 가격의 지나친 등락을 막기 위해 가격제한폭을 두고 있다. 미국 등 선진국 주식시장은 가격제한폭을 두고 있지 않은 데 비해, 아직 시장이 성숙하지 않는 국가들은 가격제한폭을 두고 있다. 코스닥의 가격제한폭은 상하 12%다. 어떤 종목의 어제 종가가 1만 원이라면 오늘은 1만1천2백원까지 오를 수 있다. 전날 종가의 12%인 1천2백원만큼 오를 수 있다. 하루 중 그 이상은 오를 수 없다. 하한가는 8천8백원이다. 역시 전날 종가의 12%인 1천2백원까지 내릴 수 있다.

코스닥시장의 가격제한폭은 증권거래소의 가격제한폭과 차이가 있다. 증권거래소의 가격제한폭은 상하 15%다. 코스닥시장은 점진적으로 가격제한폭을 확대할 계획이다. 우선은 증권거래소 수준으로 맞출 예정인데, 장기적으로는 가격제한폭을 없앨 계획이다.

매매단위

매매단위 측면에서는 코스닥시장과 증권거래소시장의 차이점이 많다. 코스닥시장의 수량단위는 1주다. 주식매매 주문은 1주 단위로 낼 수 있다. 이에 반해 증권거래소시장의 매매단위는 10주다. 따라서 증권거래소시장에서는 15주 같은 주문이 불가능하지만 코스닥시장에서는 가능하다.

예를 들어보자. 코스닥시장에서는 다음커뮤니케이션 1주를 사달라고 매수주문을 낼 수 있다. 하지만 증권거래소시장에서는 삼성전자 주식을 1주 사달라고 할 수 없다. 최소 10주 이상 사겠다고 해야 한다.

투자자 쪽에서 생각하면 코스닥시장의 매매단위가 유리하다. 원하는 만큼 잘게 나눠 주식을 살 수 있으니 말이다.

매매단위를 두고 있는 것은 거래를 원활히 하기 위해서다. 과일 도매상들이 농부들로부터 과일을 사들일 때 박스 단위로 사는 것과 마찬가지 이치다. 매매단위를 규격화하면 거래하기가 한결 수월해진다.
　주문수량뿐만 아니라 주문가격에도 단위가 정해져 있다. 가격단위는 5단계로 나뉘어 있다. 1만원짜리 미만의 주식은 10원 단위로 주문을 낼 수 있다. 5천원, 5천10원, 5천20원 등으로 주문을 낼 수 있다. 1만원 이상 5만원 미만의 주식은 50원 단위로 주문이 가능하다. 5만원 이상 10만원 미만은 100원, 10만원 이상 50만원 미만은 500원, 50만원 이상은 1천원 단위다.

위탁증거금

　위탁증거금은 계약금이라고 생각하면 이해하기 쉽다. 집을 살 때 계약금을 먼저 지불하는 것처럼 주식매수 주문을 낼 때도 계약금이 필요하다. 이것이 위탁증거금이다.
　위탁증거금은 증권사별로 자율적으로 결정하게 돼 있다. 위탁증거금이 50%인 증권사를 통해 주문을 낸다고 가정해보자. 계좌에 5백만원이 있는 투자자는 1천만원까지 주문을 낼 수 있다. 먼저 계약금 5백만원을 낸 뒤 나머지 5백만원은 실제 주식이 양수도되는 3일째 되는 날까지 채워 넣으면 된다.
　만약 돈을 채워 넣지 않으면 증권사는 4일째 되는 날 아침 동시호가에 부족한 금액만큼의 주식을 팔아 강제로 돈을 회수한다. 강제로 주식을 파는 것을 '반대매매', 고객이 채워 넣지 않은 돈을 '미수금'이라고 한다.

신용거래

　증권거래소시장과는 달리 코스닥시장에서는 신용거래를 허용하지 않고 있다. 신용거래란 증권사로부터 돈이나 주식을 빌려 주식을 매매하는 것이다. 돈을 빌리는 것을 '신용융자'라고 부른다. 증권사가 주식 살 돈을 빌려주는 것이다.

빌린 돈에는 시중금리보다 높은 이자가 붙는다.

증권사는 돈뿐만 아니라 주식도 빌려준다. 이를 '대주'라고 부른다. 대주를 하는 투자자는 향후 특정 종목의 주가가 하락할 것으로 예상하는 사람이다. 증권사로부터 주식을 빌린 뒤 시장에 내다 판다. 일정 시간이 지난 후 예상대로 주가가 떨어지면 다시 주식을 사서 증권사에 갚는다. 주식을 빌린 만큼 주식을 되갚아야 한다. 값이 비쌀 때 팔고 쌀 때 사서 이익을 남기는 거래다. 만약 예상이 빗나간다면 손해를 보게 된다. 높은 가격에 주식을 매입해 증권사에 갚아야 한다.

위탁수수료

증권사는 고객의 주문을 처리해주는 대가로 수수료를 받는다. 이것이 위탁수수료다.

위탁수수료는 증권사가 자율적으로 정할 수 있다. 그러나 국내증권사들은 대부분 같은 수수료를 받고 있다.

증권사들은 상장주식과 등록주식에 다른 수수료율을 적용하고 있다. 코스닥주식의 수수료율은 매매대금의 0.4%다. 1만원어치를 매수했다면 40원을 수수료로 뗀다. 팔 때도 마찬가지 비율로 수수료를 뗀다.

주식을 팔 때는 0.4%의 수수료 외에 한 가지가 더 붙는다. 증권거래세다. 세율은 매도대금의 0.3%다. 따라서 주식을 팔 때는 거래대금의 0.7%를 수수료 및 증권거래세로 내야 한다. 결론적으로 한 번 주식을 샀다 팔면 매매대금의 1.1%가 허공으로 날아간다. 다만, 매도가격이 액면가(5천원) 이하일 경우 증권거래세는 면제된다.

증권거래소시장의 위탁수수료는 코스닥시장의 그것보다 0.1%포인트 높다. 매매대금의 0.5%다. 매도할 때 붙는 세금은 0.3%(증권거래세 0.15%, 농특세 0.15%)다.

코스닥 지수

지수(index)란 시장의 등락을 나타내는 지표다. 코스닥시장의 지수에는 대표지수인 '코스닥지수'와 보조지수인 '벤처지수' 및 '업종별지수'가 있다.

대표지수인 코스닥지수는 시가총액방식으로 산출된다. 시가총액이란 코스닥에 등록된 모든 주식의 현재가치다. 개별종목의 현재가치는 '주식 수×주가'로 계산된다. 모든 등록종목의 현재가치를 합하면 시가총액이 된다.

비교시점의 시가총액을 기준시점의 시가총액으로 나눈 뒤 100을 곱하면 코스닥지수가 나온다. 기준시점은 코스닥시장 개설일인 96년 7월 1일이다. 이 날 100으로 출발한 코스닥지수는 99년 12월말 현재 250선대에 머물고 있다. 3년여 동안 주식가치가 2.5배 정도 오른 셈이다.

코스닥 투자자에게 '벤처지수'는 특히 의미 있다. 코스닥시장은 벤처기업 중심의 시장이다. 투자자들의 관심도 벤처기업에 집중돼 있다. 그러나 코스닥시장에는 벤처기업만 등록돼 있는 것은 아니다. 음식료업체, 사료제조업체, 제약업체 등 벤처기업과는 거리가 먼 종목도 많이 진출해 있다. 은행, 신용금고 등 금융기관도 있다.

따라서 벤처기업을 선호하는 투자자에겐 벤처기업의 주가동향을 나타내는 지수가 더 큰 의미를 가진다. 이런 투자자에게는 시장 전체 주가의 흐름보다 벤처기업 주가의 흐름을 읽을 수 있는 지수가 더 필요하다. 이 같은 필요성이 제기되자 코스닥시장을 관리·감독하는 증권업협회는 보조지수로 벤처지수와 업종별지수를 추가로 산출하기 시작했다.

벤처지수 역시 시가총액방식으로 산출된다. 기준시점은 98년 1월 3일이다. 당시 100포인트로 출발한 지수는 99년 10월 말 현재 600선 대에 머물고 있다. 1년 10개월 만에 6배 뛰었다. 코스닥지수가 3년여 동안 2.5배밖에 오르지 못한 것에 견주면 벤처지수의 오름폭이 상대적으로 크다.

업종별 주가 움직임을 나타내는 지수가 '업종별지수'다. 코스닥시장에서 발표되는 업종별지수는 모두 다섯 가지다. 건설업종지수, 금융업종지수, 제조업종지수, 유통서비스업종지수, 기타업종지수 등이 그것이다.

건설업체의 주가동향을 나타내는 지수는 건설업종지수다. 은행·증권 등 금융기관의 주가흐름을 알 수 있는 지수는 금융업종지수다.

제조업종지수는 2차 산업에 해당하는 제조업체의 주가 움직임을 나타낸다. 유통서비스업종지수는 3차 산업으로 분류되는 서비스업종의 주가 흐름이다. 기타업종지수는 위의 네 가지 지수에 포함되지 않은 종목의 움직임을 나타낸다.

소속부

코스닥 등록종목은 크게 벤처종목, 일반종목, 증권투자회사 등 3개 소속부로 나뉜다.

'벤처종목'은 벤처 캐피털이 지분의 10% 이상을 출자한 기업, 연구개발비가 총매출액의 5% 이상인 기업, 또는 특허기술이나 신기술을 개발한 기업 등이다. 벤처 캐피털이란 벤처기업에 대한 자금지원을 목적으로 설립된 창투사, 창투조합, 신기술사업투자조합 등을 말한다.

'증권투자회사부'란 자산운용사들이 만든 뮤추얼 펀드를 말한다. 뮤추얼 펀드란 전문가들이 일반인을 대신해 주식에 투자해주는 간접투자상품이다. '일반종목'이란 벤처종목이나 증권투자회사부로 분류되지 않은 일반기업들을 일컫는다.

이들 3개 소속부 외에 추가로 알아둬야 할 것이 있다. 바로 투자유의종목과 관리종목이다. 등록기업 중 거래가 적거나 주신분산이 제대로 안 돼 유동성이 떨어지는 종목은 투자유의종목으로 떨어진다. 한 달 거래량이 1천주 미만이거나 지분분산율이 20%를 밑도는 기업이 여기에 해당된다.

또 부도·법정관리 등으로 경영위기를 맞은 기업은 관리종목으로 분류된다. 기업이 문제를 해결하면 다시 원래 소속부로 되돌아간다.

3. 코스닥 투자 십계명

업종이 중요하다

종목을 고를 때는 가장 먼저 업종부터 봐야 한다. 코스닥시장에서 대접을 받는 기업은 일반기업이 아니라 벤처기업이다. 벤처기업 중에서도 인터넷, 정보통신, 반도체, 네트워크 등 첨단업종에 종사하는 기업이 인기를 누린다. 이런 기업이 주가를 주도한다.

따라서 해당기업이 어떤 업종에 종사하는지를 파악하는 것이 기본이다. 기왕이면 인기종목을 골라야 한다. 첨단업종에 종사하는 기업을 선택하라는 얘기다. 코스닥시장에서 건설주나 금융주를 살 이유는 없다. 이런 종목을 사려면 증권거래소시장으로 가는 것이 낫다. 우량한 건설회사나 금융기관은 거래소시장에 더 많다.

바텀업 전략을 구사하라

코스닥주식에 투자할 때는 코스닥지수의 상승가능성을 먼저 점검한 뒤 종목을 고르는 톱다운(top-down) 방식이 아니라 유망종목을 먼저 고르는 바텀업(bottom-up) 전략을 구사해야 한다. 벤처투자는 전체 시장에 대한 투자가 아니라 개별 종목에 대한 투자이기 때문이다.

종목을 고를 때는 사업 아이템, 재무관리능력, 기술경쟁력, 시장점유율, 성장성, 실적 등을 종합적으로 점검할 필요가 있다.

먼저 벤처기업은 아이템이 좋아야 성공할 수 있다. 아이템은 미래의 기술 트렌드와 일치하고 지속적인 성장이 보장돼야 한다.

또한 시장이 작거나 특수한 기술이어서 대기업이 진출하기 힘든 틈새를 공략하는 기업이 유망하다. 반도체 품질 테스트기나 통신·서비스기기 또는 수입대체품을 겨냥하는 것 등이 좋은 예다.

기업의 재무관리 능력도 놓치면 안 된다. 필요한 자금을 적기에 잘 조달할 능력이 있는지, 또 그 돈을 적절히 사용하는지를 살펴봐야 한다. 자금을 잘 조달하는 것도 중요하지만 잘 쓰는 것도 그에 못지않게 중요하다.

재무제표를 볼 때는 한 해 동안의 재무제표만 보면 안 된다. 3~5년 간의 재무제표를 읽어야 한다. 흐름을 읽기 위해서다. 비록 현재 성적이 나쁘더라도 꾸준히 개선되는 추세라면 후한 점수를 줄 수도 있다. 매출액이 지속적으로 늘어나고 적자규모도 줄어드는 추세라면 반드시 나쁜 기업이라고 말할 수 없다.

기업의 상대적 위치를 점검할 필요가 있다. 시장점유율은 몇 위인지, 기술력은 몇 번째인지 파악해둬야 한다. 국내 순위뿐만 아니라 국제순위도 매겨야 한다. 상위순위에 들지 못한다는 것은 경쟁에서 이길 확률이 낮다는 것을 의미한다.

투자자들은 통상 성장성만 보고 벤처기업에 투자하는 경향이 있다. 그러나 실적이 전혀 뒷받침되지 않는 기업에 대한 투자는 신중해야 한다. 미래의 장미빛 청사진만 보고 투자하는 것은 위험하다. 물론 현재 적자를 내고 있더라도 사업성이나 기술력이 확실하다면 투자해도 괜찮다. 반대로 안정적인 수익을 내는 기업이라 하더라도 성장의 한계가 명확한 기업은 주가상승에 한계가 있게 마련이다.

나스닥시장의 움직임을 놓치지 마라

코스닥시장과 미국 나스닥시장의 동조화 현상은 지나칠 정도다. 간밤에 나스닥시장이 오르면 코스닥시장도 오른다. 반대로 나스닥시장이 떨어지면 코스닥시장도 떨어진다. 성격이 비슷한 두 시장이 같은 방향으로 움직이는 것이다. 당연히 코스닥 투자자들은 간밤의 나스닥시장 동향에 온 신경을 집중하고 있다.

주가 움직임뿐이 아니다. 시장을 주도하는 테마도 닮아가고 있다. 나스닥시장에서 인터넷 관련주가 강세를 보이면 코스닥시장에서도 인터넷 관련주들이 요동을 친다. 나스닥시장에서 리눅스 관련 주식들이 상승하면 코스닥시장에서도 리눅스 관련 주식들이 기지개를 켠다. 나스닥시장에서 반도체 관련주가 뜀박질하면 코스닥시장에서도 반도체 관련주들이 들썩인다.

이 같은 현상이 나타나는 것은 무엇보다 세계경제가 하나로 통합되고 있기 때문이다. 예컨대, 미국 반도체 산업이 호황이면 한국에서도 반도체 산업이 호황이다. 세계 경제가 하나로 묶여 돌아가고 있어 동종업체의 주가도 같은 방향으로 움직일 수밖에 없다.

하지만 최근의 주가 동조화 현상은 지나친 감이 없지 않다. 두 나라가 경제사정이나 기업내용 면에서 차이가 많이 난다는 것은 누구도 부인할 수 없다. 그러나 현실적으로 동조화 현상이 나타나고 있는 만큼 나스닥시장의 동향을 항상 놓치면 안 된다.

경영자와 직원을 살펴라

벤처기업의 장래는 경영자의 손 끝에 달려 있다. 경영자가 핵심기술과 경영능력을 갖추고 있느냐의 여부가 벤처기업의 미래를 좌우한다. 따라서 경영자의 전공·경력·관리능력·영업능력·기술개발능력 등을 점검해야 한다.

이왕이면 카리스마를 가진 경영자가 확실하다. 불확실한 기술과 사업 아이디어를 상업화하는 과정에서 창업자의 비전과 카리스마는 성패를 좌우하는 결정적인 요소다. 따라서 벤처가 성공하려면 성취욕구가 높고 기술적 안목과 리더십을 두루 갖춘 경영자가 있어야 한다.

경영자의 도덕성도 따져야 한다. 코스닥시장에서 조달한 자금을 사업에 투자하지 않고 사무실을 꾸미고 고급승용차를 굴리는 데 쓰는 귀족 벤처가 더러 있다. 대주주가 코스닥등록 직전에 대규모 물타기 증자를 실시해 등록 후 차익을 챙기는 사례도 흔하다.

헐값에 사모전환사채나 신주인수권부 사채를 발행해 이익을 챙기는 사례도 심심찮게 발생한다. 습관적으로 공시를 번복하거나 중요한 사항을 뒤늦게 공시하는 지연공시도 심각하다. 주주의 이익을 우선하고 사업으로 승부를 걸기보다는 편법을 동원해 개인의 주머니를 불리는 기업에 대한 투자 역시 신중해야 한다. 변변한 기술 없이 아이디어만 믿고 창업하거나 지분매각·코스닥등록으로 단기에 돈을 벌려는 한탕주의도 경계대상이다.

경영자뿐만 아니라 직원의 자질도 챙겨야 한다. 자신의 일에 미친 매니아적 근성을 발휘하는 직원이 많아야 한다. 한눈을 팔지 않고 맡은 분야에 열심히 매달리는 근성을 가진 직원이 많으면 많을수록 좋다. 돈보다는 일 자체에 재미를 느끼는 사람이 많아야 한다. 또 모든 직원이 한 가지 목표를 이루기 위해 똘똘 뭉쳐 있다면 금상첨화다.

무늬만 벤처인 기업에 주의하라

코스닥시장에는 무늬만 벤처인 종목이 더러 있다. 벤처기업이라고 모두 첨단업종에 종사하는 것이 아니라는 뜻이다.

우리나라 벤처기업 지정요건은 허술한 데가 많다. 허점 중 하나가 벤처 캐피털이 지분의 10% 이상을 투자한 기업이면 무조건 벤처기업으로 지정한다는 것이다. 그래서 사료를 만드는 회사도 벤처 캐피털의 자본을 유치하면 벤처 종목이 될 수 있다. 첨단기술주가 각광을 받자 뚜렷한 기술이나 능력 없이 벤처 캐피털을 주주로 참여시켜 벤처기업으로 지정받은 기업들이 있다.

실제로 코스닥시장에는 음식료 및 섬유업체도 13개나 벤처종목으로 분류돼 있다. 제지 및 화학업체도 12개나 벤처 종목에 소속돼 있다. 심지어 벤처 종목으로 분류된 건설회사도 있다.

무늬만 벤처인 회사를 벤처 종목으로 알고 투자하는 실수를 하지 말아야 한다. 해당기업의 업종·주력제품·기술력 등을 점검해 진짜 벤처기업인지 따져봐야 한다.

외국인 동향에 주목하라

99년 10월부터 코스닥시장은 외국인이 좌지우지하고 있다. 외국인의 매매비중은 아직 1~2%대에 지나지 않는다. 그러나 외국인이 일반인 투자심리에 미치는 영향력은 막강하다.

실제로 99년 10월의 주가 상승은 외국인이 주도했다. 외국인이 한글과컴퓨터 등 몇 종목을 집중적으로 사들이자 코스닥시장이 깊은 조정에서 깨어났다. 외국인 매수에 고무된 일반투자자들이 적극적으로 주식매수에 가담했기 때문이다. 99년 12월에는 정반대의 현상이 나타났다. 10, 11월 두 달 동안 열심히 주식을 사던 외국인이 이 때부터 주식을 팔기 시작했다. 얼마 안 돼 코스닥시장은 조정기를 맞게 됐다. 따라서 외국인이 주식을 사고 있는지, 아니면 팔고 있는지를 항상 점검해야 한다.

또 외국인이 어떤 종목을 사고 파는지도 늘 관찰해야 한다. 외국인이 매입하는 주식은 통상 급등세를 보이곤 한다. 실제로 99년 10월 주가급등기에 한글과컴퓨터·텔슨전자·제이씨현시스템·아토 등 외국인이 집중 매입한 종목은 여타 종목의 상승률을 압도했다. 외국인은 정보력이나 기업분석능력이 뛰어나다. 이들이 주식을 사는 데는 그만한 이유가 있다.

공시는 돈이다

공시만 잘 챙겨도 돈을 벌 수 있다. 공시란 기업이 주가에 영향을 미칠 만한 사안이 생기면 이를 일반에 알리는 것을 말한다.

투자자들이 평소 눈여겨봐야 할 공시로는 유무상증자, 액면분할, 외자유치, 자사주 취득, 5% 주주변동, 부도, 은행거래정지, 법정관리,

감자, 인수합병(M&A), 영업양수도, 회사분할, 타법인출자, 자산재평가, 회계처리 변경, 전환사채·교환사채·신주인수권부사채 발행, 공개매수, 중간배당 등이다.

공시는 아주 간결한 문장으로 제공된다. 초보투자자들은 공시내용이 무엇을 뜻하지는지 모르고 넘어가는 수가 많다. 공시 해독하는 방법을 미리 배워두는 것이 좋다.

공시는 증권전산단말기를 통해 실시간으로 투자자에 전달된다. 또 코스닥증권시장(주)은 자사 홈페이지(www.kosdaq.or.kr)를 통해 공시를 실시간으로 제공한다. 증권업협회가 제공하는 시장지에서도 공시를 점검할 수 있다.

주의할 것은 코스닥시장에는 불성실공시를 일삼는 회사가 더러 있다는 점이다. 어떤 회사는 유상증자를 한다고 했다가 이를 하루 만에 번복하기도 했다. 공시를 성실하게 하지 않는 회사 주식은 가급적 매입하지 않는 것이 좋다. 소액투자자를 속이는 회사는 결국 대가를 치르게 된다.

루머와 작전세력을 조심하라

코스닥 등록기업은 작전세력의 표적이 되기 쉽다. 상장사에 비해 자본금이 적고 유통주식 수가 적기 때문이다. 적은 자금으로 쉽게 주가를 조작할 수 있다. 실제로 거래소종목보다는 코스닥종목이 더 자주 주가조작 시비에 휘말리고 있다.

증권사 객장에는 'A종목에 B 세력이 붙었다'는 식의 작전관련 루머가 난무하고 있다. 이런 종목을 소문만 듣고 무작정 따라잡는 것도 아주 위험한 일이다. 상투를 잡을 가능성이 높다. 나한테 소문이 들어올 때쯤 되면 이미 작전 주도세력은 빠져나갔을 공산이 크다.

작전세력이 개입하지 않았음에도 불구하고 주가를 올리기 위해 작전세력이 개입됐다는 루머를 퍼뜨리는 경우도 있다. 근거 없는 역정보나 루머는 가장 경계해야 할 대상 중 하나다.

유동성을 점검하라

코스닥시장에는 유동성이 떨어지는 종목이 많다. 유동주식 수가 적어 주식을 사고 싶을 때 못 사고 팔고 싶을 때 못 파는 종목을 심심찮게 찾아볼 수 있다.

99년 12월 28일을 예로 들면 거래량이 1만주를 밑도는 회사가 198개사나 됐다. 이 중 114개사는 거래량이 1,000주에도 미치지 못했다. 또 38개사는 거래량이 100주 미만이었으며 거래가 전무한 회사도 17개나 됐다.

이는 지분분산이 잘 안 된 회사가 많기 때문에 나타나는 현상이다. 코스닥시장은 아직 활성화된 지 얼마 안 됐기 때문에 유동성이 떨어지는 종목도 많이 있다. 매수주문을 내기 전에는 반드시 거래량 추이를 확인하는 습관을 들여야 한다.

기업설명회(IR)를 활용하라

지피지기면 백전백승이란 말이 있다. 기업을 알아야 주식투자에 성공할 수 있다. 그러나 대부분 투자자들은 증권사 직원이나 주변 사람들이 하는 말만 듣고 주식을 산다. 무슨 일을 하는 회사인지도 모르고 주식을 사는 사람마저 있다. '묻지마' 투자인 셈이다.

기업에 대해 공부를 하려는 투자자는 투자설명회(IR)를 찾아다니면 많은 도움을 받을 수 있다. 기업설명회 자리에는 해당 회사 사장이 직접 나와 기업내용에 대해 소개한다. 기업내용뿐만 아니라 회사의 장기 비전도 소개한다. 주가에 직접적인 영향을 미치는 유상증자, 액면분할, 예상이익 등에 대해서도 언급한다.

기업설명회는 회사가 자체적으로 하는 것과 코스닥증권시장(주)이 개최하는 것, 그리고 증권사 주관으로 하는 것 등이 있다.

4. 코스닥시장의 테마

테마는 유행이다. 미니스커트가 유행하면 너도나도 미니스커트를 입는 것처럼 주식시장에서 특정 범주에 속하는 종목들이 유행처럼 인기를 끈다. 이런 유행종목들을 테마라고 한다. 코스닥시장의 테마는 유상증자, 액면분할, 자사주취득 등 다양하다.

유행이 변하는 것처럼 주식시장의 테마도 변하게 마련이다. 세련된 여성은 유행에 맞게 옷을 잘 입는다. 테마의 변화를 잘 읽어야 주식투자에 성공할 수 있다.

액면분할

액면분할이란 액면가를 낮추는 것이다. 5천원인 액면가를 500원, 200원, 100원 등으로 하향조정하는 것을 말한다.

액면분할을 하면 주식 수는 액면분할 비율만큼 늘어나게 된다. 예를 들어, 발행주식 수가 10주인 회사가 액면가를 5천원에서 500원으로 낮췄다고 치자. 액면가가 10분의 1 수준으로 낮아졌으니 이 회사는 10 대 1의 액면분할을 한 셈이다. 반면 발행주식 수는 10배 늘어나게 된다.

액면분할은 이론적으로 주가에 아무런 영향도 주지 않는다. 액면가를 낮춘다고 해서 기업가치가 달라지는 것은 아니다.

그렇지만 실제로 주식시장에서 액면분할은 호재로 작용한다. 어떤 기업이 액면분할을 공시했다 하면 주가는 크게 오른다. 이는 액면분할이 수요기반을 확대하는 역할을 하기 때문이다.

일반투자자들은 고가주를 사지 않는 경향이 있다. 회사내용이 아무리 좋더라도 절대 주가수준이 높으면 매입을 꺼린다. 하지만 액면분할은 주가를 싼 것처럼 보이게 한다.

코스닥시장의 황제주인 다음커뮤니케이션을 예로 들어보자. 액면가 500원인 이 회사 주가는 30만원대다. 액면가를 5천원으로 환산하면 주가는 300만원대다.

이 회사가 액면분할을 안 했다고 가정해보자. 일반투자자 중 300만원짜리 주식을 살 수 있는 배짱을 가진 이가 얼마나 있을까?

액면분할기업의 투자 포인트는 고가주 중 아직 액면분할을 안 한 기업을 찾는 것이다. 이런 기업 중 액면분할 가능성이 높은 종목을 발굴하면 된다. 액면분할이 결정되면 단기적으로 오를 가능성이 높다. 그러나 액면분할은 단기재료라는 점을 잊으면 안 된다.

유상증자 및 무상증자

유상증자란 기업이 주주들로부터 필요한 자금을 걷는 것이다. 기업은 돈을 걷는 대신 주식을 나눠준다. 액면분할과 마찬가지로 유상증자는 코스닥시장의 주요 테마 중 하나다. 유상증자를 공시하면 주가는 급등하는 경향을 보인다. 유상증자는 주가 상승기에 호재로 통한다. 보유주식 수를 늘릴 수 있기 때문이다. 반대로 주가 하락기에는 악재다. 매물압박이 늘어나는 탓이다.

유상증자를 하는 방식은 크게 주주우선공모, 주주배정, 제3자배정, 일반공모 등 네 가지가 있다.

이 중 기업들이 주로 사용하는 유상증자 방식은 주주우선공모와 주주배정방식이다. 주주우선공모란 주주들에게 우선 유상증자 신주를 배정하고 실권주가 생기면 이를 일반에 파는 방법이다. 실권주란 주주가 증자참여를 포기한 주식이다. 주주배정방식은 주주에게 먼저 유상증자 신주를 배정한 뒤 실권주가 생기면 이를 이사회에서 알아서 처리하는 방식이다. 이 때 회사 임직원이나 대주주가 주식을 가져가는 것이 일반적이다. 제3자배정 유상증자는 외국인, 벤처 캐피털, 대주주 등 특정인에게 모든 유상증자 주식을 배정하는 방식이다. 마지막으로 기존주주를 배제한 채 불특정 다수를 대상으로 주식을 공모하는 유상증자를 일반공모방식 유상증자라고 한다.

유상증자가 주주들에게 돈을 받고 새 주식(신주)을 주주들에게 파는 것이라면 무상증자는 이미 기업이 발행한 각종 이익금을 자본금으로 전환하는 것이다. 주주들에게 돈을 받지 않고 주식을 배정한다. 기업 처지에서 보면 무상증자는 새로 돈이 들어오지 않는다. 왼쪽 주머니에 있던 돈을 오른쪽 주머니로 옮기는 것과 마찬가지다. 무상증자 역시 주가상승기에는 호재, 주가하락기에는 악재로 통한다.

나스닥상장

많은 코스닥 등록기업이 나스닥상장을 추진 중이다. 나스닥 진출에 성공하면 여러 가지로 유리한 점이 많기 때문이다. 우선 회사 지명도가 높아진다. 선진국 주식시장에 진출했다는 것은 그만큼 회사 내용이 뒷받침된다는 의미로 통한다. 이는 또 다양한 자금조달처를 확보했다는 의미를 가진다. 게다가 나스닥에 상장되면 지명도가 높아짐에 따라 해외시장 개척에도 유리하다.

그러나 나스닥상장 테마에는 함정이 있다. 여러 코스닥 등록기업들이 나스닥 상장을 추진 중이라고 떠들지만 실제로 상장이 가능한 회사는 4~5개 정도에 불과하다.

나스닥으로 들어가는 문은 좁은 편이다. 4~5단계의 엄격한 심사를 거쳐야 나스닥상장이 가능하다. 들어가는 것도 어렵지만 계속 버티는 것도 만만찮다. 상장유지요건이 엄격하다. 나스닥에 상장하려면 돈도 많이 든다. 중소기업이 감당하기에는 벅차다는 것이 전문가들의 견해다.

실제로 많은 코스닥등록 기업이 나스닥상장을 추진하겠다고 발표했지만 아직 실현된 곳이 없다. 다만, 증권거래소 상장사인 미래산업과 장외시장에서 거래되고 있는 두루넷이 99년 11월 한국기업으로서는 처음으로 나스닥 진출에 성공했다.

그래서 등록기업이 주가를 끌어올리기 위해 현실성 없는 나스닥상장 추진을 발표하고 있다는 비난이 나오고 있다. 실제로 툭하면 나스닥상장을 추진 중이라고 발표하던 S반도체는 얼마 전 부도를 냈다.

증권거래소상장

코스닥시장을 떠나 증권거래소로 가는 기업이 가끔 있다. 99년에는 현대중공업, 디씨엠, 기라정보통신, 대원제약, 국제전자 등 5개사가 증권거래소로 가버렸다. 여기에는 나름의 이유가 있다. 증권거래소에 상장되면 은행대출 문턱이 낮아지고 주변의 시선도 한결 부드러워진다. 까다로운 상장요건을 갖췄다는 것은 그만큼 기업의 내실이 튼튼해졌다는 것을 의미하기 때문이다.

증권거래소상장은 주가가 새롭게 형성되는 계기가 된다. 통상 증권거래소시장에서는 실적주가, 코스닥시장에서는 성장주가 대접받는다. 그래서 성장주가 거래소시장으로 옮기면 이는 악재로 통한다. 실제로 기라정보통신, 디씨엠 등 성장주들은 거래소상장 후 힘을 못 썼다. 반면 실적주라면 증권거래소시장이 오히려 유리하다. 현대중공업은 증권거래소시장으로 옮긴 직후 상당한 주가탄력을 보였다.

상장 예정 종목에 대한 투자 포인트는 상장 후 주가 예상이다. 상장 후 주가가 코스닥 주가보다 높을 것으로 예상되면 코스닥시장에서 주식을 매집하면 된다. 반대의 경우라면 주식을 팔아야 한다.

최근 들어 거래소시장으로 떠나는 기업이 부쩍 줄어들고 있다. 코스닥시장이 제대로 작동하기 시작하자 구태여 증권거래소로 옮길 필요가 있느냐는 인식이 확산되고 있다. 그래서 상장을 추진하던 기업이 그대로 코스닥에 주저앉는 사례가 생기고 있다. 심지어 상장요건을 갖춘 회사가 증권거래소시장 대신 코스닥시장을 선택하는 사례도 나타나고 있다. 98년까지만 해도 증권거래소시장으로 가는 정거장쯤으로 여겨졌던 코스닥시장이 증권거래소시장과 어깨를 나란히 하는 시장으로 성장했음을 엿볼 수 있는 사건들이다.

자사주 취득

자사주 취득이란 회사가 코스닥시장 내에서 자기회사 주식을 사들이는 행위를 말한다. 자사주를 취득하는 목적은 크게 두 가지다.

하나는 주가가 떨어지는 것을 막기 위해서다. 또 하나는 회사의 경영권을 지키기 위해서다. 적대적 M&A를 방지하기 위한 주식 취득이다.

코스닥시장 등록기업들은 주로 주가하락을 방어하기 위해 자사주를 취득하고 있다. 대부분 등록기업의 경우 대주주 지분율이 높아 적대적 M&A를 걱정할 필요가 없다.

통상 자사주 취득은 호재로 통한다. 자사주를 취득한다는 것은 주가하락을 막겠다는 회사측의 강력한 의사표시다. 또 주가가 기업내재가치 이하로 떨어졌다는 간접적인 의사표현으로 볼 수도 있다. 손해를 볼 가능성이 높은데도 불구하고 자사주를 취득할 기업은 없기 때문이다.

하지만 어떤 기업이 자사주 취득을 공시했다고 해서 무조건 주식매수에 나서는 것은 위험하다. 대세 하락기에는 자사주 취득이 별 효력이 없다. 대세상승 국면이나 일시적 조정 국면이라면 자사주 취득 종목에 관심을 기울여야 한다.

자사주 취득의 투자 포인트는 역시 자사주 매입비율이다. 자사주 취득 공시를 볼 때는 반드시 자사주 매입수량을 점검해야 한다. 주식을 많이 사들이면 사들일수록 주가에는 호재다.

화의 및 법정관리 탈출

기업이 도산위기에 처했을 때는 법원에 화의나 법정관리를 신청한다. 신청이 받아들여지면 재기의 길을 모색할 수 있다. 그리고 기존 채무의 만기가 연장되고 이자부담도 줄어든다.

화의와 법정관리의 차이점은 경영권 존속 여부에 있다. 화의를 인가받으면 현 경영진이 경영권을 그대로 유지한다. 반면에 법정관리 결정을 받으면 기존주주의 경영권은 박탈된다. 법원이 관리인을 파견한다.

지난 97년 초유의 경제위기를 겪으면서 많은 코스닥등록 기업이 화의나 법정관리 신세를 졌다. 그러나 경기회복으로 화의나 법정관리에서 탈출하는 기업이 하나 둘 나오고 있다. 이는 회사가 정상화됐음을 의미한다. 당연히 주가에는 대형 호재로 통한다.

화의에서 벗어나면 관리종목에서 벗어나 원래 소속부로 돌아간다. 화의나 법정관리를 탈출할 가능성이 높은 기업을 미리 사두는 것도 좋은 투자방법이다. 화의 및 법정관리 탈출을 공시하는 시점이 되면 이미 주가는 오를 대로 올라버린 경우가 많다. 따라서 평소에 법정관리나 화의기업을 점검, 회사내용의 변화를 살피는 것이 중요하다.

배당투자

배당이란 한 해 동안 벌어들인 이익 중 일부를 주주들에게 나눠주는 것이다. 해마다 연말이면 고배당을 하는 종목이 인기를 끈다.
고배당을 할 것으로 예상되는 종목을 미리 사두는 것이 투자 포인트. 연말에 가서 주식을 사려면 이미 주가가 올라버린 경우가 대부분이기 때문에 12월 초 시점부터 배당투자 유망종목에 관심을 가져야 한다.
12월 결산법인들의 경우 12월 말 현재 주식을 갖고 있는 주주들에게 배당금을 나눠준다. 배당기준일이 12월 말일이라는 뜻이다. 그렇다고 12월 말일날 주식을 사면 늦다. 코스닥 주식은 3일 만에 결제된다. 따라서 최소한 배정기준일 이틀 전에 주식을 매입해야 한다. 예를 들어, 신주배정 기준일이 12월 30일이라면 늦어도 12월 28일까지 주식을 사야 한다.
배당투자 유망종목은 당연히 꾸준히 높은 배당을 해온 회사다. 이런 회사는 이변이 없는 한 주주에 대한 신뢰를 지키기 위해 과거와 같은 수준의 배당을 하는 경향이 있다. 이런 종목 중에서 올해 예상실적이 좋은 종목을 다시 골라낸다. 돈을 많이 번 회사가 배당도 많이 할 수 있기 때문이다. 주요 증권사들이 발표하는 연간 추정실적을 참고할 만하다. 이렇게 추려낸 종목 중 현재 주가수준이 낮은 종목을 고르면 된다. 적은 돈을 투자해 높은 수익률을 올리기 위해서다. 물론 재무구조에 문제가 없는 회사라야 한다. 시황 전망도 잊어서는 안 된다. 연말까지 주가가 떨어져 버린다면 배당금보다 주가 하락으로 인한 손실규모가 더 클 수 있다.

배당투자를 할 때는 배당률보다 배당수익률이 중요하다. 배당률은 액면가를 기준으로 했을 때 배당금이 얼마나 되는지를 알아보는 지표다. 배당금을 액면가로 나눠 산출한다. 배당수익률은 배당금이 주가의 어느 정도나 되는지를 알아보는 지표로, 배당금을 현재 주가로 나눈 수치다. 예를 들어, 어떤 회사의 주가가 1만원, 배당금이 1천원이라고 치자. 이 때 배당률은 20%(1천원/5천원×100)다. 그러나 배당수익률은 10%(1천원/1만원×100)다.

투자자 처지에서는 투자원금에 대해 얼마의 수익을 내느냐가 중요하다. 배당금을 많이 지급하더라도 주가 수준이 높다면 투자자로서는 별로 먹을 것이 없다. 투자자는 5천원이 아니라 현재 주가로 주식을 매입한다. 주가 수준이 높다면 투자원금 대비 수익률이 낮아지게 된다. 그래서 배당률보다는 배당수익률이 높은 종목을 골라야 한다. 배당금을 많이 지급할 것으로 예상되는 종목 중 주가 수준이 낮은 종목을 선택해야 한다는 얘기다.

보통 우선주나 신형우선주가 배당투자 유망종목으로 많이 거론된다. 우선주는 보통주보다 1%포인트 배당을 더 준다. 주가 수준도 보통주보다 낮다. 신형우선주는 우선주보다 더 많은 배당을 한다. 신형우선주의 경우 정관에 최저배당률을 정해두고 있다. 배당가능 이익이 생겼을 경우 무조건 최저배당률만큼은 배당을 해야 한다. 최저배당률을 살필 필요가 있다. 상장사협의회는 상장사에 대해 최저배당률을 연 9%로 정하도록 권고한 바 있다.

기업들은 현금 또는 주식으로 배당을 한다. 최근 들어 현금배당과

주식배당을 동시에 하는 회사가 늘고 있다. 상장사의 경우 주식배당보다는 현금배당이 유리하다. 현금배당에 대해서는 배당락이 없다. 그러나 주식배당은 배당락을 적용받게 된다. 주식배당을 하면 기업내 재가치는 변함이 없지만 주식 수는 늘어난다. 배당락을 통해 그만큼 주가를 낮춰준다. 상장사들은 주식배당을 결산기말 15일 전까지 미리 예고해야 한다. 코스닥시장도 2000년 말부터 증권거래소시장처럼 배당제도를 개선할 계획이다.

최근에는 중간배당 기업도 테마주로 부상하고 있다. 98년까지만 해도 기업들은 1년에 한 차례씩 배당을 했다. 그러나 99년 들어 중간배당을 하는 회사가 생기고 있다. 배당을 1년에 두 번 하는 것이다. 즉 6월 말 현재 주식을 갖고 있는 주주에게 배당을 한다.

1

인터넷 관련주

인터넷 관련주 현황

인터넷 관련 사업은 크게 인터넷접속서비스(ISP), 전자상거래, 포털(portal)서비스, 콘텐츠(contents)서비스, 웹솔루션 제공 등으로 나눌 수 있다.

인터넷접속서비스란 말 그대로 네티즌이 인터넷에 접속할 수 있는 기반을 제공하는 서비스다. 하나로통신, 드림라인, 제이씨현시스템 등이 있다. 전자상거래란 인터넷공간에서 상품이나 서비스를 판매하는 것이다. 전자상거래를 전문으로 하고 있는 코스닥 등록기업으로는 인터파크가 있다.

어떤 기업이 인터넷을 통해 자사 제품을 팔려면 우선 쇼핑몰을 구축해주는 회사가 있어야 하고 해킹을 막아주는 회사도 필요하다. 이 같은 도움을 주는 회사를 웹솔루션 제공업체라고 부른다. 홈페이지를 구축해주는 회사로는 한국디지탈라인과 싸이버텍홀딩스가 있다. 해킹을 방지할 수 있는 기반을 구축해주는 회사에는 장미디어인터렉티브, 한국정보통신, 싸이버텍홀딩스 등이 있다.

집에 들어갈 때 현관을 지나는 것처럼 인터넷에 접속한 뒤 가장 먼저 만나게 되는 것이 포털이다. 흔히 인터넷 사용자들은 자신이 가장 많이 드나드는 인터넷 홈페이지를 포털로 지정해둔다. 야후, 라이코스 등 인터넷검색엔진이 대표적인 포털서비스업체다. 코스닥기업 중에서는 다음커뮤니케이션, 새롬기술 등을 포털서비스업체로 분류할 수 있다.

콘텐츠란 내용물이라는 뜻이다. 인터넷 세계에선 네티즌이 이용할 수 있는 각종 정보나 서비스로 통한다. 인터넷방송, 인터넷광고, 인터넷서점, 인터넷게임, 인터넷교육 등이 해당된다. 여기에 해당하는 코스닥 등록기업으로는 디지틀조선, 골드뱅크, 한글과컴퓨터 등이 있다.

이들 인터넷 관련주들은 코스닥시장을 선도하고 있다. 인터넷 관련주는 성장주의 대표주자이기 때문이다. 인터넷 가입자수가 폭발적으로 늘고 있어 인터넷 관련주는 고속성장을 보장받고 있다. 그러나 성장성에 비해 현재 실적은 초라한 경우가 많기 때문에 인터넷 관련주는 끝잘 거품(Bubble)논쟁에 휩싸이기도 한다.

다음커뮤니케이션(35720)

◆ **회사개요(2000.1.1 기준)**

- 설립일 : 1995년 2월 16일
- 대표이사 : 이재웅
- 발행주식수 : 600만주
- 주주관계 : 이재웅 외 22.5%, 그루너플러스자르 14.25%, 베텔스만 9.52%
- 주력사업 : 국내 최대회원확보 종합인터넷포털서비스 및 소프트웨어 개발
- 결산기 : 12월
- 코스닥등록일 : 1999년 11월 9일
- 자본금 : 30억원
- 액면가 : 500원(액면분할 : 99년 4월 26일)
- 홈페이지 : www.daum.net

　　다음커뮤니케이션은 1992년 무료 e-mail서비스인 hanmail을 실시하면서 국내 최대회원을 확보하고 있는 인터넷포털서비스 및 소프트웨어 개발업체다. 2000년 1월 기준 600만명의 회원을 확보하고 있으며 금융·증권·뉴스·경매·전자상거래 등 10여종이 넘는 방대한 콘텐츠와 사용자중심의 서비스개발로 하루 180만명의 네티즌들이 방문하고 있는 종합인터넷포털서비스 업체로 성장했다.

◆ **사업전망**

　　동사의 주력사업인 무료 e-mail 서비스 "한메일넷"은 회원에 가입한 모든 사용자들이 언제 어디서나 편리하게 메일시스템을 이용할 수 있는 서비스다. 인터넷사용자의 폭발적 증가에 힘입어 98년 100만명 수준에서 2000년 1월 기준 600만명이 넘는 회원을 확보하고 있다. 99년 추정 국내 인터넷사용자를 700만명 정도로 추정했을 때 중복가

입자를 고려하더라도 회원수는 전체 사용자의 80% 이상을 차지하고 있는 셈이다. 이 같은 방대한 회원가입 기반 위에 동사의 인터넷사이트에서는 약 3만5천개의 동호회가 활동중이고 하루 평균 2천 4백만 페이지뷰를 기록하는 등 업계 선두를 달리고 있다.

독일의 미디어그룹인 '베텔스만'과 세계2위의 인터넷광고 대행사인 미국의 '24/7미디어' 등 세계적인 미디어그룹과 전략적 제휴를 맺음으로써 경영 및 마케팅에서 다양한 선진 노하우를 습득할 수 있는 여건을 마련해놓고 있다. 특히 미국의 24/7미디어와는 직접투자를 통해 인터넷광고와 프로모션을 주사업으로 하는 '24/7미디어코리아'를 99년 4월 설립, 24/7미디어계열의 전세계 네트워크를 통한 국내광고의 해외매출 및 해외광고의 국내판권을 독점적으로 행사하게 됐다. 따라서 향후 인터넷광고 매출이 크게 향상될 것으로 예측된다.

또 국내에서도 다양한 인터넷 서비스업체와 제휴를 맺고 서비스 다양화에 주력하고 있다. 주매출원은 인터넷광고와 웹호스팅사업, 전자상거래, 소프트웨어, SI로 구성되어 있다. 98년 전체 매출액 중 인터넷광고부문이 51.8%, 웹호스팅사업부문이 7.7%를 차지할 정도로 인터넷광고부문 매출이 크다. 350여개의 광고주 중 주요 업체로는 삼성전자, 한솔CSN, 삼보컴퓨터, 롯데칠성, SK, 하나로통신 등이 있는데, 이들 광고주가 전체의 29%를 차지한다.

올해 국내 인터넷광고시장은 약 370억원 규모로 추정되는데, 동사는 인터넷이 대중적인 매체로 자리잡음에 따라 큰 폭의 인터넷 광고 수익이 예상된다. 향후 성장성이 예견되는 전자상거래와 소프트웨어 개발분야로도 전략적 제휴를 통해 진출할 준비를 하고 있다. 2000년 1월 독일의 인터넷 검색서비스업체인 '그루너운트야' 사와의 제휴로 전세계에 흩어진 한국어 홈페이지를 자동으로 찾아주는 한국어 인식 검색엔진 '다음파이어볼' 서비스를 개시했다.

포털서비스의 최강자 자리를 굳히기 위해 2000년 상반기까지 전자상거래부문에 대한 수익기반을 확대한다는 방침이다.

◆ 주가 차트

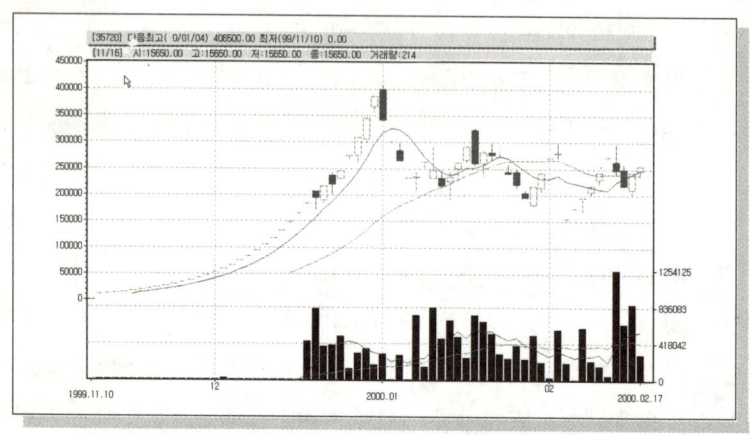

◆ 사업실적 및 재무현황

설립당시의 자본금은 5천만원이었으나 몇 차례의 유상증자와 무상증자를 통해 2000년 1월 1일 기준 자본금이 30억원으로 늘어났다. 코스닥 신주공모 당시 경쟁률이 186.44 대 1을 기록해 화제가 됐으며 등록 후 연 30일 이상 상한가를 기록해 눈길을 끌기도 했다.

주요주주는 대표이사 이재웅 사장 외 특수 관계인이 22.5%, 독일의 그루너플러스자르 14.25%, 베텔스만 멀티미디어가 9.52%의 지분을 갖고 있다.

98년 적자를 실현했던 동사는 99년 6월 반기결산 결과 약 15억원의 매출에 14억원의 순이익을 기록했다. 2000년 1월 100%의 무상증자를 결의했으며 사업영역 다각화를 위해 인터넷 스포츠포털사이트인 한국스포츠포털(가칭)에 1억9천만원, 영화관 통합전산망인 저스트

기획에 6억원을 출자키로 결정했다.

주요 재무실적 및 전망   (단위 : 억원, 원, %)

연도	매출액	경상이익	순이익	부채비율	EPS
1997	11.2	0.1	0.1	205.2	117
1998	17.1	1.1	-0.6	382.2	-24
1999. 6	15.1	0.6	13.9	8.5	271
2000(E)	144.4	23.8	18.0	13.4	297

〈자료 : 다음커뮤니케이션[2000(E)년 수치와 EPS는 굿모닝증권 분석자료임]〉

애널리스트 분석

다음커뮤니케이션의 최대 장점은 국내 1위의 인터넷기업이라는 점이다. 가입자수는 6백만명 이상으로 국내최대다. 하루 2천4백만 페이지뷰를 기록하고 있다. 국내 인터넷기업 중 가장 높은 온라인광고단가를 받는다.

또한 이 회사는 순수 인터넷기업이라는 장점을 가지고 있다. 현재 인터넷기업으로 분류되는 종목 중 순수 인터넷기업이라고 볼 수 있는 기업은 그리 많지 않은 것이 사실이다. 하지만 이 회사는 매출의 100%가 인터넷부문에서 발생한다.

인터넷기업의 가장 큰 위험은 향후 수익전망이 불투명하다는 것이다. 따라서 이 회사의 향후 주가는 얼마나 수익을 창출하느냐에 달려 있다고 해도 과언이 아니다. 다음커뮤니케이션은 향후 광고부문에서 수익이 꾸준히 발생할 것으로 기대된다. 6백만 가입자는 향후 수입원의 원동력이 될 전망이다.

박세용(신영증권 조사부연구원)

드림라인(35430)

◆ **회사개요(2000.1.1 기준)**

- 설립일 : 1997년 7월 31일
- 대표이사 : 김철권
- 발행주식수 : 1,687만 5,000주
- 주주관계 : 제일제당 26.6%, 한국도로공사 20.9%, 기관 및 일반주주 52.4%
- 주력사업 : 초고속인터넷접속서비스, 전용회선임대사업, 멀티미디어 온라인 서비스
- 결산기 : 12월
- 코스닥등록일 : 1999년 12월 21일
- 자본금 : 844억원
- 액면가 : 5,000원
- 홈페이지 : www.dreamX.net

    드림라인은 1997년 7월 제일제당과 도로공사가 주축이 되어 설립된 광통신 기반의 인터넷 전문 벤처기업이다. 빠르고 안정적인 인터넷 서비스를 제공하면서 단기간 내에 국내 정보통신업계의 다크호스로 급부상하는 비약적 성장을 거듭하고 있다. 초고속인터넷 서비스사업과 온라인 사업을 개시하여 2000년 1월 1일 현재 초고속인터넷 가입자 1만8천명, 온라인 서비스 가입자 50만명을 확보하고 있다.

◆ **사업전망**

    동사는 전국고속도로를 따라 구축된 도로공사의 광통신기간망을 활용하고 있다. 서울 및 6대 광역시에 시내 간선망을, 고속도로 인근 및 각 중소도시에 독자적인 가입자망을 구축했으며 중계유선망 20만km를 독점 활용하면서 전국에 걸쳐 국내 최고의 품질과 두번째로 긴 통신망을 보유하고 있다. 이 같은 광통신망을 바탕으로 기업을 대상

으로 하는 전용회선 임대서비스, 초고속 인터넷 접속서비스 및 멀티미디어 콘텐츠를 중심으로 한 온라인 서비스 사업 등을 전개하고 있다.

회선임대사업은 고객이 원하는 지역을 최단거리의 광케이블로 연결하여 대량의 정보를 빠르게 전송하는 서비스다. 현재 이동통신 기지국과 대기업, 인터넷서비스제공업체(ISP) 등에 전용회선 서비스를 제공하고 있으며 음성과 데이터, 화상의 통합서비스가 가능한 ATM망을 국내 최초로 도입해 서비스하고 있다. 이를 통해 고객들이 빠른 속도와 저렴한 요금으로 시간제한 없이 인터넷을 즐길 수 있도록 하고 있다.

또 자체 광통신망과 전국 중계유선방송망들을 연결하여 각 가정과 사무실에서 사용하는 PC에 기존 전화모뎀보다 훨씬 빠른 인터넷을 가능케 하는 전국적인 초고속 인터넷서비스를 제공하고 있다. 이 회사의 초고속 인터넷서비스는 케이블 모뎀방식과 xDSL방식을 결합한 최첨단 네트워크 기술로 가입자의 주거환경에 가장 적합한 고품질의 서비스를 제공한다. 또한 국내 최고수준의 안정성, 경제성, 확장성을 자랑하는 광통신망과 전국 가구의 50% 가입자를 확보한 유선방송망과의 연계로 전국적 통신망을 확보, 타회사에 비해 서비스 제공의 지역제한이 적다는 강점을 갖고 있다.

또 초고속 회선을 이용해 국내 최고수준의 인터넷 허브 DreamX(www.dreamX.net)를 제공하고 있다. DreamX는 영화·뉴스·종교·스포츠·연예·게임·만화 등 각 분야의 대표 콘텐츠들이 모두 모인 무료이용 인터넷 온라인 서비스다. 특히 콘텐츠를 제공하고 있는 30여 제휴업체들과 함께 DreamX 패밀리를 구성하여 경쟁력과 수익성을 공유하는 새로운 비즈니스 모델을 제시해 업계의 주목을 끌고 있다. 인터넷 서비스 사업자인 오버넷과 서비스협력을 체결했으며 도로공사와 광코어 및 회선설비 영구제공에 관한 협약서도 체결함으로

써 광통신망을 안정적으로 활용할 수 있는 기반을 마련했다. 따라서 전국기간망 구축에 따른 투자비를 최소화할 수 있고 향후 고속도로 확장에 따른 지속적인 통신망의 확대 또한 가능하게 됐다.

정보화대국 기반 조성과 디지털방송 인프라 구축을 위해 컴팩 및 마이크로소프트사와 전략적 제휴를 맺고 인터넷 비즈니스센터 건립도 추진중이다. 웹TV, VPN, 인터넷폰 등 부가가치가 높은 신규통신 서비스 사업도 적극 전개해나갈 예정이다.

단기적 주력사업이 되고 있는 초고속인터넷 접속사업의 경우 중계유선방송망을 이용하거나 대규모 아파트단지를 대상으로 한 자체 광통신망 기반의 HDSL기술을 활용하고 있기 때문에 주 수요처는 중계유선방송가입자들과 일반 아파트주민들이라 볼 수 있다. 전용회선사업의 수요처는 이동통신사업자 47%, SI사업자 15%, 인터넷접속사업자 13%, 기타 금융기관 및 일반기업 25% 등으로 구성되어 있다.

향후 추진사업으로 인터넷종합방송과 제일제당 등 관계사들의 콘텐츠를 활용해 전자상거래 등 광대역서비스도 실시할 계획이다.

◆주가 차트

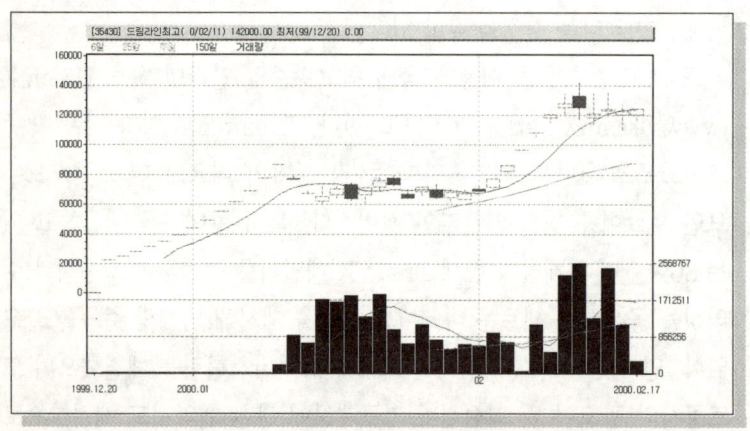

◆사업실적 및 재무현황

　97년 7월 설립 당시 자본금이 600억원이었으나 99년 12월 코스닥 등록 공모와 이후 증자를 통해 자본금을 844억원으로 늘렸다. 주요주주는 제일제당이 27%, 도로공사가 21%로 대주주이며 나머지는 기관 및 일반주주가 52%를 차지하고 있다. 주요 매출구성은 전용회선사업과 초고속인터넷 접속서비스사업 두 부문인데, 2001년부터는 인터넷을 기반으로 한 멀티미디어 온라인 서비스 사업부문의 추가매출이 발생할 전망이다. 97년 사업 초기 2천만원이던 매출액이 98년에는 12억원으로 늘어났으며 99년 매출은 약 200억원이 될 것으로 추정된다. 올해 매출목표는 약 1,103억원에 17억원의 순이익을 예상하고 있다.

　99년의 경우 매출이 본격화하지 않은 상태에서 투자가 지속됨에 따라 적자가 불가피할 것으로 예상되나 기간망과 간선망에 대한 1차적인 투자가 마무리되고 초고속인터넷 서비스사업의 매출이 본격화되는 2000년에는 소폭의 흑자를 나타낼 것으로 보인다.

주요 재무실적 및 전망　　　　　(단위 : 억원, 원, %)

연도	매출액	경상이익	순이익	부채비율	EPS
1997	-	-	-	-	-
1998	12	1.1	0.9	33.3	7
1999(E)	200	-87	-87	103.3	-702
2000(E)	1,103	17	17	60.4	86

〈자료 : 드림라인〉

애널리스트 분석

드림라인은 도로공사망을 기반으로 한 기간통신사업자다. 전용선임대사업과 초고속인터넷 접속서비스를 하고 있다. 전용선임대사업이란 도로공사의 광통신망을 SK텔레콤 등 이동통신사업자들에 임대해주는 사업을 말한다. 드림라인은 또 중계유선방송망과 자체 HDSL망을 통해 초고속인터넷 접속서비스를 제공하고 있다.

통신사업자의 기업가치는 통신망의 경쟁력과 가입자 유치능력에 달려 있다. 도로공사의 광통신망은 전국 고속도로 건설과 더불어 구축됐기 때문에 경제성과 품질이 우수하다. 국내 2위 규모의 가입자망을 확보하고 있는 중계유선방송사업자들과 제휴하고 있어 가입자 기반도 튼튼한 것으로 평가된다. 대주주는 제일제당, 도로공사 등으로 든든한 후원자 역할을 하고 있다. 도로공사의 효율적인 광통신망과 제일제당그룹의 자금력, 물류망, 쇼핑몰 등을 활용해 종합멀티미디어 서비스사업자로 성장한다는 전략을 가지고 있다.

반영원(굿모닝증권 연구위원)

디지틀조선일보(33130)

◆ **회사개요(2000.1.1 기준)**

- 설립일 : 1995년 10월 2일
- 대표이사 : 인보길
- 발행주식수 : 277만 4,000주
- 주주관계 : 대주주 외 특수관계인 35.2%
- 주력사업 : 위성서비스사업, 조선일보 뉴스 인터넷서비스 및 포털사이트화, SI, 영상사업 등
- 결산기 : 9월
- 코스닥등록일 : 1997년 8월 6일
- 자본금 : 138억원
- 액면가 : 5,000원
- 홈페이지 : www.chosun.com

95년 조선일보가 출자해 설립한 뉴미디어업체 자회사다. 조선일보의 인터넷 뉴스서비스와 뉴스전광판에 뉴스와 광고를 제공하는 위성서비스가 주력사업이다. 전자상거래와 멀티미디어 데이터서비스, 시스템통합, 영상사업 등 사업다각화를 통한 종합멀티미디어 회사로 발전하고 있다.

◆ **사업전망**

기존 인터넷 사이트인 '디지틀조선일보'의 포털사이트화를 추진하고 있으며 위성뉴스 서비스의 국내시장점유율은 거의 독점적이다. 조선일보의 막강한 영향력에 힘입어 독자확보와 광고수주가 용이할 것으로 보여 수익이 늘어날 전망이다.

매출의 대부분이 광고수익이기 때문에 경기회복과 광고시장의 대폭적인 성장에 따라 큰 폭의 수혜가 예상되고 있다. 등록사용자만 해

도 100만명이 넘고 1일 접속횟수는 500만명을 넘어선 '디지틀조선일보'는 웹사이트 인기순위 조사기관인 'WEB21'이 선정한 세계 100대 웹사이트 중 52위를 차지했다. 이를 이용한 종합 포털사이트로의 대대적인 변신을 서두르고 있다. 또한 시스템통합, 방송프로그램제작 및 공급, 원격교육 및 TEPS 등 교육사업, 컴덱스 등 정보통신 컨퍼런스와 이벤트사업 등도 활발하게 전개하고 있다.

이와 관련 LG텔레콤, 온세통신, 아남TRS 등의 정보통신업체와 지분참여 및 제휴를 맺고 있으며 E-MONEY, 휴먼컴, 조선인터넷TV, 비테크놀러지 등 벤처기업에 지분을 출자하고 있다. 전광판 인터넷사업의 광고수익이 주된 수익원이므로 기업들의 광고지출 여하에 따라 동사의 수익이 결정된다. 하지만 IMF 이후 경기회복과 광고시장의 급속팽창에 힘입어 광고수익도 증가할 전망이다. 이보다 디지털 위성방송, 케이블TV, 웹캐스팅을 통한 광고수익의 증대와 함께 신문전산 솔루션 판매, 교육사업 회원비, IT관련 벤처기업에 대한 투자수익도 예상되고 있다. 98년 기준 부문별 매출비중은 위성서비스 71.5%, 멀티미디어 12.0%, SI사업 9.5%, 영상사업 6.1%, 교육사업 등 기타 0.9%로 구성되어 있다.

2000년 1월 일본 현지법인인 일본삼성(주)과 전략적 제휴를 맺고 일본 인터넷시장 공략에 나서고 있다. 이에 따라 2000년 3월 개설예정인 한국관련 일본포털사이트를 통해 일본어로 번역된 조선일보 기사를 일본고객들에게 서비스할 계획이다.

◆ 주가 차트

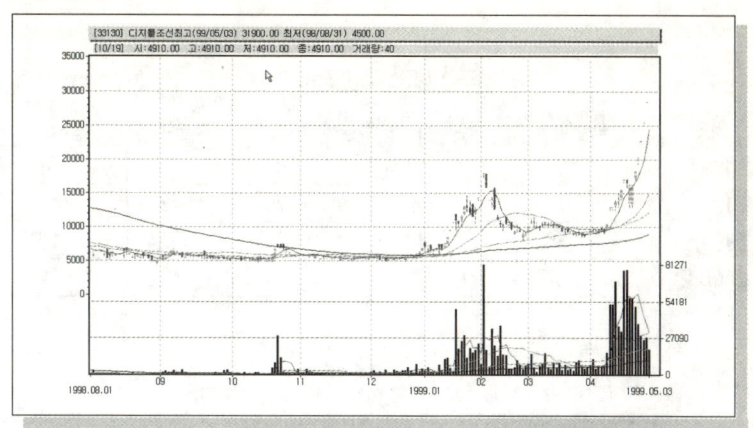

◆ 사업실적 및 재무현황

　영업실적은 98년 적자에서 99년에는 흑자로 전환된 것을 기점으로 매년 큰 폭의 성장세를 이룰 것으로 예상된다. 주요주주로는 스포츠조선이 15.6%, SK텔레콤 12.0%, 기타 특수관계인이 35.2%의 지분을 갖고 있다. 99년 3월에 LG텔레콤 주식 200만주(장부가 128억원)를 158억원에, 하나로통신 주식 280만주(장부가 149억원)를 185억원에 처분하여 현금을 확보, 부채비율을 대폭 낮췄다. 수익성 개선의 걸림돌로 작용했던 차입금 과다에 따른 금융비용부담도 대규모 전환사채 발행과 이들 투자유가증권의 처분이익으로 99년을 정점으로 급속히 개선될 예정이다. 따라서 98년 1,048%에 달했던 부채비율이 99년에는 197.4%로 낮아졌고 2000년에는 42.2%로 크게 낮아져 재무안정성이 높아질 것으로 전망된다. 97년, 98년도 매출액은 각각 284억원과 315억원을 기록했다.

　99년 추정실적은 362억원의 매출에 33억원의 당기순이익을 올릴 것으로 전망된다. 2000년 목표 매출액은 378억원, 당기순익은 31억원을 예상하고 있다.

주요 재무실적 및 전망 (단위 : 억원, 원, %)

연도	매출액	경상이익	순이익	부채비율	EPS
1997	284	10	10	169	446
1998	315	-55	-117	1,048.1	-4,671
1999(E)	362	42	33	197.4	1,315
2000(E)	378	31	31	42.2	-

〈자료 : 디지틀조선일보〉

애널리스트 분석

위성수신뉴스 서비스, 인터넷뉴스 서비스, 전자상거래, 영상사업, 시스템통합사업(SI) 등을 영위하는 종합멀티미디어 회사다. 조선일보의 자회사인 디지틀조선은 기존 인터넷 사이트인 디지틀조선일보를 운영하는 회사로 잘 알려져 있다. 디지틀조선일보는 등록사용자 1백만명,1일 접속횟수 5백만명을 넘는 인기 사이트다. 웹사이트 인기순위 조사기관인 웹21이 선정한 세계 1백대 웹사이트 중 52위를 차지하기도 했다. 이를 이용한 종합포털사이트를 지향하고 있다. 전략적 신규사업으로 정보통신관련 벤처기업과의 제휴 및 투자를 통해 사업확장과 동시에 투자수익을 기대하고 있다. 매출비중을 보면 위성수신 뉴스서비스 71.5%, 멀티미디어 12%, SI사업 9.5% 등이다. 현재 이 회사의 주요 수익원은 광고다. 따라서 기업의 광고를 좌우하는 경기가 주가의 주요변수가 되고 있다.

남권오(굿모닝증권 수석연구원)

새롬기술(35610)

◆ 회사개요(2000.1.1 기준)

- 설립일 : 1994년 8월 5일
- 대표이사 : 오상수
- 발행주식수 : 1,331만주
- 주주관계 : 오상수 외 특수관계인 11.72%, UTC벤처 2.46%, 중앙종금 2.46% 등
- 주력사업 : 인터넷 소프트웨어·접속장비 개발, 인터넷 전화서비스·커뮤니티, 전자상거래
- 결산기 : 12월
- 코스닥등록일 : 1999년 8월 11일
- 자본금 : 66억원
- 액면가 : 500원 (액면분할 : 99년 11월 12일)
- 홈페이지 : www.serome.co.kr

동사는 94년 설립된 인터넷접속장비 제조 및 통신 소프트웨어 개발 전문 벤처기업이다. 통신용 모뎀 및 소프트웨어 개발업체에서 인터넷 전문기업으로 성공적인 변신을 꾀한 대표적인 기업으로 손꼽힌다. 국내 2위의 통신용 모뎀전문 생산업체다. 통신용 모뎀이 매출의 50% 내외를 차지하고 있으며 국내 최초로 개발한 팩스전송 소프트웨어인 팩스맨과 새롬데이타맨 등 통신용 소프트웨어로 400만명에 달하는 사용자를 확보하고 있다. 이를 바탕으로 인터넷산업에 진출하여 미국에 설립한 '다이얼패드' 사가 대대적인 성공을 거두면서 코스닥시장의 핵심 주도주로 주목받고 있다.

◆ 사업전망

새롬기술은 틈새시장인 팩스모뎀용 소프트웨어를 개발하면서 시장진입에 성공한 통신 소프트웨어 전문기업이다. 통신용 모뎀을 중심으

로 한 통신용 하드웨어와 소프트웨어 개발회사였던 동사는 신기전자, 새롬커뮤니케이션, 새롬소프트, 새롬아이티 등 4개 국내계열사와 1개 해외 현지법인(Dialpad.com)을 통해 인터넷 사업으로 변신, 성장성이 크게 부각되고 있다. 이 회사는 특히 ADSL, 케이블, 무선모뎀 등 차세대 통신제품 제조에 세계적인 기술력을 보유하고 있다.

ADSL모뎀을 99년 11월에 개발완료하여 2000년부터 이 부분에서도 수익을 기대할 수 있게 됐다. 이를 바탕으로 무료 인터넷폰 서비스, 전자상거래, 인터넷포털 서비스사업으로도 영역을 넓혀가고 있다. 특히 99년 10월부터 서비스를 제공하기 시작한 미국현지법인 Dialpad.com의 무료 인터넷전화사업에서 큰 성공을 거두고 있다.

동사가 56%의 지분을 갖고 있는 Dialpad.com은 미국내 4위의 통신업체인 GTE사와 제휴를 맺고 99년 10월 18일 세계 최초로 미국내 무료 인터넷전화서비스를 실시하여 99년말 기준 150만명의 가입자를 확보하는 폭발적 성장세를 나타내고 있다. 매일 3만명 정도의 가입자가 늘어나고 있는 추세다. 미국내 인터넷폰 서비스는 모두 유료로 제공되고 있기 때문에 2000년 후에도 가입자수는 기하급수적으로 늘어나 큰 폭의 흑자를 낼 것으로 예상된다. 국내에서는 하나로통신과의 전략적 제휴로 2000년 1월부터 무료 인터넷전화서비스를 실시하고 있다. 가입자는 인터넷상에서 전국 시내외는 물론 미국내 국제전화도 무료로 이용할 수 있게 된 것.

전화비용은 새롬기술이 지불하고 대신 전화비용보다 비싼 배너 광고를 실어 수익을 올린다. 2000년말까지 500만명의 가입자를 확보할 것으로 전망하고 전세계 10개 주요 국가로의 서비스를 확대실시하여 글로벌 네트워크를 구축해나갈 계획이다.

2000년도에 나스닥시장에 상장시킬 계획이다.

◆주가 차트

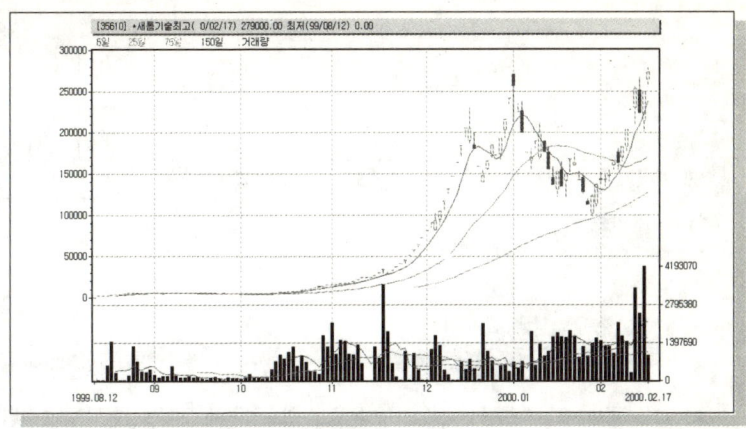

◆사업실적 및 재무현황

　　98년말 기준 8억5천만원이던 자본금이 코스닥공모와 유무상증자를 통해 66억원으로 늘어났다. 97년 매출액은 108억원에 3억6천만원의 적자를 기록했고 98년도에는 138억원 매출에 7억9천만원의 순이익을 올렸다. 99년 실적은 262억원의 매출에 10억원의 순이익을 기록할 것으로 추정된다.

　　업종전환을 위해 분사한 4개의 자회사와 미국내 현지법인인 Dialpad.com에 각각 자본금 5억원과 120만달러를 출자하고 있다. 주요주주는 오상수 대표이사 및 특수관계인이 11.7%를 보유하여 1대주주이며, UTC벤처와 중앙종금이 각각 2.4%와 2.5%씩 지분을 갖고 있다.

주요 재무실적 및 전망 (단위 : 억원, 원, %)

연도	매출액	경상이익	순이익	부채비율	EPS
1997	108.4	-3.1	-3.67	311	-69
1998	138.7	7.4	7.96	399	138
1999(E)	262	13.5	10.5	46	107
2000(E)	659	60	47	40	268

〈자료 : 새롬기술〉

애널리스트 분석

새롬기술은 무료인터넷전화사업 돌풍을 일으키면서 모뎀생산업체에서 인터넷업체로 화려하게 변신했다. 이 회사는 무료인터넷전화사업인 '다이얼패드'를 앞세워 성공적으로 인터넷시장에 진입한 것으로 평가된다. 미국에서는 99년 10월 서비스를 시작한 이후 두달 만에 가입자수가 150만명을 넘었다. 국내에서도 지난 1월 서비스를 시작한 이후 일주일 만에 가입자수가 50만명을 돌파했다. 국내 굴지의 삼성그룹과 전략적 제휴를 맺는 성과도 이뤄냈다. 앞으로 광고주를 얼마나 유치하느냐가 주가의 관건이 될 전망이다. 광고수익을 올리기 위해서는 주요 인터넷포털사이트와 연계하는 것이 필요해보인다. 인터넷전화사업은 다른 기업이 쉽게 모방할 수 있는 기술이라는 점이 부담스럽다. 다른 무료인터넷전화사업자의 출현은 불가피한 것으로 보인다. 따라서 초기에 선두주자로서의 입지를 확고히 다지는 것이 절실하다.

이훈 (LG증권 리서치센터 선임연구원)

싸이버텍홀딩스(37240)

◆ **회사개요(2000.1.1 기준)**

- 설립일 : 1995년 9월 1일
- 대표이사 : 김상배
- 발행주식수 : 540만주
- 주주관계 : 삼보컴퓨터 7.78%, 한국개발투자 2.59%, 나래이동통신 5.19% 등
- 주력사업 : 전자상거래 시장확대 따른 보안솔루션 개발보급
- 결산기 : 12월
- 코스닥등록일 : 1999년 12월 11일
- 자본금 : 27억원
- 액면가 : 500원(액면분할 : 99년 10월 9일)
- 홈페이지 : www.cybertek.co.kr

    싸이버텍홀딩스는 이스라엘 보안 솔루션회사인 체크포인트사의 국내공급업체 계약을 맺으면서 95년에 설립된 정보보안시스템 개발 회사다. 전세계 보안시장의 40%와 인터넷 기반의 상거래를 위한 국내 머천트 서버시장의 27%를 점유하고 있다. 97년 웹머천트시스템인 웨브로마트를 자체 개발하면서 전자상거래 사업으로 영역을 확대해나가고 있다. 최근 세계적인 대형 인터넷업체들의 해킹 피해에 대한 보안문제가 대두됨에 따라 반사이익 수혜기업으로 주목받고 있다.

◆ **사업전망**

    국내 보안 솔루션시장은 전자상거래의 급속한 발전에 따라 그 중요성이 강조되고 있는 신규사업분야다. 전자상거래에서 일어날 수 있는 각종 보안문제를 의식, 이 사업에 뛰어들어 시장을 선점하고 있다. OEM방식의 수출이 본격화되고 전자결제 거래를 위한 차세대 방화벽

신제품 개발 등으로 시장점유율이 점차 확대될 것으로 예측된다. 동사는 연평균 매출액의 5% 이상을 미래 기술축적을 위한 연구개발비로 투자하고 있다. 사업구조는 크게 정보보안 사업(80%)과 전자상거래사업(20%)으로 나누어진다. 올해 국내 정보보안시장 규모는 약 500억원에 이를 것으로 추정되는데, 동사의 전체 시장점유율은 40%에 이르고 상용시장에서는 이보다 많은 85%를 점유할 것으로 보인다. 머천트시스템의 경우 보안성이 뛰어나 미국·일본 등에서 이미 전자결제의 표준으로 자리잡은 SET시스템과 서버를 국제표준에 맞게 개발함으로써 해외시장으로의 전자상거래 소프트웨어 수출이 늘어날 전망이다. 동사가 개발한 이 시스템은 세계 최대의 신용카드회사인 비자의 호환성 기술테스트를 통과하여 기술력을 인정받았다. 해외시장 진출을 위해 미국 현지법인인 SECOS사를 설립하는 한편 소프트웨어 유통전문회사인 NetMynd사에 20%의 지분을 출자하고 있다. 이 회사를 통해 98년 국내 최초로 전자상거래 소프트웨어를 미국에 수출했으며 해외시장 진출에도 적극 나서고 있다.

◆주가 차트

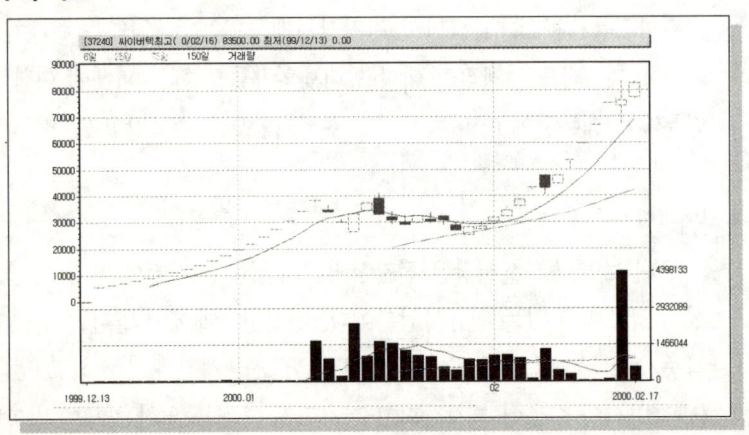

◆**사업실적 및 재무현황**

　99년말 기준 자본금이 27억원이다. 97년 매출액과 순이익은 각각 45억1천만원과 4천만원이고 98년 31억3천만원의 매출에 2억7천만원의 순이익을 기록했다. 99년 예상매출액은 72억원, 순이익은 11억원을 달성할 것으로 전망된다. 98년 부채비율은 145%에서 99년에는 28%로 크게 낮아져 재무구조가 안정적이다. 금융비용부담률도 2.2%로 양호하다. 올해 목표매출액은 150억원, 당기순이익은 24억원을 예상하고 있다.

주요 재무실적 및 전망　　　　　　(단위 : 억원, 원, %)

연도	매출액	경상이익	순이익	부채비율	EPS
1997	45.1	0.45	0.45	186.7	152
1998	31.3	2.77	2.77	145.8	924
1999(E)	72.0	15.80	11.07	28	218
2000(E)	150.0	35.50	24.70	25	440

〈자료 : 싸이버텍홀딩스〉

애널리스트 분석

　싸이버텍홀딩스는 전자상거래용 솔루션 및 보안소프트웨어 개발업체다. 전자상거래용 솔루션은 인터넷상의 전자상거래를 지원하는 솔루션이다. 국내시장의 27%를 점유하고 있다. 싸이버텍홀딩스는 삼성인터넷쇼핑몰 구축작업에 참여하는 등 대기업으로부터도 실력을 인정받고 있다. 전자상거래 시장이 급성장하고 있어 이 부문에서 안정적인 매출을 올릴 것으로 보인다.

　보안관련 소프트웨어는 인터넷상의 해킹피해를 예방하는 소프트웨어다. 지난 95년 이스라엘 체크포인트사로부터 방화벽시스템을 국내에 도입하면서 이 사업을 본격화했다. 현재 국내시장의 40%를 점유하고 있다.

　차세대방화벽개발, 수출본격화, 시장선점, 적극적인 해외마케팅 등이 이 회사의 강점이다. 다만 보안 및 전자상거래시장은 여러 사업자가 치열한 경쟁을 벌이고 있어 향후 전망을 장담할 수 없다는 점을 기억할 필요가 있다.

박세용(신영증권 연구원)

제이씨현시스템(33320)

◆ 회사개요(2000.1.1 기준)

- 설립일 : 1991년 5월 11일
- 대표이사 : 차현배
- 발행주식수 : 921만 7,000주
- 주주관계 : 차현배 외 40.07%
- 주력사업 : 컴퓨터기기, 인터넷통신
- 결산기 : 12월
- 코스닥등록일 : 1997년 11월 10일
- 자본금 : 46억원
- 액면가 : 500원(액면분할 : '98년 2월 26일)
- 홈페이지 : www.jchyun.co.kr

84년 설립된 제이씨현시스템은 컴퓨터 주변기기와 네트워크 장비의 제조 및 인터넷접속서비스사업 벤처기업이다. 그래픽카드, 메인보드, 모뎀 등 컴퓨터 주변기기가 매출의 대부분을 차지하고 있고 최근 인터넷 전용선인 '엘림네트' 서비스도 제공하고 있다. TV를 컴퓨터처럼 사용할 수 있는 셋톱박스를 개발해 공급하고 있으며 디지털TV 수신장비, 리눅스PC, ADSL 솔루션 등 고부가가치 사업으로도 진출할 계획이다.

◆ 사업전망

동사는 창업초기 MIS 소프트웨어 개발회사로 출발하여 사운드카드를 개발·판매하면서 성장의 발판을 마련했다. 크리에이티브사의 '사운드블러스트'는 국내 사운드카드시장에서 약 50%의 시장점유율을 갖고 있다. 휴대용 정보PC(PDA)인 '셀빅'에서 구동되는 모빌 성경을 개발했으며 99년부터 CIH바이러스로 인한 하드디스크의 손상을 막아주는 마더보드도 판매하고 있다. 96년부터 운영하고 있는 인터넷서비스사업(ISP)은 시장점유율 4위로 국내 14개 ISP업체 중 유일하게 흑자를 내고 있다. 동사의 ISP사업은 기업체대상 전용회선 통신서비스의 수요증가와 PC방 및 게임방의 특수로 매출이 큰 폭으로 늘어나고 있다.

앞으로 3COM과 인텔사와의 협력으로 사업환경을 강화해나간다는 전략이다. 인터넷사업은 서버호스팅사업, 가상사설망(VPN), 인터넷폰(VoIP)사업 등 신규사업으로 진행시킬 계획이다. 인터넷사업인 '엘림네트'는 99년 약 60억원의 매출을 예상하고 있다.

97년부터 한국전자통신연구원(ETRI)과 공동으로 자바 기반기술을 통해 TV로 인터넷을 할 수 있는 인터넷 셋톱박스를 개발했다. 이 제품은 유럽 등 해외시장에서 수요가 증가하고 있으며 호텔·정부기관·증권사 등에서도 수요가 늘고 있어 대량공급할 계획이다. 99년 들어서부터 가상사설망인 VPN과 별정통신 사업인 VoIP사업 등 정보통신사업에도 적극 진출한다는 계획을 세워놓고 있다. 이는 신규사업으로 진행하고 있는 네트워크 기반사업, 셋톱박스 등 디지털 기반사업과 맥을 같이한다. 이 회사는 오랫동안 컴퓨터분야에서 쌓아온 기술과 소프트웨어 개발능력을 갖고 있으며 전체직원 150여명 중 30여명이 연구인력이다.

◆주가 차트

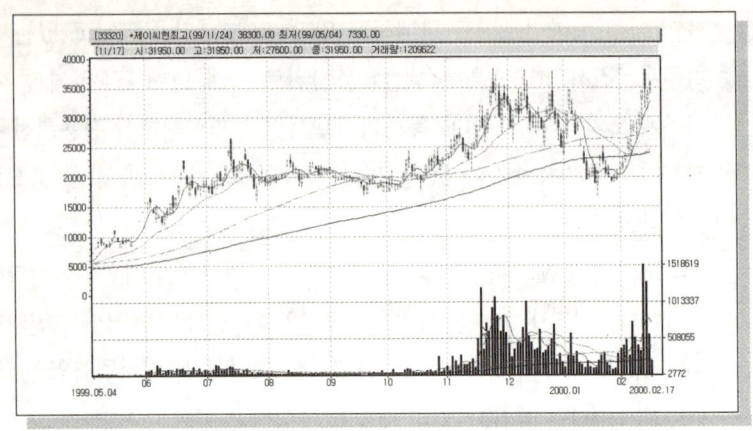

◆사업실적 및 재무현황

　무차입경영 실현으로 재무구조가 튼튼하다. 99년 11월 2천5백만 달러의 전환사채 발행으로 이자수입발생이 예상되고 있어 영업외수지 개선이 이루어질 전망이다. 전국적인 네트워크 구축이 완료될 엘림네트부문의 매출확대로 99년 1,000억원의 매출액과 40억원의 당기순이익이 예상된다. 올해 예상매출액은 1,600억원, 당기순이익은 64억원을 목표로 하고 있다. 금융비용부담률도 제로이고 부채비율도 20%에 불과하다.

주요 재무실적 및 전망 (단위 : 억원, 원, %)

연도	매출액	경상이익	순이익	부채비율	EPS
1997	351.9	29.2	18.8	43	225
1998	427.1	36.0	25.3	34	302
1999(E)	1,000	60.0	40.0	98	434
2000(E)	1,600	92.0	64.0	20	627

〈자료 : 제이씨현시스템〉

애널리스트 분석

멀티미디어카드 전문 제조업체인 제이씨현시스템은 인터넷 및 디지털관련분야로 사업분야를 확대하고 있다. 이 회사는 컴퓨터에 들어가는 사운드카드, 그래픽카드 등 멀티미디어카드를 만들고 있다. 멀티미디어카드의 매출비중은 51%에 달한다. 또 CPU와 프린터를 수입판매하고 있다. 이 유통업의 매출비중은 39% 수준이다. 제이씨현 시스템은 사업분야를 확대하기 위해 지난 95년부터 인터넷접속서비스 사업인 엘림네트를 시작했다. 이 사업의 매출비중은 현재 7.8% 수준이다. 99년에는 PDA를 출시했으며 가상사설망사업인 VPN, 별정통신사업인 VOIP사업을 준비중이다. 이 회사의 강점은 정보통신 전분야에 대한 수직계열화가 가능한 기술력을 가지고 있다는 점이다. 다양한 수입원과 축적된 기술력을 보유하고 있어 성장가능성이 높다.

노근창(신영증권 연구원)

코네스(35290)

◆회사개요(2000.1.1 기준)

- 설립일 : 1994년 11월 14일
- 대표이사 : 이태석
- 발행주식수 : 100만주
- 주주관계 : 이태석, 한국산업은행, LG창투 외
- 주력사업 : 교육전문 인터넷 포털서비스
- 결산기 : 12월
- 코스닥등록일 : 1999년 12월 7일
- 자본금 : 50억원
- 액면가 : 5,000원
- 홈페이지 : www.edubox.com 또는 www.kones.net

코네스는 교육전문 인터넷 포털사이트 '에듀박스(www.edubox.com)'를 운영하면서 교육계에 새 바람을 일으키고 있는 유망 벤처기업이다. 94년 특화된 멀티미디어 교육 콘텐츠로 국내 교육사업을 선도하겠다는 목표로 직원 7명이 자본금 5천만원으로 출범했다. 창립 5년째를 맞는 99년에는 150억원의 매출에 약 4억원의 순이익을 올리는 알짜기업으로 성장했다. 정부의 교육정보화 정책의 최대 수혜주로 99년 12월 코스닥시장에 등록되면서 회사가치가 더욱 빛을 보기 시작, 코스닥 시장의 유망주로 떠오르고 있다.

◆사업전망

동사의 핵심 사업분야는 학생과 학부모, 교사들을 위한 무료 인터넷 교육전문 포털 사이트인 '에듀박스'의 운영이다. 이 사이트는 국내 유일의 인터넷 교육사이트다. 여기서는 온라인 토론수업이 가능하고 숙제를 도와주며 각종 학습자료 제공과 학력평가 등과 같은 회원별 성적관리 시스템을 도입해 차별화된 학습정보를 제공해준다. 전국의 초중등학생 810만명, 학부모 800만명, 교사 및 교육관련 인구 150만명 등 총 1천760여만명을 서비스 대상으로 하고 있다. 99년 4월 상용 서비스를 개시한 이래 현재까지 약 30만명의 회원을 확보해 국내 최고의 인터넷 교육 포털사이트로 자리잡아가고 있다. 코네스는 올해 200만명, 오는 2001년까지 대상인구의 23%선인 400만명의 회원 가입을 목표로 다양한 메뉴와 부가서비스 개발에 박차를 가하고 있다. 각급 학생들에 맞는 학습 메뉴를 개발, 회원이 늘어나며 매출이 급상승하고 있다. 조이넷스쿨(초등학생을 위한 메뉴), 1318(중고등학생을 위한 메뉴), PTA(학부모와 교사를 위한 교육 및 문화정보 메뉴)등 타깃별 서비스 내용을 다양화하고 있다.

  방과 후 컴퓨터 교실인 '코네스 컴교실'을 운영하면서 인터넷 교육기업으로서 학생들의 컴퓨터 이용을 돕고 인터넷 마인드를 키우기 위한 노력에 역점을 두고 있다. 코네스 컴교실은 컴퓨터나 네트워크 장비 등 정보화 교육에 필요한 각종 설비와 강사, 커리큘럼을 학교에 제공하고 희망하는 학생이나 학부모들에게 방과 후 컴퓨터 교육을 실시하여 수익을 내는 사업이다. 현재 전국 250여개 학교에 월 5만명의 학생들이 코네스 컴교실을 이용하고 있다. 전국의 민간 컴교실 운영업계에서 40%의 점유율을 차지하는 수준이다. 동사는 컴교실을 운영하는 모든 학교에 초고속 위성인터넷망을 설치하여 EBS의 교육 콘텐츠를 고화질의 동영상으로 공급하는 등 차별화된 서비스로 2000년에는 약 10만명의 학생을 확보한다는 계획이다.

  또 인터넷방송아카데미(KIBA)도 운영하고 있다. 99년 7월 구 KBS제작단을 인수, 이를 발판으로 한 인터넷 방송 전문가를 양성한다는 전략이다. 여기서는 웹방송PD, 웹마스터, 웹디자인, 디지털 방송편집 등 인터넷 방송시대의 핵심인력으로 떠오르게 될 전문인력을 양성한다.

2000년부터 인터넷 방송 사이트도 개설한다는 계획이다.

◆ 주가 차트

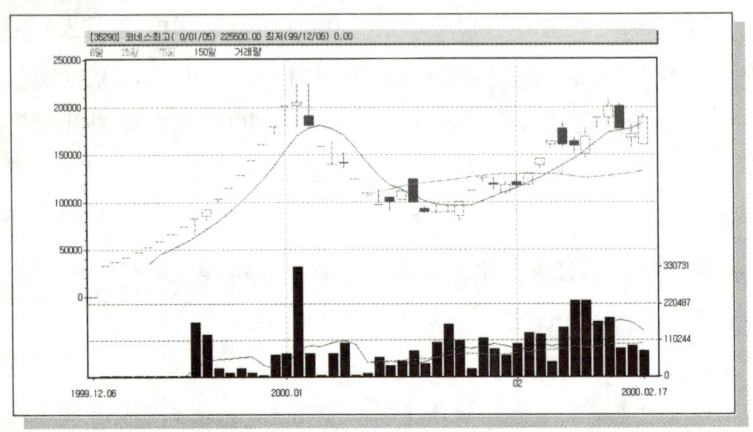

◆ 사업실적 및 재무현황

94년 출범당시의 자본금 5천만원으로 시작한 이 회사는 그동안 인터넷 보급과 새로운 교육시스템의 도입 등 교육환경의 변화를 미리 예측하고 이에 대처해온 결과, 괄목할 만한 성장을 거듭하고 있다. 97년 79억원이던 매출액이 98년에는 63% 증가한 128억원으로 늘어났고 3억9천만원의 순이익을 기록했다. 99년 추정매출액은 전년대비 18% 증가한 150억원에 약 4억원의 순이익을 예상하고 있다.

올해는 약 500억원의 매출에 25억원의 당기 순이익을 올린다는 목표다. 부채비율은 98년 215%에서 99년에는 52.2%로 대폭 줄어들었다.

주요 재무실적 및 전망 (단위 : 억원, 원, %)

연도	매출액	경상이익	순이익	부채비율	EPS
1997	79	1	0.3	589.6	272
1998	128	5	4	215.0	709
1999(E)	150	9	4	52.2	600
2000(E)	500	36	25	53.4	2,500

〈자료 : 코네스〉

애널리스트 분석

코네스는 멀티미디어 온라인 교육서비스 전문업체로 에듀박스라는 인터넷사이트를 구축, 온라인 교육서비스를 제공하고 있다. 이 회사의 인터넷 교육서비스는 방과 후 컴퓨터교실, 인터넷방송 아카데미, 콘텐츠교실 등 다양한 오프라인 교육사업을 기반요소로 이용할 수 있어 경쟁사에 비해 우위를 점하고 있다. 여타 인터넷업체들이 많은 회원수에 비해 수익으로 연결시키는데 한계가 있는 반면에 이 회사는 온라인 과외를 통한 실질적인 수익으로 연결가능하다는 점이 강점이다. 한국의 교육서비스시장은 매년 큰 폭의 신장세를 보이는 등 성장 잠재력이 크다. 이 회사가 펼치고 있는 온라인 교육은 교육내용을 시공간의 제약없이 새로운 방식으로 배포하는 수단을 제공하고 교육종사자, 학부모 등을 한데 묶는 커뮤니티 서비스를 제공할 수 있어 사업전망은 밝은 편이다. 한국의 온라인 교육시장은 초고속망과 인터넷의 활발한 보급에 힘입어 교육서비스시장의 성장에 비해 10~15% 이상의 성장을 보일 것으로 전망된다. 최근 3년간의 지속적인 투자에 대한 회수기가 도래함에 따라 지속적인 매출신장이 나타날 것으로 예상된다. 인터넷사업은 일정수준의 이용자수를 달성하면 수확체증의 법칙에 따라 수익이 급증하는 경향이 있다. 이는 초기투자비용 외에 추가로 투자되는 비용이 여느 사업에 비해 상대적으로 적기 때문이다.

이영목(대우증권 투자분석부 과장)

하나로통신(33630)

◆ **회사개요(2000.1.1 기준)**

- 설립일 : 1997년 9월 26일
- 대표이사 : 신윤식
- 발행주식수 : 2억 4,000만주
- 주주관계 : LG, 삼성, SK, 현대그룹 등
- 주력사업 : 시내전화 및 초고속 인터넷 접속서비스 제공
- 결산기 : 12월
- 코스닥등록일 : 1998년 11월 11일
- 자본금 : 1조 2,000억원
- 액면가 : 5,000원
- 홈페이지 : www.hanarotel.co.kr

한국통신에 이어 97년 6월 정부로부터 제2시내 전화사업자로 선정된 업체로 삼성, 현대, SK, LG, 한국전력 등 대기업들이 주주로 참여하고 있다. 99년 4월부터 한국전력의 CATV망, 자체 광통신망과 ADSL기술 등을 활용한 초고속인터넷 접속사업을 본격적으로 시작, 2000년 1월 기준 약 30여만명의 가입자를 확보하여 국내 최대의 초고속인터넷 접속사업자로서 업계 선두를 달리고 있다. 최근 새롬기술과의 전략적 제휴를 통해 인터넷상에서의 무료전화 서비스 실시로 주목받고 있는 기업이다.

◆ **사업전망**

98년 10월부터 케이블모뎀을 이용한 초고속인터넷 접속서비스사업을 시작했다. 제2기간통신사업자로서 2년간의 설비투자를 마무리하고 99년 4월부터 서울·부산·인천·울산 등 4대 도시의 아파트와

빌딩 등에 본격적인 초고속인터넷 서비스를 제공하고 있다. 동사의 주력상품은 광통신망을 이용한 비대칭 디지털 가입자회선(ADSL)이다. ADSL의 인터넷이용속도는 최고 8Mbps에 이른다. ISDN보다 무려 70배나 빠른 속도다.

ADSL이 가설되기 어려운 지역에는 한국전력의 CATV망을 통해 인터넷가입자를 늘려가고 있다.

2000년 하반기부터 전국 14개 도청소재지 및 주요도시를 대상으로 초고속인터넷망을 순차적으로 개통해 2003년까지 완료할 예정이다. 이렇게 되면 올해말에 약 100만명의 가입자를 유치할 것으로 예상된다.

향후 B-WLL기술을 활용하여 일반주택으로 사업영역을 확대할 예정으로 있으며 기업체를 대상으로 한 전용 회선사업도 본격화할 전망이다. 현재 총가입자 중 ADSL 가입자수가 53%, CATV망 가입자수 16%, ISDN 가입자수는 14%를 차지하고 있다. 제2통신사업자로서 초기 설비투자비용이 크다는 점과 한국통신과의 경쟁이 불가피하다는 점이 부담으로 작용하고 있으나, 최근 폭증하고 있는 초고속인터넷 수요와 향후 전개될 광대역 서비스시장의 성장잠재력이 큰 만큼 동사의 성장성 또한 충분하다고 하겠다.

동사는 또 2000년 하반기로 예정된 IMT-2000(차세대영상이동전화) 사업권 확보를 위해 온세통신을 비롯한 10개 지역 무선호출사업자, 주파수공용통신 사업자와의 컨소시엄 구성도 착실히 준비하고 있다.

◆주가 차트

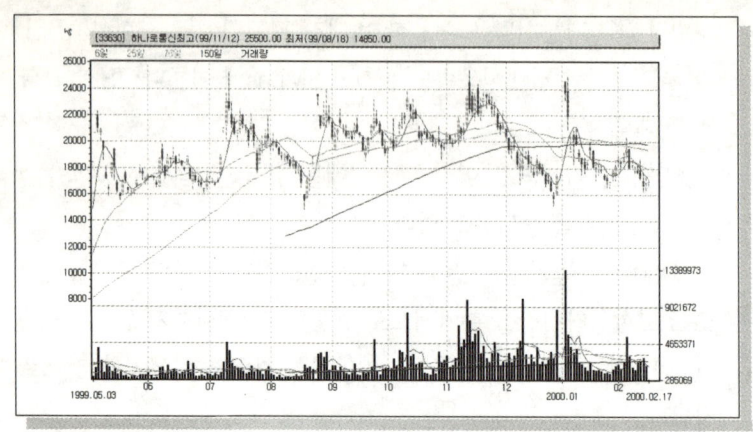

◆사업실적 및 재무현황

　97년 설립 당시의 자본금은 6천억원이었다. 99년 말 기준으로 자본금이 1조 2,000억원으로 늘어났다.

　주요주주는 LG, 삼성, SK, 현대 등 국내 4대 그룹이다. 코스닥시장에서 가장 덩치가 큰 기업이다. 그동안 시내전화망과 초고속인터넷망을 구축하는 데 중점적으로 비용이 투자됐다. 동사는 사업성격상 초기투자비용이 비록 크지만 영업이익상의 손익분기점은 2002년에는 가능할 것으로 보고 있다. 하지만 영업이익으로의 흑자 전환은 2004년께나 가능하다는 전망도 있다.

　99년 6월 반기결산실적은 26억원의 매출에 113억원의 적자가 예상되지만 2000년도에는 인터넷 가입자수의 증가로 영업이익이 대폭 호전될 것으로 전망된다. 하지만 사업초기인 97년과 98년도의 매출은 큰 의미가 없다. 98년까지 9,553억원의 유상증자를 통한 자금조달이 이루어진 데 이어 99년에는 6,600억원의 증자가 이루어졌다. 2000년 중에는 해외DR발행을 통한 나스닥상장을 추진중이며 나스닥 상장을 위한 SEC규정 준수관계로 99년말 추정실적 및 2000년도 전망자료 공개에 어려움이 있다.

주요 재무실적 및 전망 (단위 : 억원, 원, %)

연도	매출액	경상이익	순이익	부채비율	EPS
1997	–	77	76	1.61	64
1998	1	368	295	15.33	197
1999.6	26	-161	-113	16.2	–

〈자료 : 하나로통신〉

애널리스트 분석

제2시내전화사업자인 하나로통신은 초고속정보통신서비스 시장의 선두주자다. 한국전력의 CATV망이나 광통신망기반의 ADSL기술을 활용해 초고속인터넷접속서비스를 하고 있다.

이 회사는 시내전화, 초고속인터넷접속서비스 등 유선계 통신사업은 물론 IMT-2000 등 차세대 무선가입자망을 이용한 다양한 서비스를 개발, 초고속멀티미디어사업자로 발돋움한다는 구상이다.

기간통신사업의 경우 초기설비투자 부담이 큰데다 통신업계의 공룡인 한국통신과의 경쟁이 불가피하다는 점이 부담스러운 대목이다. 그러나 초고속인터넷시장의 성장잠재력이 커 장기적 성장잠재력을 기대해볼 만하다. 주가를 움직일 재료로는 M&A가 있다. 삼성, 현대, SK, LG 등 대기업들이 이 회사를 차지하기 위해 경쟁하고 있어 두고두고 주가재료가 될 전망이다.

정승교(LG증권 연구원)

한국디지탈라인(32600)

◆ 회사개요(2000.1.1 기준)

- 설립일 : 1995년 6월 14일
- 대표이사 : 노명호
- 발행주식수 : 443만주
- 주주관계 : 정현준 27.5%
- 주력사업 : 웹기반 인트라넷 환경구축 종합 SI업체
- 결산기 : 12월
- 코스닥등록일 : 1997년 5월 2일
- 자본금 : 22.1억원
- 액면가 : 500원(액면분할 : 99년 4월 26일)
- 홈페이지 : www.kdline.co.kr

한국디지탈라인은 인터넷 홈페이지 제작을 주력사업으로 지난 95년에 설립된 벤처기업이다. 인터넷환경에서 기업들의 사내정보 교환을 가능하게 해주는 인트라넷 환경을 구축하는 SI업체에서 종합정보통신업체로의 성장을 도모하고 있다. 현재는 사업영역을 전자상거래, 온라인 데이터사업, 대화형 전자기술 매뉴얼 등으로 사업을 다각화하는 중이다. 정부기관 및 기업들의 홈페이지 제작을 통해 상당한 브랜드 인지도를 확보, 국내 인트라넷 시장의 10%를 점유하고 있다.

◆ 사업전망

홈페이지 전문 제작업체라는 이미지를 벗기 위해 98년 9월 전문경영인 영입과 함께 상호를 현재의 한국디지탈라인으로 바꿨다. 홈페이지 구축에 관한 컨설팅을 주축으로 종합시스템 통합컨설팅, 기업 및 공공기관의 인트라넷 지식관리 시스템과 전자상거래 시스템에 관한

솔루션을 제공하는 업무로 사업영역을 확대해나가고 있다. 97년부터 정부를 비롯한 공공기관과 기업들이 본격적인 정보인프라 구축에 나섬에 따라 회사의 기술력이 진가를 발휘하기 시작했다. 97년 하반기에 발표한 신제품 '인트라오피스 98'은 기술적인 성과를 인정받아 정보통신부에서 부여하는 신소프트웨어 대상과 KT마크를 획득했다. SK텔레콤, 한국통신프리텔, 서울대, 보험감독원 등의 홈페이지를 만들었으며 해군 잠수함 매뉴얼작성 프로그램도 제작해 기술력과 공신력을 인정받고 있다. 또 한국통신과 공동으로 온라인 데이터 프로그램을 개발하여 상용화를 추진중이다. 전체 직원 중 70% 이상이 연구원으로 우수한 기술력을 자랑한다. 동사는 99년에 정부의 정보인프라 구축에 필요한 각종 프로그램 시스템을 개발해 정부 각 부처에 납품하는 등 수많은 매출계약을 맺고 있어 안정적인 수익이 기대되고 외형성장이 예상된다. 하지만 업체간 경쟁이 갈수록 심화돼 지속적인 기술개발이 뒤따라야 한다는 부담을 안고 있다.

◆주가 차트

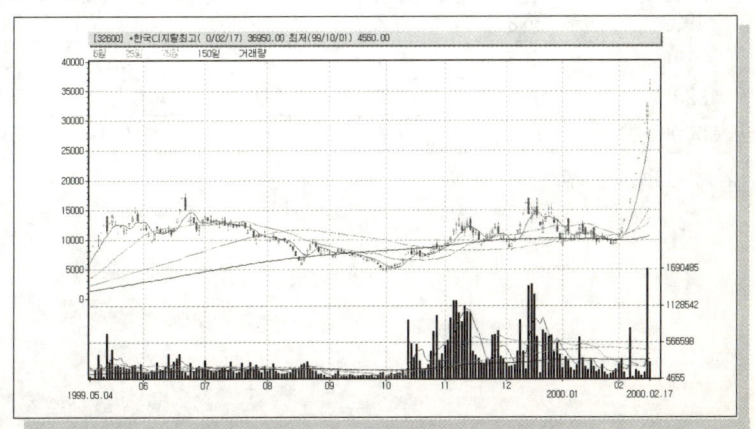

◆사업실적 및 재무현황

99년 상반기 중 64억원의 사모전환사채를 발행하여 현금흐름을 개선하는 등 재무구조를 안정시켰으며 매출증가와 수익성이 호전될 것으로 전망된다. 매출구성은 인터넷 소프트웨어가 79.3%, 하드웨어 납품이 20.7%를 차지하고 있다. 98년 소프트웨어 분야에서 28억1천만원, 하드웨어 납품으로 13억 7천만원의 매출을 올려 총매출 41억8천만원을 기록했다. 소액이나마 순이익을 올려 흑자전환의 기반을 마련하게 됐다. 99년 추정매출액과 순이익은 각각 92억원과 12억원에 이를 전망이다.

올해 목표는 172억원의 매출과 22억원의 당기순이익을 예상하고 있다. 부채비율도 16%대로 대폭 낮아질 전망이다.

99년 6월 KDL창투에 20억원을 출자해 벤처캐피털사업에 뛰어들어 평창정보통신의 지분 14.5%를 확보하고 있다.

주요 재무실적 및 전망 (단위 : 억원, 원, %)

연도	매출액	경상이익	순이익	부채비율	EPS
1997	36.9	-1.2	-1.7	39.3	-529
1998	41.8	-0.3	0.6	104.9	166
1999(E)	92.0	16.4	12.8	426.7	300
2000(E)	172.0	28.7	22.4	16.0	235

〈자료 : 한국디지탈라인〉

애널리스트 분석

한국디지탈라인은 인터넷 관련 소프트웨어 개발업체다. 지난 95년 설립 당시에는 홈페이지 제작업체로 출발했다. 청와대 홈페이지를 비롯해 노동부, 한국통신 등 굵직굵직한 기관의 홈페이지를 제작해 유명해졌다.

이어 97년부터는 인터넷 시스템통합(SI)사업부문과 무선인터넷 서비스사업 등으로 주력사업을 바꿨다. 잠수함에 사용되는 대화형 전자기술교범(IETM)을 구축한 게 대표적이다. 전자상거래용 종합솔루션인 IMS를 개발했다. IMS는 상품판매뿐 아니라 소비자의 구매패턴을 데이터베이스화해 상품판매에 접목시키는 기능을 제공한다. 2000년 들어 인터넷 네트워크 전문업체인 KDL정보통신을 설립해 본격적으로 인터넷 SI사업을 추진하고 있다.

인터넷 기업의 특성상 인적 자원이 가장 중요한 자산이다. 이 때문에 1백여명 남짓한 종업원 가운데 70% 정도가 연구개발인원이다. 직원들의 평균 연령은 30세가 채 안될 정도로 젊다.

서도원(LG증권 책임조사역)

한국정보통신(25770)

◆ 회사개요(2000.1.1 기준)

- 설립일 : 1986년 5월 9일
- 대표이사 : 하제준
- 발행주식수 : 1,115만주
- 주주관계 : 박현서 45%, 한국정보서비스 11% 등
- 주력사업 : 부가통신업, 인터넷사업(신용카드조회사업 및 IC카드 개발)
- 결산기 : 12월
- 코스닥등록일 : 1998년 1월 20일
- 자본금 : 55억원
- 액면가 : 500원(액면분할 : 99년 5월 4일)
- 홈페이지 : www.kicc.co.kr

한국정보통신은 국내 최초의 신용카드조회 사업자다. 지난 86년 설립되어 현재는 전국 60만개의 가맹점과 1천6백만명의 이지플러스 회원을 확보하고 있는 국내 시장점유율 60%의 최대 업체다. 풍부한 정보 서비스와 전국적인 신용카드결제 인프라, 인터넷 결제서비스를 활용하여 포털 및 멀티미디어 분야로 사업을 다각화하고 있다.

◆ 사업전망

동사의 주력사업은 카드조회 등 금융VAN사업, 인터넷 전자상거래, 교통 및 예약 VAN사업 등의 부가통신업과 단말기, IC 카드 등의 상품판매업이다.

신용카드조회 서비스 사업은 86년 신용카드조회 단말기 '이지테크'를 개발하면서 흑자전환의 계기를 마련, 성장의 발판을 다졌다. 현재 60%의 시장점유율을 기록하고 있다. 정부의 신용카드사용 권장

정책과 신용카드 사용액에 대한 연말 세액공제 정책 등으로 연 15% 이상의 성장이 예상된다. 고속버스 승차권 전산화 사업의 개발 운영 사업자로 선정되어 전국 80개 고속버스터미널과 300여 운송사업자를 연결하는 승차권 예약과 발권 서비스를 제공하고 있다.

동사는 국내 최초로 전자지갑(IC)카드를 개발하여 은행 및 가맹점에 관련 서비스를 제공하고 있으며 미국 넥스트웨이브텔레콤으로부터 2억2천만달러 규모의 SI사업을 수주해놓은 상태다.

인터넷 전자상거래를 위해 'Easy Day Direct'라는 시스템을 개발해 세계적인 인증기관으로부터 인증키를 발부받았다. 이는 현존하는 가장 강력한 128비트 SSL을 미국의 MS사와 공동으로 개발한 기술성이 높은 시스템이다. 그 밖에도 이지플러스와 소액결제 시스템을 통합한 사이버머니 'Easy Cash', 기업간 전자상거래 지불시스템인 'Easy Business' 등의 시스템 개발을 완료하고 현재 활발한 영업활동을 전개해나가고 있다. 97년 한국전화번호부(주)를 자회사로 인수하여 지분을 26.46% 차지하고 있고 전자상거래 결제회사인 한국정보인증(주)에 20억원을 투자하는 등 활발한 인터넷 사업을 벌이고 있다.

이 밖에도 99년 3월 문화관광부로부터 국공립공연장, 경기장, 영화관 등 입장권 표준전산망 운영업체로 선정되어 '티켓링크시스템' 사업에도 활발하게 참여하고 있다. 특히 2002년 월드컵 티켓 판매에 이 시스템이 적용될 예정이어서 향후 전망이 밝다.

동사는 미래예측 능력이 뛰어나고 불특정 다수를 대상으로 그 수요가 창출되고 있어 성장 잠재력이 매우 풍부한 업체라 할 수 있다.

◆ 주가 차트

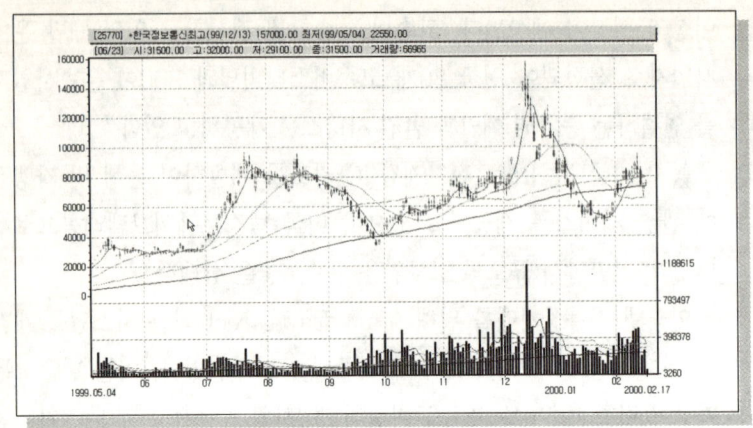

◆ 사업실적 및 재무현황

　신용카드조회사업과 티켓VAN사업의 활성화로 99년 매출액은 493억원, 경상이익은 50억원, 순이익은 39억원에 이를 것으로 예상된다. 부채비율은 인터넷 사업에 따른 신규투자로 98년 386%로 늘어났으나 해외 주식예탁증서(DR) 발행을 통한 외자유치를 계획하고 있어 크게 줄어들 것으로 전망된다. 올해 목표매출액과 당기순이익을 각각 631억원과 63억원으로 잡아놓고 있다.

주요 재무실적 및 전망 　　　　　　　　(단위 : 억원, 원, %)

연도	매출액	경상이익	순이익	부채비율	EPS
1997	347.1	46.6	35.4	353	3,181
1998	410.8	19.1	15.7	386	1,352
1999(E)	493	49	39	308	346(500원기준)
2000(E)	631	82	63	232	569(500원기준)

〈자료 : 한국정보통신, 대우증권〉

애널리스트 분석

한국정보통신은 신용카드조회 서비스업체다. 신용카드조회서비스란 은행이나 카드회사를 대신해 백화점·음식점 등 가맹점에 신용카드조회단말기를 설치하고 카드사용 승인여부를 결정하는 일이다. 사용한도를 초과하거나 미납금이 있으면 카드사용을 승인하지 않는 것도 이 회사가 하는 일이다. 이 회사는 신용카드조회서비스 시장의 65%를 점유하고 있다. 가맹점만 60만개에 달한다. 정부의 신용카드사용 권장 및 전자상거래 발달로 신용카드 매출이 지속적으로 증가할 전망이다. 그러나 경쟁이 갈수록 심화되고 있다는 대목이 부담스럽다.

이 회사는 전자상거래인증 및 교통카드시장에도 진출하고 있다. 카드사업과 연관된 사업에 진출하는 것으로 외형성장에 도움이 될 전망이다.

박세용(신영증권 연구원)

한글과컴퓨터(30520)

◆회사개요(2000.1.1 기준)

- 설립일 : 1990년 10월 9일
- 대표이사 : 전하진
- 발행주식수 : 4,854만 6,000주
- 주주관계 : 무한벤처투자 18.99%, TVG 7.4%, 현대투신 6.6% 등
- 주력사업 : 한글관련 소프트웨어 개발 제조, 인터넷 관련 사업 다각화 추진
- 결산기 : 12월
- 코스닥등록일 : 1996년 9월 24일
- 자본금 : 242억원
- 액면가 : 500원(액면분할 : 99년 8월 20일)
- 홈페이지 : www.haansoft.com

　　　89년 '아래아한글' 이란 소프트웨어 개발로 국내 컴퓨터보급을 주도했던 기업이다. 현재 국내 워드프로그램 시장점유율 1위의 독보적인 회사로 성장했다. IMF 이후 워드프로세서 사업을 포기하고 경영권을 MS사에 넘기려던 계획을 취소한 후 국민여론과 소프트웨어업계의 도움으로 경영진 교체와 주식발행을 통해 위기를 극복했다. 정부의 집중적인 불법복제 소프트웨어의 단속에 의한 수혜주로 98년 대비 99년에는 큰 폭의 매출증가로 사상 최대의 순이익이 예상되고 있다.

◆사업전망

　　　정보통신부가 추진하고 있는 국민 PC보급운동의 최대 수혜기업으로 동사의 '아래아한글' 이 기본장착 프로그램으로 선정됨으로써 이 부분의 지속적인 매출증대가 예상된다.

　　　한컴의 출발은 한국의 빌 게이츠로 불리던 이찬진 전 대표가 89년

'아래아한글' 소프트웨어를 개발하면서 시작됐다. 3년만에 국내 워드 프로세서 시장의 80%를 점유해 소프트웨어 시장의 대명사가 될 정도로 성장했다. 그 후 경영상의 실패로 98년 한글사업을 포기하는 조건으로 MS사에 지분을 매각하려는 계획을 발표했으나 '아래아한글' 만은 살려야 한다는 국민 여론에 힘입어 매각을 취소하고 외자유치와 강도높은 구조조정 및 경영진 교체로 회생의 돌파구를 마련했다. 이를 계기로 정품 소프트웨어 사용에 대한 국민적 관심을 불러일으켰고 그에 대한 수혜로 매출이 급속히 증가하게 됐다. 또한 한컴의 브랜드를 더한층 깊이 인식시키는 기회가 되기도 했다.

동사제품에 대한 정부, 교육기관, 학생층의 수요는 지속될 것으로 보이나 기업부문의 경우 MS오피스에 대한 선호도가 높아지고 있어 시장점유율은 다소 하락할 것으로 예상된다.

한편 '아래아한글' 의 성공을 기반으로 다양한 인터넷 비즈니스를 전개하고 있다. 99년 들어 자회사로 네띠앙 서비스를 제공하는 '한컴네트'(지분율 46.6%)와 스카이러브를 운영하는 '하늘사랑'(지분율 50%)의 지분인수를 통해 인터넷사업에 본격 진출했다.

채팅서비스를 제공하는 스카이러브(회원수 410만명), 포털사이트인 네띠앙(회원수 150만명), 인터넷상에서 오피스 소프트웨어를 제공하는 넷피스를 운영하고 있어 대형 인터넷업체로 변신중이다. 2000년 1/4분기까지 통합 포털사이트인 YECA.com를 개설하여 본격적인 e비즈니스를 전개할 계획이다.

최근 홍콩의 통신전문 투자기관 텔레콤벤처그룹(TVG)과 일본 히카리통신으로부터 모두 2천2백만달러의 외자를 유치하여 재무구조가 우량해졌다. 이와 함께 동사의 기술력과 서비스를 중국·일본·미주 등 해외로 확산시키는 기반을 마련, TVG를 통해 UMS(팩스와 전자메일등의 통합 메시징서비스)기술을 중국·인도네시아·호주 등에 공급하고 있다.

♦ 주가 차트

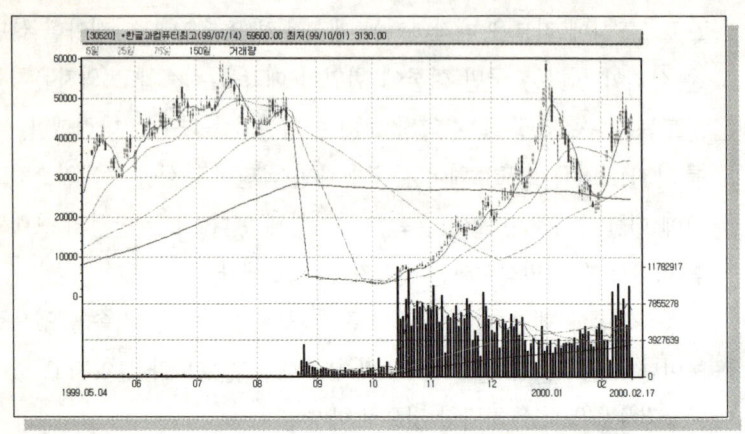

♦ 사업실적 및 재무현황

　국민PC 보급운동에 따른 수혜로 안정적인 수익을 기대할 수 있게 됐다. 주요매출구성은 한글 소프트웨어 부문이 전체 매출의 90% 이상을 차지하고 있다. 인터넷사업이 본격 궤도에 오르면 이 부문의 매출비중이 높아져 수익구조가 더욱 탄력을 받게 될 전망이다. 98년 실적은 매출 139억원에 약 160억원의 적자를 나타냈으나 불법복제 소프트웨어 단속에 의한 수혜로 99년도에는 매출이 340억원, 순이익이 85억원으로 늘어나 사상 최대치를 기록할 전망이다. 주가도 99년초 421원에서 99년 12월말에는 52,600원으로 1년간 무려 120배 이상 폭등한 바 있다. 99년 12월 20일 기준 주요주주는 무한벤처투자조합이 18.99%를 보유하고 있고 현대투신이 6.6%, TVG가 7.4%, 메디슨이 2.2%의 지분을 보유하고 있다.

　올해 목표는 500억원의 매출에 123억원의 당기순이익을 예상하고 있다.

주요 재무실적 및 전망 (단위 : 억원, 원, %)

연도	매출액	경상이익	순이익	부채비율	EPS
1997	184	28	24	129	777
1998	139	-180	-162	56	-5,223
1999(E)	340	115	85	10	177
2000(E)	500	175	123	10	256

〈자료 : 한글과컴퓨터〉

애널리스트 분석

한글과컴퓨터는 국내최대의 소프트웨어 제조업체다. 한글 소프트웨어는 국내 워드프로세서 시장에서 독점적인 위치를 확보하고 있다. 이 회사는 현재 소프트웨어 개발업체에서 인터넷회사로 변신중이다. 자회사인 한컴네트와 하늘사랑을 통해 인터넷사업에 진출하고 있다. 자회사들은 사백만명 이상의 가입자를 확보하고 있다. 한글과컴퓨터는 이를 바탕으로 조만간 포털사이트인 YECA.com을 개설, 본격적인 전자상거래에 나설 예정이다.

이 회사의 최대 장점은 다른 인터넷회사와는 달리 한글 소프트웨어 부문의 수익을 기반으로 인터넷에 투자하고 있다는 점이다. 다른 인터넷업체들이 초기 고정투자부담으로 적자를 보고 있는 것과는 대비된다. 또 막강한 브랜드 파워를 가지고 있다는 점도 중요한 자산이다. 향후 주가는 한글 5.0 버전의 매출과 인터넷부문의 수익발생에 달려 있다.

박세용(신영증권 연구원)

2

시스템통합 관련주

시스템통합 관련주 현황

　　시스템통합(SI) 관련주 역시 유망종목으로 꼽힌다. SI업체란 업무전산화업체라고 생각하면 된다. 기업이 필요로 하는 정보시스템을 기획, 입안, 설계, 운용, 보수, 유지하는 일을 한다. 기업의 전산화과정을 대신해주는 것이다. SI업체에는 종합서비스를 제공하는 종합SI사업자와 전체프로젝트 중 일부를 전문적으로 담당하는 전문SI사업자가 있다. 핸디소프트, 메디다스, 대신정보통신, 삼미정보통신, 서울시스템, 비트컴퓨터, 정문정보 등이 SI업체로 분류된다.

대신정보통신(20180)

◆ 회사개요(2000.1.1 기준)

- 설립일 : 1987년 8월 28일
- 대표이사 : 이재원
- 발행주식수 : 3,120만주
- 결산기 : 3월
- 주요주주 : 양정현 51.85%, 대신증권 9.18% 외
- 주력사업 : 금융솔루션, 인터넷, 물류VAN, 회선재판매
- 코스닥등록일 : 1995년 9월 29일
- 자본금 : 156억원
- 액면가 : 500원(액면분할 : 2000년 2월 19일(예정))
- 홈페이지 : www.dsic.co.kr

대신정보통신은 대신그룹의 전산지원을 위해 87년 설립된 소프트웨어 개발업체다. 금융 솔루션사업을 축으로 탄탄한 입지를 구축하고 있으며 13년 동안 쌓은 노하우를 바탕으로 금융솔루션사업 외에도 프레임릴레이 서비스, 중·대형 프린터 개발 및 판매, 물류관제서비스 사업 등을 펼치고 있다.

◆ 사업전망

동사의 금융솔루션사업은 금융기관의 정보시스템 컨설팅에서 설계, 개발, 유지, 보수에 이르기까지 매우 다양하다. 주식·선물·옵션·채권 등 유가증권을 과학적으로 운용하고 위험을 관리하는 종합 유가증권관리시스템을 금융기관을 중심으로 국내 유수 기관투자가들에게 공급하고 있다. 또 특별회계시스템은 보험사가, 기업연금시스템은 은행들이 도입하여 운용하고 있다.

프레임릴레이 사업은 광케이블을 이용한 고품질 회선으로 백본을 구성하고 종전의 패킷망보다 3배 이상 빠른 속도로 서비스를 제공하고 있으며 대신정보통신망을 구축하여 30여 업체에 프레임릴레이 서비스를 제공하고 있다.

중대형 프린터 사업은 단순한 프린터 사업에서 벗어나 프린팅 솔루션과 토털 출력 솔루션을 제공하고 있다. 91년 부설연구소를 설립, 무선 뱅킹 솔루션을 개발하고 64비트 RISC프로세서를 탑재한 고속 레이저 프린터용 컨트롤러 보드를 자체 기술로 개발, 프린트 컨트롤러와 결합하여 중대형 프린터 시장에 본격적으로 진출했다. 영국 크레이(CRAY)사의 네트워크 관련 통신제품도 수입·판매하고 있다.

물류관제사업은 차량과 회사를 연결하는 무선망을 통해 회사내 관제시스템과 차량의 데이터 송수신을 지원하며, 특히 사이버 주선사 업무, 회원사 웹 호스팅업무 등 다양한 부가서비스를 제공하고 있다.

매출구성은 금융 및 기업관련 소프트웨어 개발판매가 전체 매출의 21.45%, 컴퓨터 시스템 임대 1.24%, 회선임대 8.07%, 시스템통합 34.92%, 유지정비 11.32%, PC 및 통신장비 프린터 등의 상품매출이 23%를 차지하고 있다.

최근 계열사의 의존도를 줄이기 위해 거래처 다각화에 노력, 주택은행으로부터 15억원 규모의 유가증권 관리시스템을 수주했으며 휴대폰을 통해 농수산물 유통정보 사이버 서비스도 제공하고 있다.

동사는 디지털 출판물의 전자상거래 사업을 시작하기 위해 전문 자회사를 설립할 예정이다. 동사를 최대주주로 하고 출판사, 만화작가, 창투사, 언론계 등도 주주로 참여할 예정인데 자본금 규모가 10억원 이상인 것으로 알려졌다. 동사는 이를 통해 디지털 서적의 판매와 각종 문화 콘텐츠 사업을 벌여나갈 계획이다.

♦주가 차트

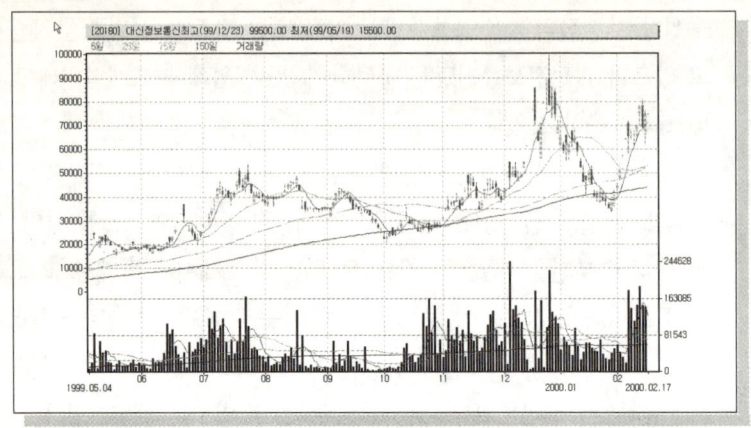

♦사업실적 및 재무현황

　97년 소폭의 적자를 기록한 이후 98년부터 흑자로 반전, 228억원의 매출에 1억6천만원의 순이익을 기록했다. 은행권을 중심으로 한 퇴직연금시스템 구축과 사이버 주식매매 활성화 등으로 신규수요가 크게 늘면서 99년 매출은 400억원, 순이익은 20억원에 이를 것으로 전망되고 있다. 2000년 목표는 650억원의 매출에 70억원의 순이익을 올린다는 계획이다.

주요 재무실적 및 전망　　　　　　(단위 : 억원, 원, %)

연도	매출액	경상이익	순이익	부채비율	EPS
1997	163.3	-37.4	-5.4	222.6	-27
1998	228.3	1.4	1.6	189.0	8
1999(E)	400	40	20	34.4	64
2000(E)	650	100	70	37.7	224

〈자료 : 대신정보통신〉

애널리스트 분석

대신정보통신은 시스템통합업체(SI)다. 이 회사의 사업영역은 금융솔루션사업, 첨단운송정보 서비스사업, 네트워크망사업, 고속프린터사업 등 크게 네 가지다.

이 회사는 지난 87년 대신금융그룹의 전산지원을 위해 설립됐다. 이후 대기업 SI업체와 달리 금융솔루션관련 틈새시장을 주로 공략했다.

첨단운송정보서비스인 '대신OKnet물류관제시스템'은 물류업무 전산화 프로그램(접수, 배차, 정산, 일일입출금, 일정, 통계관리), 공차정보 서비스, 실시간 차량위치 확인 서비스 등을 제공한다. 대신정보통신은 또한 유무선 네트워크의 다양한 솔루션개발 및 기술축적을 통해 기업내 인트라넷을 효율적으로 운용할 수 있는 솔루션을 제공하고 있다. 이 회사는 또한 전산환경 변화에 따른 고속프린터 수요가 증대됨에 따라 세계 유명 브랜드(IBM, 후지쯔, JetForm)와 기술제휴해 대형프린터 시장에 참여하고 있다.

이지열(대신경제연구소 책임연구원)

메디다스(32620)

◆ **회사개요(2000.1.1 기준)**

- 설립일 : 1994년 12월 2일
- 대표이사 : 김진태
- 발행주식수 : 1,358만주
- 주요주주 : 메디슨 39.75%, 김진태 2.62% 등
- 주력사업 : 의료용 전산프로그램 개발(EMR사업, 전자상거래, 사이버 호스피털)
- 결산기 : 12월
- 코스닥등록일 : 1997년 5월 22일
- 자본금 : 67.9억원
- 액면가 : 500원(액면분할 : 99년 8월 27일)
- 홈페이지 : www.medidas.co.kr

메디다스는 병원용 컴퓨터 프로그램을 개발·판매하는 벤처기업이다. 92년 메디슨의 사내벤처기업으로 설립되었다. 94년 모기업에서 분사되어 병원 전산화 소프트웨어(전자차트 시스템)의 개발과 판매로 이 분야의 선두주자로 성장했다. 현재 전자차트시장의 75% 이상을 점유하고 있다. 향후 의료 전자상거래 및 의료관련 인터넷 사업을 주력사업으로 키워나간다는 계획이다.

◆ **사업전망**

93년 출시한 병원용 전자차트 시스템인 '의사랑' 프로그램이 주력제품이다. 매출의 66%를 차지하고 있으며 75%의 시장점유율을 확보하고 있다. 동사는 전직원의 50% 이상이 연구개발인력이고 전체 매출액의 20% 이상을 연구개발에 투자하고 있어 성장잠재력이 큰 편이다.

의사랑 이외에 한의원을 대상으로 한 '한의사랑'과 외국 동물병원을 대상으로 한 'e-Friends'가 있다. 치과를 대상으로 한 제품도 출시할 예정이다. 병·의원용 전자차트 시스템(EMR)은 한의원 및 약국으로도 진출, 2000년 의약분업 실시로 인한 특수까지 겹쳐 오는 2001년까지 연평균 26.9%의 매출증가가 예상된다.

의약분업화에 따른 약국과 의원간의 전자서류교환 시스템 구축에 따라 의약품 전자상거래시장이 활성화될 전망이어서 수혜가 예상된다. 현재 동사는 전자차트 시스템을 사용하고 있는 기존의 고객들에게 각종 의료서비스를 제공하여 전자상거래와 사이버병원 사업의 고객으로 만드는 데 주력하고 있다. 전자상거래의 경우 이미 SK상사와 세계적인 의료관련 물류회사인 줄릭사와 전략적 제휴를 체결해놓은 상태다. 사이버병원사업은 '건강샘' 의료정보와 한국통신의 의료보험 전자문서교환 서비스망을 통하여 2000년부터 'KT의료샘'이라는 의료전문 사이트를 개설할 예정이다. 이를 통해 의료뉴스, 의료보험정보, 의료교육, 의료기관 웹호스팅 등 의료관련 서비스를 제공할 계획이다.

2000년 7월로 예정된 의약분업 실시로 전자상거래에서의 성장가능성이 높고 인터넷 관련사업에 추가적인 투자나 비용부담이 거의 없어 수익성이 밝다. 아울러 올해중에 미국 나스닥상장을 적극 추진한다는 계획이다.

◆주가 차트

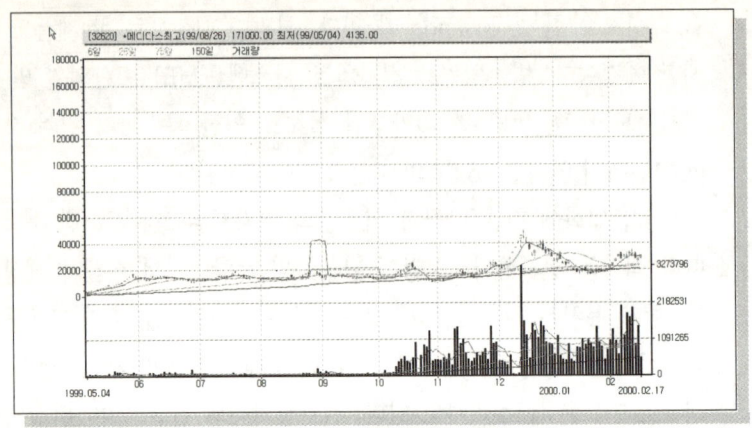

◆사업실적 및 재무현황

　98년도 실적은 81억원의 매출에 1억원의 순이익을 냈고 99년 매출액은 전년대비 49% 증가한 121억원, 순이익은 104억원을 올릴 것으로 추정된다. 기존 EMR사업 호조 및 의약품 전자상거래 진출로 2000년 매출목표는 172억원, 순이익은 22억원을 예상하고 있다.
　부채비율도 98년 140%대에서 99년에는 36% 정도로 낮춰 재무안정성을 높였다.

주요 재무실적 및 전망　　　　　　　　(단위 : 억원, 원, %)

연도	매출액	경상이익	순이익	부채비율	EPS
1997	80	5.3	4.6	122.9	1,056(5,000원 기준)
1998	81	1.4	1.3	140	313(5,000원 기준)
1999(E)	121	150	104	36	765(500원 기준)
2000(E)	172	26	22	34	162(500원 기준)

〈자료 : 메디다스〉

애널리스트 분석

메디다스는 의료용 소프트웨어개발업체다. 수작업으로 진행되던 병원업무를 전산화하는 소프트웨어를 개발하고 있다. 주력제품은 의료전자차트(EMR)인 의사랑이다. 전체 매출의 65%를 차지하고 있다. 이는 환자의 진료기록작성, 수납, 의료보험청구를 전산화한 소프트웨어다. 개인의원 시장점유율이 75%나 된다. 이런 고객기반을 바탕으로 의약품전자상거래 및 인터넷상의 재택 및 영상진료사업에 진출하고 있어 지속적인 성장이 예상된다.

개인의원에 한정되었던 의료전자차트가 처방전달시스템 구축에 의해 약국이라는 신규시장에 진입함에 따라 연평균 20% 성장이 예상된다. 인터넷부문을 포함한 전체 매출은 연평균 60%이상 증가할 것으로 보인다.

다만 병원급의 전산화를 맡고 있는 비트컴퓨터 또한 약국시장에 진출할 계획이어서 경쟁이 예상된다. 전자상거래 역시 의약품이라는 특화시장을 노리는 업체들이 많아 경쟁이 불가피할 전망이다.

김은지(현대증권 선임연구원)

비트컴퓨터(32850)

◆ **회사개요(2000.1.1 기준)**

- 설립일 : 1983년 8월 15일
- 대표이사 : 조현정
- 발행주식수 : 746만 8,000주
- 주주관계 : 대주주 및 특수관계인 30.03%
- 주력사업 : 의료정보 소프트웨어 개발, 솔루션 제공
- 결산기 : 12월
- 코스닥등록일 : 1997년 6월 24일
- 자본금 : 37.3억원
- 액면가 : 500원(액면분할 : 99년 11월 15일)
- 홈페이지 : www.bit.co.kr

비트컴퓨터는 의료정보 소프트웨어부문에서 기술력을 가진 국내 1호 벤처기업이다. 83년 설립되어 의료보험 청구프로그램으로 소프트웨어 사업을 시작했다. 주요사업은 의료정보 솔루션 제공, 인터넷SI사업, 학원수입, 소프트웨어 수출이다. 향후 병·의원의 SI투자재개, 의약분업 등의 호재로 수익성이 크게 늘어날 전망이다.

◆ **사업전망**

동사가 그동안 개발한 의료정보 소프트웨어는 150여종에 달하고 이중 중·대형 병원 22%, 의원 25%의 시장 점유율을 자랑하고 있다.

주력제품은 의사의 처방이 각 진료부서로 자동 전달되는 시스템인 'Dr. OCS', 병의원의 일반업무와 행정관리 자동화시스템인 'Dr. BIT', 의료영상을 저장하고 전송할 수 있는 시스템인 'Dr. PACS', 가상 성형시스템인 'Dr. PSS' 등이다.

매년 전체 매출액의 20% 가까이를 연구개발비로 투자하고 있다. 기존 의료기관과 긴밀한 유대관계를 형성하고 있어 의약분업이 실시되면 상대적으로 유리한 위치에 서게 될 것으로 예상된다.

90년부터 시작한 학원수입은 동사의 높은 인지도를 배경으로 안정적인 수입원이 되고 있다. BIT교육센터는 IT프로그래머 등을 양성하는 고급과정 위주로 업계 최고의 권위를 자랑하고 있다. 98년 수입은 24억원, 99년 예상수입은 28억원이다.

국내 의약품 전자상거래(EC)사업은 이제 시작단계로 전자의료정보시스템의 진행과 의약분업 실시에 따라 그 시장규모가 지속적으로 확대될 것으로 전망되며 정부도 이 시장을 육성할 것으로 예상된다. 동사는 의약분업 이후 활성화될 의약품 전자상거래에 대비, SK상사와 의약품 물류사업을 추진하고 있다. 또한 전자상거래와 관련된 다양한 기술력을 확보하고 있어 가장 경쟁력 있는 업체로 주목받고 있다.

향후 의료기관의 의료정보수요가 증가할 추세고 의약품 물류유통을 포함한 e-business 매출 확대로 고성장이 예상된다.

◆주가 차트

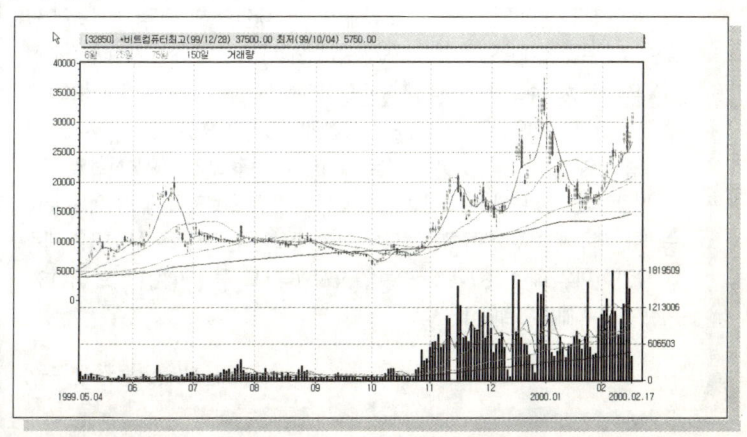

◆**사업실적 및 재무현황**

　　99년 상반기 사옥건설에 따른 차입금이 약 20억원 증가하였으나 유무상 증자와 전환사채의 발행으로 금융부담은 적은 편이다. 98년 실적은 113억원의 매출에 12억원의 순이익을 올렸고, 99년 실적은 매출액 164억원에 순이익 31억원을 추정하고 있다. 2000년 목표는 230억원의 매출에 42억원의 순이익을 예상하고 있다.

주요 재무실적 및 전망　　　　　(단위 : 억원, 원, %)

연도	매출액	경상이익	순이익	부채비율	EPS(액면가5백원기준)
1997	107.3	11.4	8.8	99.2	273
1998	113.5	11.9	12.3	98.6	351
1999(E)	164.0	41.0	31.0	65.0	415
2000(E)	230.0	59.1	42.0	40.0	401

〈자료 : 비트컴퓨터〉

애널리스트 분석

　　비트컴퓨터는 국내 최대 규모의 의료용 소프트웨어(SW) 및 의료정보시스템전문업체다. 종합병원부터 개인의원에 이르는 다양한 의료기관 정보화에 필요한 소프트웨어 개발에 힘썼다. 현재 국내 의료용 소프트웨어 시장에서의 점유율은 25%. 주요 제품에는 처방전달시스템(Dr. OCS), 의원관리프로그램(Dr. BIT), 성형외과 가상시술 시뮬레이터(Dr. PSS), 인터넷 지식관리시스템 등이 있다. 2000년부터는 인터넷을 통한 의약품 유통사업을 시작할 계획이다. 가상병원, 원격진료 등 인터넷을 통한 의료체계 개선사업도 준비중이다. 연구개발 투자 비중이 높다는 것이 강점이다. 총매출에서 R&D 비중은 97년 이후 매년 18~20%선을 유지한다. 또 전직원(121명)의 80% 이상이 연구개발 인력이다.

노근창(신영증권 연구원)

인성정보(33230)

◆ 회사개요(2000.1.1 기준)

- 설립일 : 1992년 2월 10일
- 대표이사 : 원종윤
- 발행주식수 : 1,162만 5,000주
- 주주관계 : 윤재승 외 33.3%
- 주력사업 : 네트워크시스템 구축 및 기업종합솔루션제공(CTI, ERP)
- 결산기 : 12월
- 코스닥등록일 : 1999년 7월 28일
- 자본금 : 58.1억원
- 액면가 : 500원(액면분할 : 99년 5월 30일)
- 홈페이지 : www.insunginfo.co.kr

인성정보는 92년 호스트접속 솔루션 개발업체로 설립되었다. 94년 세계적인 장비업체인 3COM사와 네트워크시스템(NSL) 인터그레이터 계약을 체결하면서 전문 네트워크 제품 및 서비스를 제공하는 벤처기업으로 성장했다. 국내 최대의 유통망을 확보하고 있는 NI전문업체로 최근 CTI, ERP, 인터넷 등의 분야로 사업영역을 확대해가고 있다.

◆ 사업전망

동사의 사업부문은 네트워크사업부(80%), 솔루션사업부(7%), 자동화사업부(1.9%), 인터넷사업부(1%) 등 4개 부문으로 구성되어 있다. 네트워크 사업부문은 IBM, 노벨, 넷소프트, 컴팩, 아식스 등의 업체와 협력계약을 체결하여 네트워크시스템 통합업체로 자리잡아가고 있다. 관공서나 금융기관, 각급 학교 등을 중심으로 네트워크 구축사업을 수행하는 동시에 전국 450여개 판매대리점을 확보하고 있다. 솔루션 사업부문에서는 음성메시지시스템(VMS), 콜센터, 텔레마케팅 시스템 등의 CTI분야로 사업화를 추진하고 있다. 99년 들어 시장의 꾸준한 성장세가 예상되고 있고 98년 12월 미국 CS/TOOL사와 DDA/400의 아시아 독점 판매계약을 체결함으로써 해외진출의 발판을 마련해놓고 있다.

자동화 사업부문은 현재 일본 야마다케사의 국내 총판으로 공장자동화, 빌딩자동화 관련 제품을 공급하고 있고 향후 네트워크 구축사업과 연계한 시스템사업으로 확대시킬 계획이다.

인터넷 사업부문에서는 멀티미디어 콘텐츠 개발업체인 '인성멀티미디어'를 합병, 기업 홈페이지, CD-ROM 타이틀, 무인 안내시스템 등의 개발을 시작으로 전자상거래 사업과 인터넷 광고, 홍보사업을 펼치고 있다. 국내 시장에서의 초고속 인터넷과 데이터통신수요의 증가에 힘입어 초고속정보통신망 구축시장이 확대될 것으로 예상되고 자회사인 GBO, 인성정보유통 등의 성장 전망도 밝아 수익성이 호전될 것으로 전망된다.

◆주가 차트

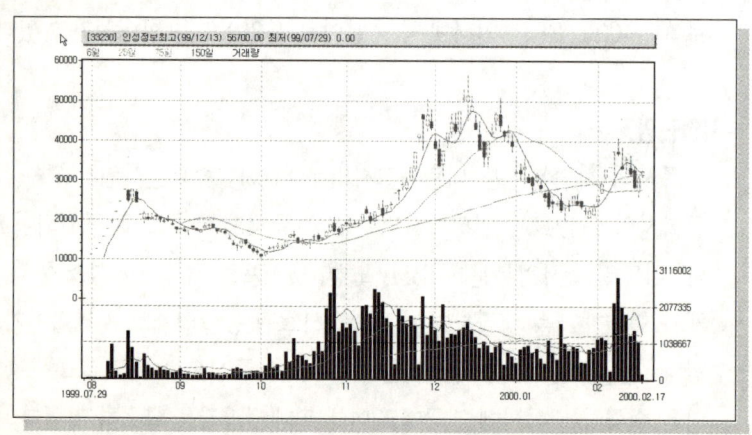

◆사업실적 및 재무현황

　99년 동사의 매출은 전년대비 33% 이상 증가세를 나타내 IMF사태 이후의 부진에서 회복되고 있다. 98년 419억원의 매출에 26억원의 순이익을 기록했으며 99년 추정매출액은 561억원에 65억원의 순이익을 전망하고 있다.

　99년 하반기 코스닥등록에 따른 자금유입으로 부채비율을 32% 정도 낮춰 무차입 경영의 기틀을 마련했다. 2000년 목표매출액은 1,133억원, 순이익은 200억원을 정해놓고 있다.

주요 재무실적 및 전망　　　　　(단위 : 억원, 원, %)

연도	매출액	경상이익	순이익	부채비율	EPS(액면가500원기준)
1997	386.7	15.7	13.2	218.7%	179
1998	419.4	31.9	26.6	202.5%	328
1999(E)	561.4	76.7	65.4	32.7%	563
2000(E)	1,133.0	250.5	200.4	12%	1,210

〈자료 : 인성정보〉

애널리스트 분석

　인성정보의 주력사업은 네트워크사업이다. 네트워크사업의 매출비중이 80%를 차지하고 있다. 지난 92년 IBM 3COM 등의 네트워크장비 공급업체로 선정되면서 이 사업에 뛰어들었다. 전국 450여개 대리점을 기반으로 네트워크 장비 및 소프트웨어 유통업을 하고 있다. 또 관공서, 금융기관, 학교 등을 중심으로 네트워크 구축사업을 하고 있다. 국내 최대의 유통망을 확보하고 있다는 점이 강점이다. 또한 기술력과 인지도도 높다. 무차입경영을 하고 있어 금리변동에 영향을 받지 않는다.

　이 회사는 이외에도 솔루션사업, 자동화사업, 인터넷사업 등으로 사업영역을 다각화하고 있다. 이들 부문의 경우 매출규모가 미미하지만 정보화 사회의 진전에 힘입어 지속적으로 성장할 전망이다.

반영원(굿모닝증권 연구위원)

정문정보(33050)

◆ **회사개요(2000.1.1 기준)**

- 설립일 : 1993년 2월 20일
- 대표이사 : 정광훈
- 발행주식수 : 2,077만 3,000주
- 요주주 : 정광훈 19%, 강혜숙 8.96%, 아리랑구조조정기금 24% 등
- 주력사업 : 디지털위성방송수신기, DVD, MS 윈도 등
- 결산기 : 12월
- 코스닥등록일 : 1997년 8월 18일
- 자본금 : 103억원
- 액면가 : 500원 (액면분할 : 99년 8월 28일)
- 홈페이지 : www.jmikorea.co.kr

정문정보는 컴퓨터 소프트웨어 생산 및 패키지 분야 토털 솔루션 전문제공 벤처기업이다. 미국 MS사의 윈도를 비롯한 소프트웨어를 국내에서 생산하고 있다. MS사의 AR(공식미디어화 생산업체) 계약과 동시에 93년에 설립됐다. AR사업이란 MS사 제품의 불법복제를 방지하기 위해 MS사가 전세계에 40개의 AR를 지정하고 이들을 통해 MS사의 정품 소프트웨어를 공급받아 생산하게 하는 것이다. 국내서는 동사가 유일하게 지정업체로 선정됐다.

◆ **사업전망**

동사는 패키지 디자인으로부터 매뉴얼제작, 디스켓 생산, CD-ROM 및 DVD 생산포장에 이르기까지 20여년간 인쇄와 미디어 생산 분야에서 쌓아온 경험과 기술력을 활용, 세계 최고의 MS사로부터 그 기술력을 인정받은 회사다. 뿐만 아니라 삼성전자, LG전자, LG

IBM, 삼보컴퓨터, 세진컴퓨터랜드, 후지쓰, Systec 등 국내외 유수의 컴퓨터 및 소프트웨어 제조 공급업체의 협력회사로 세계 최고수준의 기술력과 시스템을 갖춘 전문업체로서의 위상을 확고히 다지고 있다. 2000년대 디지털시대를 선도하는 기업으로 성장한다는 계획으로 일본의 첨단 기술개발 전문회사인 Systec사와 디지털 위성방송 수신접속장치(DSR)인 FTA CI를 공동개발, 완료하고 올해부터 본격 생산, 수출에 나서고 있다. 독일·멕시코 등지로도 수출지역을 확장할 계획이다.

이미 경기도 화성공장에 200억원을 투자해 대량 양산체제를 갖추고 시험생산을 거쳐 2월부터 양산할 계획이다. 시스텍사를 통해 300만달러어치를 수출키로 계약을 맺었으며 유럽·미주·중동지역으로 약 1천만달러어치를 수출할 계획이다. 연 10만대 생산능력을 갖고 있는데 올해 생산목표는 5만대로 잡고 있다. 이 밖에도 컴팩트디스크보다 저장용량이 3~5배나 크고 음질과 화질이 뛰어난 디지털비디오디스크(DVD)의 생산시설도 갖추고 해외수출에 주력하고 있다.

동사는 국내시장에서 MS사 AR사업내 주력 부문인 PC메이커에 대한 OEM매출에서 90%의 독점적 시장점유율을 확보하고 있다. 최근에는 MS사가 인증하는 MOC 전산전문교재를 국내외 10개국에 공급하기 시작함으로써 MS사로부터 신용과 기술, 품질 등을 인정받고 있다. 국내경기 호전에 따른 PC 판매량 증가와 불법 소프트웨어 복제단속에 따른 정품판매가 증가하고 수출도 확대되고 있어 매출량은 꾸준히 증가할 것으로 전망된다.

◆주가 차트

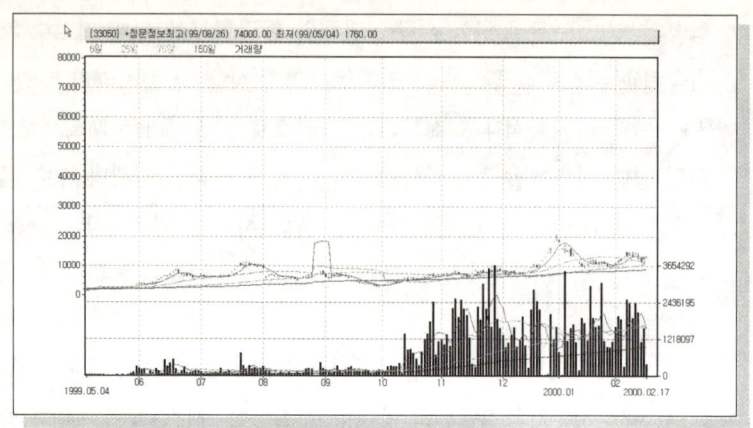

◆사업실적 및 재무현황

98년 매출은 286억원에 9억원의 순이익을 올렸고 99년 들어 경기 회복과 수출량 확대에 힘입어 수익성이 크게 호전되었다. 99년말 기준 620억원의 매출에 30억원의 순이익을 예상하고 있다. 경상이익도 급증하여 전년에 비해 약 330% 증가한 43억원이 예상된다. 부채비율도 98년 175%에서 99년에는 85% 수준으로 낮아져 재무구조도 안정적이다. 2000년 목표 매출액은 1,000억원에 63억원의 당기순이익을 예상하고 있다.

주요 재무실적 및 전망 (단위 : 억원, 원, %)

연도	매출액	경상이익	순이익	부채비율	EPS
1997	300	7.2	9.6	134.5	1,300
1998	286	13.6	9.2	175.7	1,250
1999(E)	620	43	30	85	145(500원기준)
2000(E)	1,000	90	63	50	320(500원기준)

〈자료 : 정문정보〉

애널리스트 분석

동사는 세계 소프트웨어 시장에서 독점적 위치를 점유하고 있는 미국 MS사 제품의 공식복제업체(Authorized Replicator) 계약과 동시에 93년 2월에 설립된 전세계 40개 MS사 AR 업체중의 하나이다. 99년의 실적의 경우 국내 인터넷 수요증가 등에 따른 PC 수요 증가, 불법 소프트웨어 단속에 따른 정품 판매 증가 등으로 매출과 순이익이 각각 134%, 212% 증가한 670억원, 35억원으로 추정된다. 또한 PC 수요 증가 및 MS 윈도 2000 출시의 영향으로 내수판매가 지속적으로 증가하는데다 삼보컴퓨터에 대한 대규모 수출물량 확보로 2000년도에 MS OEM 매출은 크게 증가할 전망이다. 따라서 MS OEM부문의 판매 증가와 더불어 PC 수요 호조에 따른 PBA 매출 증가 지속, DSR 및 DVD 부문의 신규매출 가세 등으로 동사의 2000년 실적은 99년에 이어 크게 호전, 1,000억원 수준의 매출시현과 더불어 순이익 규모도 배증할 것으로 예상된다.

김동준(굿모닝증권 기업분석부 수석연구원)

3

반도체 관련주

반도체 관련주 현황

한국은 반도체 및 초박막액정표시장치에 관한 한 세계적인 기술력을 보유하고 있다. 반도체 메모리분야의 경우 시장점유율뿐 아니라 기술력에서 세계 1위다. 메모리분야란 반도체 D램을 말한다. D램을 생산하는 국내업체로는 삼성전자와 현대전자가 있다. 코스닥시장에는 이들 회사에 D램 생산에 필요한 부품, 소모품, 장비 등을 공급하는 회사들이 많다.

이런 업체로는 주성엔지니어링, 프로칩스, 아토, 아펙스, 피에스케이테크, 엠케이전자, 원익, 다산씨앤드아이, 광전자반도체, 동진쎄미켐, 크린크리에티브, 삼우이엠씨, 심텍, 서울일렉트론, 유일반도체, 아큐텍반도체, 세종하이테크, 코삼, 유니온산업, 세보기계, 화인반도체기술, 테크노세미켐 등이 있다.

광전자반도체(36850)

◆ **회사개요(2000.1.1 기준)**

- 설립일 : 1988년 4월 28일
- 대표이사 : 조장연
- 발행주식수 : 1,000만주
- 주요주주 : 중도곽화 27.9%, 고덴시인터내셔날 19.1%, 조장연 4.0% 등
- 주력사업 : 화합물반도체칩(광반도체소자 및 이동통신용 반도체소자)
- 결산기 : 12월
- 코스닥등록일 : 1999년 11월 23일
- 자본금 : 50억원
- 액면가 : 500원(액면분할 : 98년 4월 7일)
- 홈페이지 : www.optel.co.kr

광전자반도체는 광반도체소자 및 이동통신용 반도체 소자를 개발·판매하는 벤처기업이다. 88년 화합물 반도체 전문기업으로 설립되어 FAB기술, 반도체 재료기술, 반도체 소자기술을 기반으로 성장한 반도체부품업체다. 주력제품인 발광다이오드(LED)는 화합물 반도체의 특성을 이용해 전기신호를 적외선 또는 빛으로 변환시켜 신호를 보내고 받는 데 사용되는 반도체부품으로 국내시장 93%, 세계시장 15%를 점유하고 있다.

◆ **사업전망**

화합물 반도체 시장이 실리콘 반도체가 갖지 못한 특성으로 인해 꾸준한 성장을 할 것으로 전망되고 있는 가운데 광전자반도체는 매년 매출액의 10% 이상을 연구개발비로 투입하고 있으며, 전체 직원의 18.7%가 연구인력일 만큼 기술개발에 주력하고 있다. 최근 2년간 특

허 등록 및 출원한 신기술이 27건에 달한다.

광전자반도체가 생산하는 제품군은 단일고주파 직접회로, 발광다이오드, 유기금속 화학적 증기증착, 적외선 LED칩, 근거리 통신용으로 사용되는 센서, 무선 적외선 데이터 통신, 고속도로 교통정보시스템 등 다양하다. 동사는 특히 기존 LED칩 적극 육성하는 한편, 향후 이동통신시장 확대에 대비해 광통신 이동통신용 고주파 전자소재 사업에 진출할 계획이다.

또한 부가가치가 낮은 가시광선 영역의 LED칩 사업보다는 부가가치가 높은 적외선 영역의 LED칩 사업에 주력한다는 계획을 갖고 있으며, 이와 함께 고부가가치의 청색 LED칩 사업부문을 강화한다는 전략도 세우고 있다.

◆주가 차트

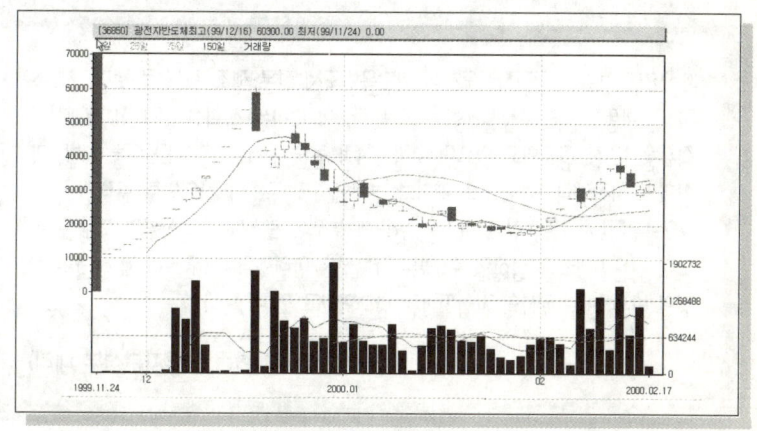

◆사업실적 및 재무현황

99년도에 기존 제품의 시장확대 및 신규제품 출시 등에 힘입어 매출액은 240억원, 순이익은 46억원에 달할 전망이다. 2000년 목표는

560억원의 매출에 100억원의 순이익을 예상하고 있다. 최근 증자로 자본확충과 이익규모가 증가해 부채비율이 26%로 낮아져 재무구조가 크게 호전될 것으로 보인다. 향후 반도체 산업의 전망이 밝고 영업활동을 통한 현금흐름도 양호해 재무안정도도 높은 편이다.

주요 재무실적 및 전망
(단위 : 억원, 원, %)

연도	매출액	경상이익	순이익	부채비율	EPS
1997	95.8	481.1	4.7	407.15	106
1998	142.9	13.7	10.6	197.77	219
1999(E)	240.0	55.2	46.0	26.00	460
2000(E)	560.6	120.0	100.0	20이하	833

〈자료 : 광전자반도체〉

애널리스트 분석

88년 설립된 광전자반도체는 화합물반도체 전문 제조기업으로 광반도체 소자 및 이동통신용 부품을 생산하고 있다. 이 회사는 적외선 LED칩 세계시장 점유율 1위를 점유하고 있으며 부가가치가 높은 GaN 청색 LED를 개발, 양산하기 시작했다. 마이크로 웨이브 분야에서도 꾸준히 사업화를 준비한 결과 99년부터는 이동통신 단말기용 반도체 부품을 출시해 명실상부한 화합물 반도체 전문기업으로 성장할 수 있는 가능성을 마련했다. 향후 반도체 산업의 전망이 밝은 만큼 동사의 기업평가는 양호하다고 할 수 있다.

이창경(신한증권 투자분석부 대리)

다산씨앤드아이(37200)

◆회사개요(2000.1.1 기준)

- 설립일 : 1991년 6월 17일
- 대표이사 : 오희범
- 발행주식수 : 750만주
- 주요주주 : 오희범 외 특수관계인 55.1%, MOST 1호투자조합 9.6%, 우리사주조합 11.45%
- 주력사업 : 반도체장비제조
- 결산기 : 6월
- 코스닥등록일 : 1999년 12월 24일
- 자본금 : 37.5억원
- 액면가 : 500원(액면분할 : 99년 9월 4일)
- 홈페이지 : www.dasancni.com

　　다산씨앤드아이는 열전소자 방식의 반도체 장비와 환경관련기기를 생산하는 벤처기업으로 1991년에 설립되었다. 반도체 전공정에 필수적으로 쓰이는 웨이퍼 주변 온도를 일정하게 냉각, 유지시켜주는 Chiller와 포토레지스트 공정에서 온도와 습도를 조절하는 HCC를 생산한다. 99년부터 환경기기부문에 진출하여 열전소자 방식의 냉온수기와 정수기를 생산하여 수출에 주력하고 있다.

◆사업전망

　　동사는 이미 관련특허 2건을 보유하고 있으며 핵심기술인 항온항습 공기공급방법을 비롯해 15건의 특허를 출원하는 등 상당한 기술력을 확보하고 있다.

　　97년 과학기술처 인정 기업부설연구소를 설치하고 매년 총 매출액 대비 일정액을 연구비로 투입해 각종 신제품 개발에 만전을 기하고 있다.

동사가 속해 있는 반도체 장비산업의 경기는 전방산업인 반도체소자의 설비투자에 연동된다. 현재 반도체 산업이 호황국면에 진입하여 국내 소자업체들이 99년 한 해에만도 2조~3조원의 설비투자를 했고 2001년까지 연간 3조원 이상의 투자를 지속할 것으로 예상됨에 따라 국내 반도체장비업계는 향후 2~3년간 연평균 30%대 이상의 고성장이 가능할 것으로 전망된다.

따라서 동사는 기술력을 앞세워 세계시장을 공략한다는 전략 아래 웨이퍼의 1차 세정시 또는 에칭 후 PR재료를 제거하는 제너레이터와 300mm 웨이퍼 가공에 따른 초정밀 온도 및 습도 제어장치를 개발하는 데 주력한다는 방침이다.

한편 이 회사가 주력으로 하고 있는 상품 중 하나인 냉온수기 및 정수기 시장의 99년 규모는 2천5백억원에 이르고 있는데, 국내는 물론 해외 마케팅에 주력하기 위해 현지 대리점을 통한 시장점유율 확대에 만전을 기하고 있다.

동사는 사업다각화 차원에서 바이코스시스템사로부터 자동디지털 데이터베이스시스템(ADDBS)을 사들여 전자문서 DB사업에도 진출한다. 이 기술은 이미 특허출원된 것으로 동사는 전용실시권 계약을 맺었다. ADDBS기술이란 문서에 기록된 정보를 디지털화해 전자문서 형태로 저장하는 것으로 법원 폐쇄등기부 등본의 디지털DB 전환작업을 시작으로 정부기관과 학교·도서관 등의 보관문서 DB화 작업에 착수할 예정이다.

◆주가 차트

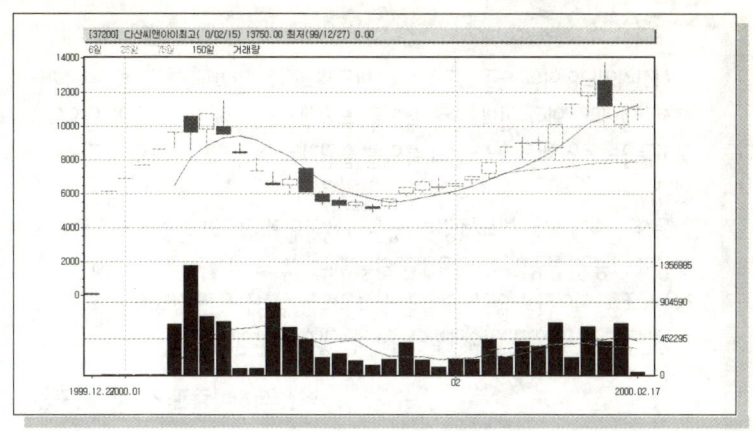

◆사업실적 및 재무현황

　　제품생산이 본격화된 98년 이후 전년동기대비 67.8%의 매출증가율과 300%가 넘는 당기순이익 증가율을 기록하였다. 이로써 99년에는 104억원의 매출과 10억원의 순이익이 예상된다.

　　2000년 목표는 279억원의 매출에 23억원의 순이익을 달성한다는 목표를 세우고 있다. 부채비율도 99년 148%에서 올해는 30%대로 낮춰 재무구조를 개선한다는 전략이다.

주요 재무실적 및 전망　　　　　(단위 : 억원, 원, %)

연도	매출액	경상이익	순이익	부채비율	EPS
1997. 6	63	5	2	303.3	8,556
1998. 6	62	3	3	117.4	2,902
1999(E)	104	8	10	148.6	7,674
2000(E)	279	33	23	30.1이하	3,724

〈자료 : 다산씨앤드아이〉

애널리스트 분석

다산씨앤드아이는 열전소자방식의 반도체장비와 환경관련 기기를 생산하는 벤처기업이다. 여러 건의 관련 특허를 보유하고 있으며 핵심기술인 항온항습 공기공급방법을 비롯한 15건의 특허를 출원하는 등 상당한 기술력을 확보하고 있다.

동사가 속해 있는 반도체장비산업은 호황국면이 지속되고 있어 앞으로도 고성장이 가능할 전망이다. 1998년 이후 대대적으로 실시한 경영실적개선 결과 실적호조로 이어지고 있다. 이러한 실적호조는 삼성전자 등 견고한 수요기반과 시장선점효과 및 향후 기술개발에 유리할 것으로 보인다.

박선엽(하나증권 조사부 연구원)

동진쎄미켐(05290)

◆ 회사개요(2000.1.1 기준)

- 설립일 : 1973년 7월 10일
- 대표이사 : 이부섭
- 발행주식수 : 376만주
- 주요주주 : 이부섭 외 특수관계인 45.2%, 한강구조조정기금 16%, KTB 5.4% 등
- 주력사업 : 반도체 감광제 제조 및 판매
- 결산기 : 12월
- 코스닥등록일 : 1999년 12월 18일
- 자본금 : 188억원
- 액면가 : 5,000원
- 홈페이지 : www.dongjin.com

동진쎄미켐은 73년에 설립된 회사로 국내 최초로 PVC 및 고무 발포제를 개발, 특허 출원하면서 성장한 회사다. 발포제 사업의 성공을 발판으로 반도체 및 LCD용 재료시장에 진출, 전문케미컬 회사로 변신했다. 세계시장의 3분의 1을 점유하고 있을 만큼 탁월한 기술력을 보유하고 있다. 96~98년 발안 공장에 PR, Striper, Thinner 등의 생산시설이 완공되면서 반도체 및 LCD용 재료 매출이 급증해 회사의 주력사업으로 부상하고 있다.

◆ 사업전망

고부가가치 사업인 PR분야에서 국내 유일의 순수 국내 업체로 우수한 제품개발 능력을 보유하고 있다. 삼성, 현대, 아남 등 국내 반도체 제조사에 제품을 납품하고 있으며 품질의 안정성과 신속한 기술지원을 통해 경쟁력을 확보하고 있다.

또 LCD용 재료분야로 LCD용 PR, Stripper, Colored resist를 삼성전자, LG, 현대전자 등에 판매하고 있으며 최근 LCD산업의 호황과 더불어 큰 폭의 성장을 시현하고 있다.

99년 11월에는 디스플레이 소자의 표면처리에 사용되어 정전기와 눈부심을 방지하는 ITO 반사방지액 및 웨이퍼 연마제의 판매를 시작하였고, 이 회사의 BARC(PR의 패턴형성시 빛의 간섭효과를 배제하는 반사 방지제)는 미국의 Brewer Science보다 우수한 것으로 나타났다. 기술력을 바탕으로 개발한 제품의 해외시장 진출에 대응하기 위해 대만 현지법인 설립 및 구미, 유럽 판매조직의 구축을 완료해 본격적인 수출이 기대되고 있다. 동사는 21세기를 대비해 연구원들에 대한 인센티브제도를 시행해 적극적인 기술개발의욕을 고취시키고 있을 뿐만 아니라 신제품의 개발·판매에 들어갈 경우 매출액의 1%를 1년간 인센티브로 지급하는 Dools를 시행하는 등 미래에 대한 투자에 적극적으로 나서고 있다.

◆주가 차트

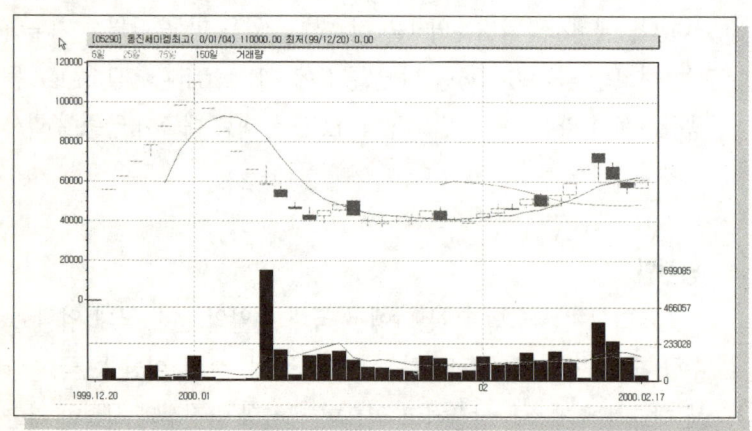

◆**사업실적 및 재무현황**

　99년 추정 매출은 1,180억원, 순이익은 55억원으로 예상하고 있다. 2000년에는 1,700억원의 매출과 128억원의 순이익을 달성한다는 계획이다. 최근 3년간 매출실적이 급증하고 있으며 앞으로도 주력업종인 반도체 LCD재료산업의 비약적인 성장에 힘입어 연간 20~30%의 성장세를 유지할 것으로 추정된다. 특히 코스닥공모 이후 재무구조가 크게 개선됐다. 98년 290%였던 부채비율이 증자 후 자기자본 증가와 차입금 감소로 75%대까지 낮아질 것으로 보인다.

주요 재무실적 및 전망　　　　　(단위 : 억원, 원, %)

연도	매출액	경상이익	순이익	부채비율	EPS
1997	769	7.4	4.7	460.6	195
1998	1,070	35.8	33.6	290.9	1,395
1999(E)	1,180	69.7	55.0	75.0	1,462
2000(E)	1,700	185.5	128.5	50.0	3,417

〈자료 : 동진쎄미켐〉

애널리스트 분석

　동진쎄미켐은 발포제 세계 1위 업체이자 반도체 및 LCD용 재료를 제조판매하는 회사다. 발포제의 경우 80%를 세계 80여개국으로 수출하고 있으며 PR와 EMC는 삼성전자, 현대전자, LG-Philips LCD 등 국내 반도체 및 LCD제조회사들과 반도체 조립업체인 아남반도체에 납품하고 있다. 동사는 이 분야의 핵심경쟁력인 독자적인 기술력과 우수한 제품개발력을 보유하고 있어 향후 높은 성장성이 기대된다. 앞으로 지속될 반도체 및 LCD시장의 경기호황에 따라 외형과 이익이 급성장할 전망이다.

고유진(대우증권 투자분석부 과장)

삼우EMC(26250)

◆ **회사개요(2000.1.1 기준)**

- 설립일 : 1978년 3월 15일
- 대표이사 : 정규수
- 발행주식수 : 1,058만 2,000주
- 주요주주 : 정규수 및 특수관계인 52% 등
- 주력사업 : 반도체 클린룸 설치
- 결산기 : 12월
- 코스닥등록일 : 1995년 10월 11일
- 자본금 : 52.9억원
- 액면가 : 500원(액면분할 : 99년 9월 20일)

77년 건축물 내·외장재 생산 및 설비 전문기업으로 설립돼 현재는 반도체 클린룸 패널과 세라믹 외장재 건물내 칸막이 등을 생산, 시공하는 전문업체로 도약했다. 건축 내장업종에서 12년간 연속 도급순위 1위를 유지하고 있다. 특히 클린룸용 SGP 및 무정전 복합패널은 시장 수요의 거의 전량을 이 회사가 공급하고 있다.

◆ **사업전망**

삼우EMC가 현재 가장 주력하는 사업은 반도체 클린룸패널 시공 분야다. 삼성전자, 현대전자, 아남반도체 등 국내 반도체 기업의 클린룸 공사를 도맡아 하고 있다. 동사가 자체 개발에 성공한 반도체 클린룸 '노코킹시스템(고효율 패널장치)'은 삼우의 기술력을 상징하는 대표적인 개발품이다. 이 장치는 배출 가스가 없으며 재시공이 간편하고 화학접착제를 사용한 제품에 비해 견고하면서도 유지 보수비가 적게 드는 장점을 가지고 있다.

한편 삼우는 첨단 천장재인 공선 천장시스템 기술을 미국의 실링플러사로부터 도입해 영종도 신공항 등에 공급하고 있다. 2000년 1월부터 대량생산에 들어갔다.

삼우EMC는 국내에서는 유일하게 반도체 클린룸용 SGP패널에 대한 특허를 보유하고 있다. 삼성전자, 현대반도체, LG-LCD 등 반도체 업체들의 신규투자가 계속 증가하고 있어 수주액만도 약 600억원에 달하고 있으며 앞으로도 계속 폭발적인 매출 신장세를 보일 것으로 전망된다. 국내 건설 내외장재 시장은 동사를 필두로 중소업체들이 난립하고 있으나 동사의 제품인지도가 관련업체들 사이에서 가장 높고 패널제조와 설치를 동시에 수행함으로써 가격 경쟁력이 높아 당분간 당사의 독주가 계속될 것으로 보인다.

◆주가 차트

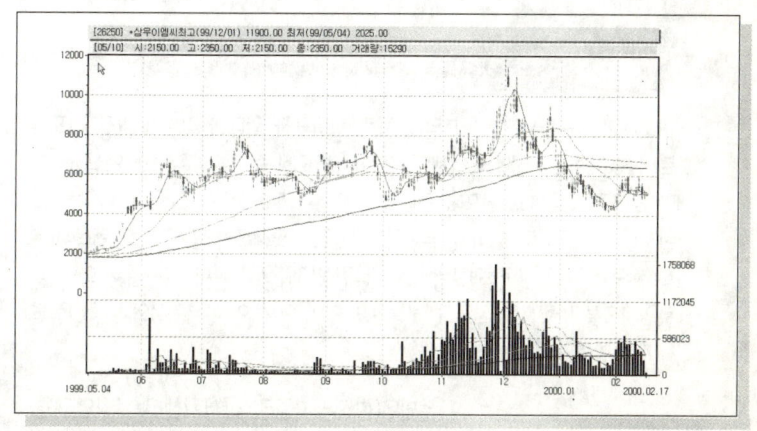

◆사업실적 및 재무현황

99년 상반기중에 있었던 자산 재평가 영향으로 83억원의 평가 차액이 생기면서 현재 부채비율은 52%를 보이고 있으며 현금성 자산이 부채보다 많아 실질적인 무차입 경영상태로 재무 안정성이 매우 우수한 편이다. 98년 매출은 450억원에 19억원의 순이익을 올렸고 99년 추정매출은 540억원, 순이익은 30억원에 달할 것으로 예상된다. 2000년 목표는 630억원의 매출에 53억원의 당기순이익을 올린다는 계획이다.

주요 재무실적 및 전망 (단위 : 억원, 원, %)

연도	매출액	경상이익	순이익	부채비율	EPS
1997	519	33.6	22.7	329	361
1998	450.8	28.7	19.5	228	263
1999(E)	540	45	30	52	284
2000(E)	630	69	53	46이하	500

〈자료 : 삼우EMC〉

애널리스트 분석

반도체와 TFT-LCD의 호황에 따른 설비투자 확대와 더불어 가장 대표적으로 수혜를 받을 수 있는 업체다. 동사는 반도체 클린룸용 패널의 핵심기술에 대한 특허를 보유하고 있으며 국내에서 유일하게 생산해내고 있다. 따라서 소자업체들의 투자확대에 따라 폭발적인 매출 신장세를 보일 것으로 예상된다. 더불어 국내건설경기가 회복됨에 따라 건설내외장재 분야 역시 동사의 높은 제품인지도를 바탕으로 독주가 예상되고 있어 향후 이 부문에서의 매출신장도 기대해볼 만하다.

유제우(한진투자증권 리서치센터 선임연구원)

서울일렉트론(32980)

◆ **회사개요(2000.1.1 기준)**

- 설립일 : 1983년 11월 1일
- 대표이사 : 채인철
- 발행주식수 : 1,000만주
- 주요주주 : 채인철 외 특수관계인 30%
- 주력사업 : 반도체장비제조, 광통신, 그래픽컴퓨터, 소프트웨어개발
- 결산기 : 12월
- 코스닥등록일 : 1997년 8월 6일
- 자본금 : 50억원
- 액면가 : 500원 (액면분할 : 99년 9월 20일)
- 홈페이지 : www.sel.co.kr

　　서울일렉트론은 83년에 설립된 반도체장비 및 소프트웨어 개발 전문 벤처기업이다. 당시 기술개발주식회사가 투자한 국내 벤처1호로 출발한 기업이다. 86년 반도체 전공정 장비의 국산화에 성공, 지금도 이 기술을 외국기업에 자문해주고 있다. 정부의 초고속정보통신망 구축에 따른 광통신사업과 IMT-2000시대에 대비한 무선포털서비스 사업에도 진출할 계획이다.

◆ **사업전망**

　　반도체장비 국산화에 물꼬를 튼 동사는 90년대 들어 본격적인 장비국산화에 대한 관심이 늘어나면서 확산로의 국산화를 시작으로 몇 종의 CVD장비를 개발했다. 이들 장비를 국내 반도체 메이커는 물론, G-7프로젝트를 수행하고 있는 정부출연 연구기관에도 공급하고 있다. 98년에는 일본의 세계 최대 반도체 설비메이커인 도쿄일렉트론과

핵심부품 장치의 납품계약을 맺고 월 30세트를 수출해오고 있다. 이 회사는 2000년에 이미 60대 이상의 주문을 받아놓은 상태로 지난 1월 천안에 반도체장비공장을 매입, 본격적인 반도체 장비사업에 박차를 가하고 있다. 이 회사의 주력사업은 크게 반도체설비사업, 네트워크사업, 유무선통신사업이다.

반도체사업은 기존의 해외수출제품 주문증가에 따른 시설확충과 자체생산 퍼니스시스템의 생산라인 확장 및 반도체클린룸 시설투자 등을 통해 차세대 반도체장비들을 지속적으로 생산해나갈 계획이다. 이를 위해 99년 12월에 일본의 첨단기술기업과 전략적 제휴를 맺고 국내 최초로 본격적인 CMP장비의 국산화에 나선다는 계획이다. 네트워크사업은 과거의 하드웨어 디스트리뷰터에서 한 단계 발전하여 사이버대학, 전국 우체국의 e-post, 영종도 신공항 정보시스템 구축 및 국방관련 프로젝트 및 인터넷비즈니스 시스템 구축 등으로 영역을 넓히고 있다. 98년 현대그룹의 계열사를 인수, 신문제작시스템(CTS)사업에도 진출하여 자체 개발한 소프트웨어를 일본의 대형상사를 통해 수출할 계획이다. 또한 동사는 88년부터 10여년간 광섬유산업과 관련하여 일본의 신에츠화학그룹과 고베세이코사 등과 협력관계를 유지, 국내에 광섬유의 원자재 수입을 독점하고 있으며 광통신과 연결된 연간 400억원 규모의 대형 솔루션을 제공하고 있다. 동사는 이와 관련된 기술을 국내외 회사들과 교환하는 문제도 적극 검토중이다. 한편 이 회사는 99년 8월에 벤처엔젤스가 4억원을 출자하고 동사가 3억원을 출자해 자본금 7억원의 무선포털서비스회사인 (주)원투를 설립하고 IMT-2000의 동영상 휴대폰시대에 맞는 우수한 멀티미디어 시스템 개발에 나서고 있다.

◆주가 차트

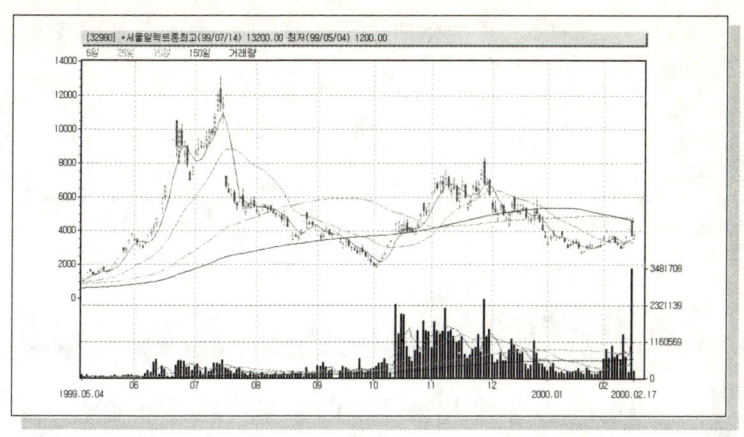

◆사업실적 및 재무현황

　98년 실적은 IMF한파와 반도체업체들의 시설투자 감소로 매출액이 전년도에 비해 약 20억원 줄어든 142억원, 순이익은 2억원을 기록했다. 그러나 99년 들어 반도체경기의 호황에 힘입어 99년 매출액은 221억원, 순이익은 5억원을 올릴 것으로 추정된다. 신규사업(CTS) 인수에 따른 소프트웨어 개발과 반도체장비 국산화 개발 등에 투입된 기술개발비의 증가로 순이익이 당초 목표인 10억원대에 못 미쳤지만 이들 투자에 대한 성과가 가시화되는 2000년에는 매출이 500억원으로 늘어나고 순이익도 40억원으로 늘어날 전망이다. 99년 12월 유상증자를 통해 자본금을 40억원에서 50억원으로 늘렸으며 올해 2월 20%의 무상증자를 실시했다. 동사는 올해 신규사업이 확정되면 해외에서 CB나 BW 등을 발행할 계획도 세워놓고 있다.

주요 재무실적 및 전망 (단위 : 억원, 원, %)

연도	매출액	경상이익	순이익	부채비율	EPS
1997	160	18	12	47	3,000
1998	142	3	2	47	500
1999(E)	221	6	5	45	63
2000(E)	500	41	40	40	333

〈자료 : 서울일렉트론〉

애널리스트 분석

서울일렉트론은 정보통신산업의 기반이 되는 첨단기술이 균형있게 발전해오고 있어 향후 제품전략에 대한 다양한 포트폴리오를 구성하고 있다. 이 회사는 지난 몇 년간의 반도체경기 침체에도 불구하고 컴퓨터부문과 통신부문의 매출 신장으로 외형이 오히려 더욱 성장해왔다. 사업부문 중 반도체설비부문은 지금까지 동사의 기술력을 인정하는 소자메이커들과 해외 설비메이커들로부터 OEM방식의 주문생산이 주종이었으나 99년 하반기부터는 본격적인 자사 브랜드 제품을 생산 공급하고 있다. 특히 Furnance기술은 동사의 반도체설비 시장에서의 국제적 경쟁력을 갖기에 충분한 것으로 알려져 있다. 올해에는 차세대 장비로 각광을 받고 있는 CMP시장에도 진입할 것으로 보인다. 네트워크부문에서는 사이버대학, 전국우체국의 e-post, 영종도 신공항 정보시스템구축 및 국방관련 프로젝트 등을 수행하고 있으며 99년에는 현대그룹으로부터 신문제작시스템(CTS) 사업권을 인수, 성능향상을 통하여 해외에도 진출하고 있다. 통신사업부문 중 광통신사업은 세계적으로 추진되고 있는 각국의 초고속전송망 구축에 핵심이 되고 있는 광섬유 원자재 수입을 독점하고 있어 국내 광통신업체와의 협력관계가 밀접하다는 점을 주목할 필요가 있다. 99년 8월에 설립한 인터넷포털서비스 자회사인 '윈투'는 IMT-2000의 솔루션을 개발하는 업체로 향후 네트워크 사업체와의 기술제휴를 통하여 무선시장에까지 진출하겠다는 포석이다. 이 회사는 올해 2월 증권정보제공 인터넷 회사인 팍스넷과의 전략적 제휴관계를 체결한 상태다.

이영목(대우증권 투자분석부 과장)

심텍(36710)

◆ **회사개요(2000.1.1 기준)**

- 설립일 : 1987년 8월 24일
- 대표이사 : 전세호
- 발행주식수 : 2,720만주
- 주력사업 : 반도체용 인쇄회로기판
- 결산기 : 12월
- 코스닥등록일 : 1999년 12월 29일
- 자본금 : 136억원
- 액면가 : 500원(액면분할 : 99년 11월 4일)
- 홈페이지 : www.simmtech.co.kr

심텍은 1987년 설립된 국내유일의 반도체용 회로기판(PCB) 전문 생산업체다. D램 반도체에 들어가는 메모리 모듈과 번인보드, 그리고 비메모리 반도체인 펜티엄칩에 사용되는 BGA용 PCB가 주력제품이다. 매출비중은 D램 관련 제품이 80%, 비메모리용 제품이 20%다.

◆ **사업전망**

이 회사가 주력으로 생산하는 메모리 모듈 PCB는 D램 반도체를 PC에서 메모리로 쓰기 위해 여러 개의 D램을 하나의 PCB상에 고밀도 실장하여 메모리 용량을 확장시키는 데 활용되고 있다. BGA용 PCB는 반도체를 조립할 때 리드프레임을 사용하는 대신 PCB 뒷면에 공(ball) 모양의 납땜을 표면실장하는 방법으로 200핀 이상의 다핀 패키지에 사용된다.

동사는 청주 공장에 50억원을 투입하여 램버스D램 모듈 기판용 전용라인을 구축했으며 램버스 D램 모듈 기판을 양산하는 것은 세계 두

번째로서, 반도체 패키지 기판 전문업체로는 처음이다. 램버스 D램 모듈은 세계 PC용 마이크로 프로세서 시장을 주도하는 인텔이 차세대 PC용 메모리 모듈로 확정한 규격으로 앞으로 3~4년 안에 현재의 PC메모리 모듈로 채택하고 있는 싱크로너스 D램 모듈을 대체할 것으로 예상된다.

아울러 차세대 반도체 패키지 기판인 CSP와 MCM기판도 양산한다. CSP는 향후 이동통신 단말기용 메모리칩과 D램, 캠코더 등의 주요 부품으로 선택되어 급격한 생산량 증가가 기대되는 제품이다.

또한 MCM의 세계 최대수요 업체인 미국의 유명 통신용 반도체 제조회사로부터 치열한 경쟁을 거쳐 승인된 2개 회사 중 하나로 선정되었을 정도로 기술력이 뛰어나다. 비메모리 IC 및 통신단말기 IC 등에 사용되는 MCM의 품질 승인으로 현재 월 200만개 이상을 생산하는 주력업체로 자리잡고 있다.

D램 분야에서는 세계 반도체 빅4인 삼성전자, 마이크론, 현대전자, NEC를 비롯해 비메모리 분야에서는 전세계 1위 업체인 인텔사가 주요 거래선이다. 동사는 반도체 분야에서 축적한 기술을 바탕으로 고부가, 고성장분야인 통신용 PCB에도 이미 개발을 완료하여 시장 참여를 눈앞에 두고 있다.

◆주가 차트

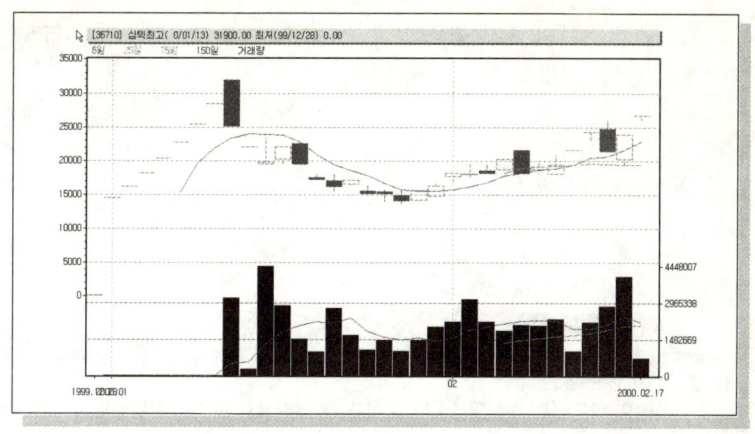

◆사업실적 및 재무현황

　심텍은 99년 3월과 8월에 미국기관투자가인 AIG사로부터 260억원, 한강구조조정기금으로부터 260억원을 투자유치했고 주식공모를 통해 727억원을 조달했다.

　98년 매출은 557억원이며 99년에는 652억원을 달성할 것으로 예측되고 있다. 98년도 순이익은 82억원을 올렸고 99년 순이익은 약 88억원에 달할 전망이다. 부채비율은 98년 362%에서 99년말 기준으로 10%대로 낮아져 초우량의 재무구조를 나타내고 있다. 2000년 매출목표는 1,208억원에 235억원의 당기순이익을 예상하고 있다.

주요 재무실적 및 전망 (단위: 억원, 원, %)

연도	매출액	경상이익	순이익	부채비율	EPS
1997	410.71	80.7	78.5	245	561
1998	557.5	94.7	82.6	362	590
1999(E)	652.0	104.2	88.2	10	256
2000(E)	1,208.7	304.2	235.3	8	549

〈자료: 심텍, 교보증권〉

애널리스트 분석

심텍은 반도체용 인쇄회로기판(PCB) 생산업체다. 동종업체 대부분이 가전제품이나 통신기기, 컴퓨터용 인쇄회로기판을 주로 생산하는 데 반해 심텍은 반도체에 사용되는 인쇄회로기판만을 전문적으로 생산하고 있어 높은 경쟁력을 갖고 있다. 주력생산품은 D램 반도체에 들어가는 메모리 모듈과 번인보드, 그리고 비메모리 반도체인 펜티엄칩에 사용되는 BGA용 PCB다. 매출구성은 D램관련 제품이 80%, 비메모리용 제품이 20%다. 반도체관련 분야는 무엇보다 기술력이 관건인데 동사의 기술력은 명실공히 세계적 수준이다. 거래선을 통해 기술력을 평가해볼 수 있는데 주요거래선은 D램 분야에서는 세계 반도체업체 빅4인 삼성전자, 마이크론, 현대전자, NEC이고 비메모리분야에서는 세계 1위업체인 인텔이다. 하이테크산업에서 기술력은 바로 돈이다. 고성장하는 시장에서 일류업체와의 거래선을 갖고 있고 기술력이 뒷받침되는 회사는 수익성도 높다. 심텍이 바로 그런 회사이다. 반도체분야는 4~5년 주기로 경기순환이 이루어지는 대표적인 경기순환형 산업이다. 이 회사도 영업은 반도체경기와 같이 움직인다. D램 업체는 반도체 가격에 민감한 편이지만 PCB업체는 가격보다는 수량이 영향을 미친다. 따라서 반도체업체보다는 영업의 안정성이 높다. 99년에 37%의 고성장을 해온 세계 D램 반도체 시장은 2000년에 44%, 2001년에 48%로 성장세가 가속화될 전망이다. 동사는 향후 2~3년간 지속될 것으로 예상되는 반도체 경기호황의 수혜주로 기대된다.

전병서(대우증권 리서치센터 연구원)

아토(30530)

◆ 회사개요(2000.1.1 기준)

- 설립일 : 1991년 9월 27일
- 대표이사 : 오순봉
- 발행주식수 : 1,068만 9,000주
- 주주관계 : 오순봉 41%
- 주력사업 : 반도체 가스관련 장비 전문생산 수출주력
- 결산기 : 12월
- 코스닥등록일 : 1996년 9월 24일
- 자본금 : 53억원
- 액면가 : 500원(액면분할 : 99년 8월 2일)
- 홈페이지 : www.atto.co.kr

아토는 91년에 설립된 회사로 반도체 가스관련 장비 전문제조 벤처기업으로서, 반도체 경기의 호황으로 사상 최대의 특수를 누리고 있다. 경쟁업체인 H사와 함께 과거 3년간 평균 시장점유율 기준 약 40%를 차지하는 국내시장 선도업체다.

◆ 사업전망

아토의 주요 생산제품은 반도체 제조공정 중 웨어퍼의 청정도, 고순도를 유지하기 위한 화학가스 세척공정과 관련된 가스캐비닛, 가스공급시스템 등이다. 주 수요처는 삼성전자, 현대전자 등 국내반도체 업체들이고 수출지역은 대부분 대만·말레이시아 등 동남아시아다. 특히 대만의 반도체업체들이 생산설비를 늘리는 데 힘입어 대만시장 점유율은 85%에 이르고 있다.

국내시장은 삼성전자의 납품비중이 높다. 이와 함께 99년 하반기

부터 반도체 공정에 주입되는 가스의 순도를 높여주는 Purifier와 반도체 LCD, CRT, 철강산업 등에 사용할 수 있는 세정용 화학약품(케미컬)을 개발, 생산하면서 이 분야로도 진출할 예정이다. 현재 케미컬 부문의 적용실험을 삼성전자와 공동으로 하고 있다. 이 제품은 기존 화학약품과는 달리 사용 후 폐기물처리비용이 거의 들지 않고 모재에 손상을 주지 않아 장비 및 부품의 수명이 대폭 향상되는 등 높은 가격임에도 불구하고 효용성이 뛰어난 것으로 알려졌다. 동 화학약품의 경우 이미 한국·대만 등지에서 특허를 취득했고 미국·일본·EU에 특허를 출원중이다. 이들 신제품의 생산이 올해부터 본격화되면 전자부품업체 등 수요처가 다양하여 향후 매출구성 중 차지하는 비율이 급상승할 것으로 보인다.

환경규제 강화에 따른 기존약품의 대체수요가 급속히 증가할 것으로 보이는 것도 이 회사의 수익성 호전에 크게 기여할 것으로 판단된다. 수익성 면에서도 기존제품에 비해 마진율이 높다.

아토는 제품의 주 수요처인 반도체업체들과의 긴밀한 협력 아래 지속적인 기술개발과 세계시장을 공략하기 위한 마케팅에 주력한다는 계획이다. 아울러 장비의 업그레이드를 통한 최고의 제품을 생산한다는 전략이다. 경쟁업체와의 품질 및 가격경쟁이 예상됨에 따라 반도체 기술개발속도에 맞춰 지속적인 제품의 업그레이드와 시장점유율 유지라는 과제를 안고 있다.

대만 등 동남아시아시장 개척에 성공한 데 이어 향후 품질 및 가격경쟁력을 바탕으로 미국과 일본시장에도 진출할 채비를 갖추고 있다.

◆주가 차트

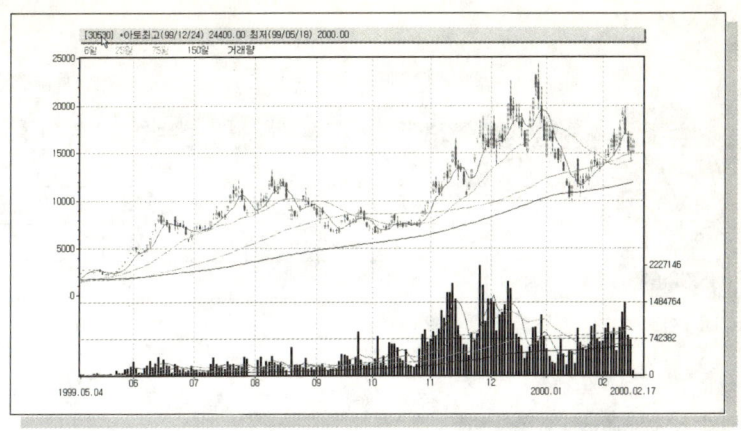

◆사업실적 및 재무현황

　주요 매출구성은 주력제품인 가스캐비닛이 74.3%로 절대적 비중을 차지하고 있고 가스공급시스템인 VMB가 9.6%, GMS가 5.5%를 차지하고 있다.

　수출비중은 42.2%다. 99년의 반도체 호황으로 전년대비 약 3배 이상 늘어난 사상 최대의 수익을 올린 것으로 알려지고 있다. 99년 실적은 약 262억원의 매출에 24억원의 순이익을 올린 것으로 추정된다. 이는 98년보다 270% 증가한 규모다. IMF 위기로 98년 매출액이 70억원에 불과했고 IMF 이전에도 매출액 규모가 150억원 안팎이었다는 점을 감안하면 큰 폭의 신장세인 셈이다.

　98년에는 금융비용부담률이 12.5%였으나 99년도에는 한 자릿수로 낮아질 전망이고 부채비율도 98년말 기준 73%에서 유상증자 등을 통해 99년에는 더욱 낮아질 것으로 보여 재무구조가 안정적이다. 2000년부터는 이 회사가 세계최초로 상품화에 성공한 반도체 제조장비용 세정제의 매출이 100억원가량 추가로 발생할 것으로 보여 매출액은

350억원이 넘을 것으로 예상된다.

주요 재무실적 및 전망 (단위 : 억원, 원, %)

연도	매출액	경상이익	순이익	부채비율	EPS
1997	147	5	5	127.43	-
1998	70	-8.6	8.4	73.74	-1,068
1999(E)	262	23	24	70	215
2000(E)	354	60	55	0	430

〈자료 : 아토〉

애널리스트 분석

아토는 반도체용 가스공급장치 및 관련장비 전문생산업체다. 98년 기준 국내시장점유율은 40%다. 수출비중은 42.2%에 달한다. 아토의 실적은 반도체경기순환에 민감하게 반응한다.

주가의 긍정적인 측면을 보면 반도체 경기 호전으로 국내 및 대만 반도체 생산업체들이 기존 생산라인을 증설하거나 신규라인을 설치하고 있어 내수 및 수출 증가가 기대되고 있다. 가스의 순도를 향상시켜주는 가스정화기와 기존의 맹독성 반도체 제조장비 세정제를 대체할 수 있는 약품(SJA-100Q)을 개발, 2000년부터 본격적으로 판매할 예정이다.

부정적인 측면으로는 반도체 생산업체의 장비교체수요가 예상보다 저조할 경우 매출증가율이 감소할 수 있다. 부가가치가 높은 SJA-100Q의 시장성은 아직 검증되지 않은 상태로 신제품의 시장진입 성공 여부에 따라 매출액과 순이익 규모가 변할 수 있다.

차진호(현대증권 주임연구원)

엠케이전자(33160)

◆**회사개요(2000.1.1 기준)**

- 설립일 : 1982년 12월 16일
- 대표이사 : 강도원
- 발행주식수 : 68만주
- 주요주주 : UBS캐피탈 61.5%, 강도원 10.0% 등
- 주력사업 : 반도체 기초재료 골드본딩와이어 개발, 생산
- 결산기 : 12월
- 코스닥등록일 : 1997년 11월 10일
- 자본금 : 34억원
- 액면가 : 500원(액면분할 : 97년 3월 24일)
- 홈페이지 : www.mke.co.kr

82년 설립된 엠케이전자는 반도체용 기초재료인 골드본딩와이어 부문 국내1위의 전문생산업체다. 국내시장 40%, 세계시장 15%를 점유하고 있으며 미국의 아메리카 파인와이어사와 일본의 다나카사에 이은 세계3위 본딩와이어 업체다.

◆**사업전망**

엠케이전자는 골드본딩와이어 생산 선발업체로서 품질 및 시장인지도가 매우 높다. 골드본딩와이어 제조기술의 핵심기술은 고순도성(99.999%)과 미세선 폭이다. 동사 매출의 96%를 차지하는 골드본딩와이어는 반도체칩과 리드프레임을 연결하는 가느다란 도선으로, 패키지 내부와 외부를 연결하는 중요한 가교 역할을 수행하는 반도체 패키지 재료다.

납품처별 매출비중은 98년 기준으로 반도체조립업체인 아남반도

3. 반도체 관련주 143

체 39.1%, 칩팩코리아 20.9%, 삼성전자 10.4%, 현대전자가 4.6%를 차지하고 있다. 직수출비중은 11.4%이며 필리핀·태국 등이 주요 수출지역이다. 주요 경쟁업체로는 헤라우스 오리엔탈 하이텍과 일본 다나카사와 기술제휴로 97년부터 시장에 신규진입한 희성금속이 있다.

　동사의 제품은 업그레이드 주기가 빨라지면서 이에 대한 신속한 대처가 요구된다. 반도체 회사들이 재료비용을 최소화하기 위해 금 대신 구리본딩와이어로 대체할 가능성도 배제할 수 없기 때문이다. 현재 구리본딩와이어에 대한 연구개발이 진행중이다.

　이 밖에도 증착제와 금 스퍼터링타깃 등도 생산하고 있으며 매출비중은 각각 3%와 1%로 미미한 편이다. 98년에는 미래형 반도체 BGA 패키지용 재료인 솔더볼을 개발했다. 이 제품은 반도체 패키지의 초소형화 및 초박막화 추세에 따라 성장잠재력이 큰 분야로 꼽히고 있다. 이 패키지는 칩의 3배 이상 크기인 현재의 반도체 사이즈를 칩의 1.2배 수준으로까지 줄일 수 있어 휴대폰, 노트북PC, 개인정보단말기(PDA) 등 각종 휴대용 정보통신기기와 디지털카메라, 디지털비디오 등 휴대용 가전기기를 중심으로 적용이 증가하는 추세여서 향후 수익성이 예상된다. 동사는 99년 80억원을 투입, 금 본딩와이어의 생산능력을 연간 60만km에서 100만km로 늘렸으며 향후 추가 생산능력 확충과 솔더볼 생산을 위해 100억원의 시설투자를 계획하고 있다.

◆ 주가 차트

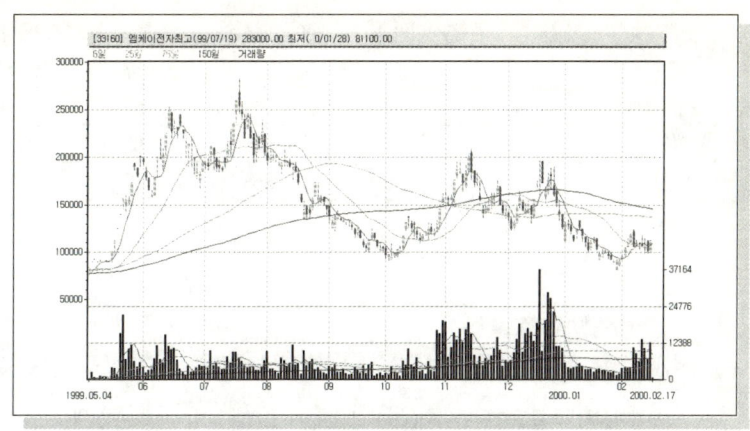

◆ 사업실적 및 재무현황

　96~98년중 연평균 26.3%의 고성장을 지속해왔다. 98년 반도체 재료 소자 생산업체들의 외형감소에도 불구, 동사는 골드본딩와이어 매출이 27% 성장함에 따라 전체적인 외형이 크게 성장했다. 하지만 이는 원화약세에 따른 환율상승 영향으로 수량대비 성장률은 3.3%에 불과하다. 스위스 은행의 투자자문회사인 UBS캐피탈이 1대 주주인 강도원 회장의 지분 중 40.33%와 2대 주주인 한국기술금융의 지분 20.20%를 6천만달러에 인수하여 최대주주로 부상했다.

　98년 매출액은 1,014억원으로 전년대비 23.5% 증가했으며 순이익은 91억원을 올렸다. 98년 결산결과 현금흐름은 원할한 편이며 현금보유액이 140억원으로 차입총액을 상회하며 부채총계가 155억원으로 재무안정성이 우량하고 높은 수익성을 나타내고 있다.

　99년 매출액은 960억원에 52억원의 순이익을 올린 것으로 추정된다. 2000년 목표는 1,130억원의 매출에 85억원의 순이익을 내다보고 있다.

주요 재무실적 및 전망 (단위 : 억원, 원, %)

연도	매출액	경상이익	순이익	부채비율	EPS
1997	821	113	86	67	15,561
1998	1,014	118	91	55	13,516
1999(E)	960	67	52	52	8,519
2000(E)	1,130	110	85	50	8,550

〈자료 : 엠케이전자, 굿모닝증권〉

애널리스트 분석

엠케이전자는 골드본딩와이어(gold bonding wire)를 생산하는 업체다. 이는 반도체칩과 리드프레임을 연결하는 가느다란 도선이다. 패키지 내부와 외부를 연결하는 중요한 가교역할을 수행한다. 엠케이전자는 국내 골드본딩와이어 시장의 40% 정도를 점유하고 있다. 이 회사의 주요 납품처는 아남반도체, 칩팩코리아, 삼성전자, 현대전자 등 국내 반도체 대기업들이다. 골드본딩와이어는 이 회사 매출의 96%를 차지하고 있다. 선발업체로서 품질 및 시장인지도가 높다.

엠케이전자는 이외에 증착제 금스퍼터링타깃 등도 생산하고 있다. 매출비중은 각각 3% 및 1%로 미미하다. 몇몇 업체들이 골드본딩와이어를 대체할 수 있는 구리본딩와이어를 개발하고 있으며 이것이 상용화될 경우 이 회사의 수익기반이 약화될 수 있다.

김미영(굿모닝증권 조사역)

원익(32940)

◆ 회사개요(2000.1.1 기준)

- 설립일 : 1983년 10월 16일
- 대표이사 : 이용한
- 발행주식수 : 1,500만주
- 주요주주 : 이용한 54.3%, 대한투신 6.5%, 한국종합기술금융 6.5% 등
- 주력사업 : 반도체용 석영유리 가공제품 생산
- 결산기 : 12월
- 코스닥등록일 : 1997년 7월 18일
- 자본금 : 75억원
- 액면가 : 500원 (액면분할 : 99년 10월 18일)
- 홈페이지 : www.wonik.com

　　원익은 국내 최고의 반도체용 석영유리용기 제조업체다. 300억원 규모의 국내 석영유리용기 시장에서 약 40%를 점유하고 있는 업계1위 기업이다. 지난 83년 원익통상으로 출발한 동사는 미국 제너럴일렉트릭(GE)과의 기술합작으로 그동안 수입에 의존해오던 석영유리용기를 100% 국산화하는 데 성공, 반도체 경기 호황에 따른 수혜주로 주목받고 있다.

◆ 사업전망

　　석영(쿼츠)유리용기는 반도체 공정에 쓰이는 제품이다. 그동안 전량 수입에 의존해 오던 석영유리를 98% 국산화로 대체시킨 국내 독보적인 업체다. 지난 90년대 이후 반도체 경기의 호황을 누리면서 지금까지 줄곧 흑자를 내고 있다. 99년에는 특히 세계적인 반도체 경기 회복의 수혜를 누리며 큰 폭의 매출증가를 보였다. 99년 대만 지진으

로 대만 반도업체들의 피해에 따른 반사이익을 얻어 생산량을 늘리기도 했다. 제품의 30%가량을 수출하고 있다. 99년 일본의 TEL사에 30억원 등 총 70억여원, 2000년엔 TEL사에만 100억원 이상을 수출할 것으로 예상된다. 수출역량을 극대화시키기 위해 98년 무역회사인 원익통상을 합병, 세계적인 메이커로 자리잡는 데 성공했다.

세계 최고 수준에 올라 있는 동사의 제품은 그동안 생산물량이 모자라 해외공급이 원활하지 못했는데 합병을 통해 생산시설을 확충, 세계시장 공략에 적극 나서고 있다. 이를 위해 미국에 원익쿼츠그룹과 대만에 원익석영공사의 합작법인을 설립해 두 곳의 생산거점기지를 마련했다. 일본을 제외한 주요 반도체 생산국에 생산기지를 마련, 세계적 메이커로서 성장토대를 구축한 셈이다.

국내시장의 주요 매출처는 삼성전자, 현대전자, 현대반도체 등으로 안정적인 거래선을 확보해 성장세가 탄력을 받을 것으로 보인다. 제품 특성상 석영유리용기는 수명이 1~12개월 정도의 짧은 소모품으로 반도체업체들이 생산량을 늘리는 것에 비례해서 수요가 증가하고 있다. 여기에 GE로부터 싼 가격에 원재료를 공급받고 있어 충분한 가격경쟁력도 갖고 있다. 99년 256메가 D램과 1기가 D램 제조공정에 맞는 12인치 신제품을 개발, 반도체 주력 제품군의 변화에 발빠르게 대응하고 있다.

최근 반도체 장비업체인 아이피에스를 인수, 기존 반도체 부품부문과의 시너지효과를 기대하고 있다. 이 밖에도 GPS안테나 등 첨단통신부품을 생산하는 원익텔콤, 첨단조명제품을 생산하는 원익조명을 계열사로 두고 있다. 원익이 27.6%의 지분을 갖고 있는 한미열린기술투자가 올해 코스닥시장 등록을 계획하고 있어 막대한 평가이익도 기대된다.

◆주가 차트

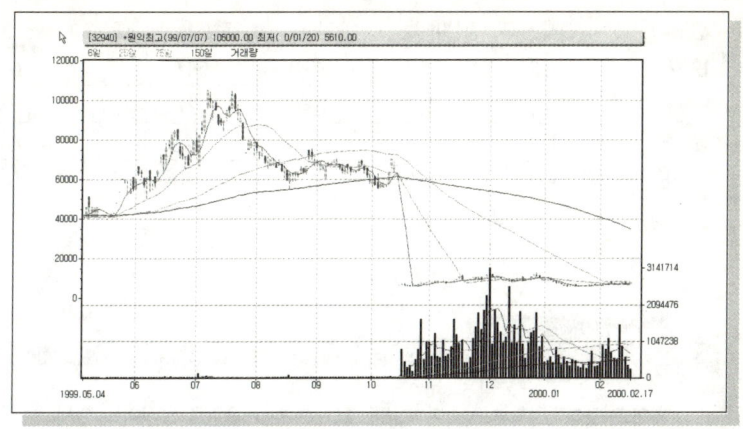

◆사업실적 및 재무현황

　매출구성은 석영유리사업부와 통상사업부가 각각 50 : 50 정도의 매출 비중을 차지한다. 이 중 수출비중은 약 13%다. 98년 224억원의 매출에 33억원의 순이익을 올렸다. 반도체 경기호황에 힘입어 99년 매출액은 전년보다 65% 늘어난 358억원, 순이익은 60억원에 달할 것으로 전망된다.

　앞으로 2~3년간 반도체 경기가 초호황을 누릴 것으로 전망됨에 따라 올해 매출은 500억원에 순이익 100억원을 넘어설 것으로 보인다. 재무구조도 98년 부채비율 42.8%, 금융비용부담률 3.2%에 불과할 정도로 우량하다. 특히 부채비율은 매년 줄어들어 99년말 28%, 2000년말엔 20%대로 낮아질 것으로 회사측은 전망하고 있다.

주요 재무실적 및 전망 (단위 : 억원, 원, %)

연도	매출액	경상이익	순이익	부채비율	EPS(액면가5백원기준)
1997	188.2	55.6	46.0	58.4	460
1998	224.3	41.3	32.6	42.8	277
1999(E)	358	79.2	60	28	483
2000(E)	500	140	100	20	667

〈자료 : 원익〉

애널리스트 분석

원익은 고부가가치를 자랑하는 반도체용 석영유리용기를 생산하는 업체다. 이는 반도체 웨이퍼 제조공정에서 웨이퍼를 불순물로부터 보호하거나 담는 용기로 사용된다. 수명이 1~12개월 정도인 소모품으로 반도체 생산량에 따라 수요가 결정된다. 원익은 300억원 규모의 국내 석영유리용기 시장에서 점유율 40%가량을 차지하고 있다. 삼성전자, 현대전자 등 반도체 제조업체에 납품하고 있다.

반도체가 활황 국면으로 돌아섬에 따라 가파른 매출 상승이 기대된다. 반도체 업체들이 생산량을 늘리는 것에 비례해 석영유리용기에 대한 수요도 증가하기 때문이다. 더욱이 GE로부터 가장 싼 값에 원재료를 공급받는 것도 강점이다. 2000년에는 256메가 D램과 1기가 D램 제조공정에 맞는 12인치 신제품을 개발, 반도체 주력 제품군의 변화에 대응한 준비작업도 완료했다.

차진호(현대증권 주임연구원)

주성엔지니어링(36930)

◆ **회사개요(2000.1.1 기준)**

- 설립일 : 1995년 4월 13일
- 대표이사 : 황철주
- 발행주식수 : 1,612만주
- 결산기 : 12월
- 주요주주 : 대주주 외 특수관계인 44.78%
- 주력사업 : 반도체 전공정 첨단장비(CVD) 개발·생산, 수출주력
- 홈페이지 : www.jseng.com
- 코스닥등록일 : 1999년 12월 22일
- 자본금 : 80.6억원
- 액면가 : 500원(액면분할 : 99년 9월 10일)

주성엔지니어링은 95년 4월에 설립된 회사로 고도의 기술력을 갖춘 국내 반도체장비 생산업체 중 세계적 경쟁력을 가진 벤처기업이다. 반도체 장비 중 첨단기술력이 요구되며 부가가치가 가장 높은 전공정장비인 화학기상증착기(CVD)의 국산화에 성공, 이들 제품을 수출함으로써 미국·일본을 제치고 세계시장의 50%를 점유하고 있다.

◆ **사업전망**

회사설립 이래 연평균 400%의 고속성장을 해오고 있는 이유는 세계시장에서 대규모 장비제조업체와 경쟁할 수 있는 독창적인 기술력과 제품을 확보하고 있기 때문이다. 주력제품은 CVD, LP, HSG이다. 이중 저압-화학기상증착(LP-CVD)장비는 전체 매출액의 약 22%를 수출하고 있다. 이 회사가 3년여의 각고 끝에 자체 개발, 국산화에 성

공한 CVD는 반도체 생산공정에서 웨이퍼(기판)가 전기적 성질을 가질 수 있도록 일종의 코팅을 하는 장비로 반도체 전공정의 가장 핵심이다. 대당 가격이 30억~40억원이나 되는 고부가가치제품이다. '유레카2000'이란 이름으로 이미 미국·대만 등지에 수출해오고 있다. 주성은 99년 11월말 국산 CVD로는 처음으로 일본에 수출하는 개가를 올렸다. 이로써 세계의 유수한 반도체 장비업체에 앞서 일본시장을 선점하는 효과를 거두게 됐다. 그동안 일본 업체들은 미국산 CVD를 주로 수입해왔다. 주성은 2000년부터 일본의 대형반도체 메이커들을 상대로 약 260억원어치를 수출할 계획이다. 이는 일본 전체 CVD시장의 5%를 차지, 일본에 처음 진출하는 외국기업으로서는 상당한 규모의 점유율이다. 현재 주성의 장비는 국내 반도체회사의 양산라인에서 가동중이다.

주성은 이 밖에도 PE(플라즈마)-CVD와 MO(금속유기)-CVD 등의 개발에도 잇따라 성공하면서 이 분야에서의 기술 우위를 확고하게 다지고 있다. 유레카2000을 버전업한 이들 장비는 주성이 세계 최초로 개발한 공정기술로 경쟁제품이 없어 세계시장의 독점이 예상된다. MO-CVD는 액체상태인 각종 반도체 증착물질을 기체상태로 웨이퍼에 도포시키는 장비다. 여기에 적용되는 기술은 앞으로 기가(G)급 고집적 IC생산에 도입될 구리 등의 화합물 증착에도 사용이 가능한 첨단기술이다. 주성은 이어 양산용 PE-CVD와 300mm 웨이퍼용 LP-CVD의 장비개발에도 성공했다. 이 장비는 삼성전자의 반도체생산라인에 납품됐다.

동사는 이들 제품에 관한 국내외 특허 19건을 보유하고 있으며 현재 62건을 특허 출원중에 있다. 또 기술개발을 위해 미국 및 일본과 긴밀하게 협조체제를 유지하고 있다.

이 회사는 99년 11월 삼성전자와 공동으로 '실리콘 선택적 에피박막 성장공정과 장비'를 개발하는 데도 성공했다. 이 기술은 웨이퍼의 일부분에 원하는 만큼 막을 입히는 차세대 기술로 향후 반도체 설계에서 다양한 기능을 실현할 수 있으며 비메모리 반도체 생산부문에서 많은 수요가 예상되는 기술이다.

    미국 텍사스 주 오스틴에 독립현지법인 '주성아메리카'를 설립하고 일본의 반도체장비업체인 알박재팬과 전략적 제휴를 성사시키는 등 세계시장 공략을 위해 착실한 준비를 계속하고 있다. 나스닥 상장도 추진하고 있다.

◆ 주가 차트

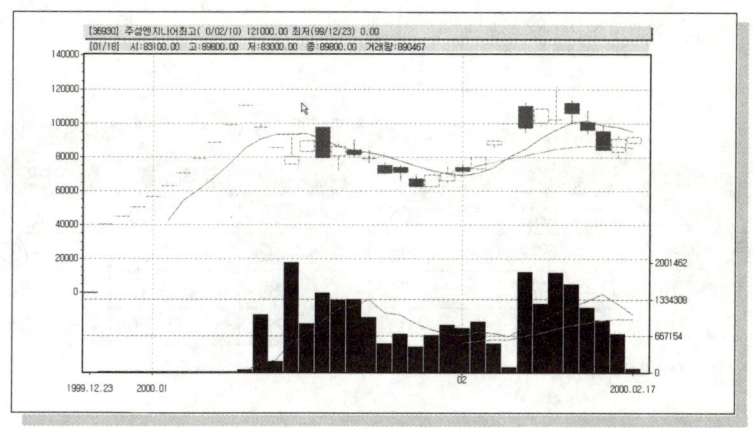

◆ 사업실적 및 재무현황

    창립 3년 만인 96년 수출 100만달러를 포함, 83억원의 매출을 기록했고 97년에는 240억원으로 321.6% 늘어났다. 반도체산업의 불경기 여파가 심했던 98년에는 매출액 502억원을 기록 108.8% 증가했으며 경상이익은 105억원으로 61.4%, 순이익은 92억원으로 59.2% 증가하는 놀라운 성장세를 보이고 있다.

99년 추정매출액은 679억원, 당기순이익은 89억원을 올릴 것으로 예상된다. 올해 목표는 1,344억원의 매출에 217억원의 순이익을 전망하고 있다.

99년 11월 코스닥공모에서는 신주공모가격이 액면가(500원)의 72배에 달하는 3만6천원으로 결정돼 증시사상 최고의 공모가격을 기록해 화제가 된 바 있다. 코스닥공모 후 현재의 자본금은 80억6천만원으로 늘어났다.

주성은 98년 벤처기업상과 과학기술부장관상, 벤처기업대상을 휩쓸었으며 전문투자기관으로부터 자금을 수혈받아 기술개발기반을 확고하게 다지고 있다. 은행 등이 중심이 된 벤처펀드 아리랑구조조정기금이 156억원을 투자하고 있다.

주요 재무실적 및 전망 (단위 : 억원, 원, %)

연도	매출액	경상이익	순이익	부채비율	EPS
1997	241	65	58	110	2,787
1998	502	105	92	80	783
1999(E)	679	129	89	16	676
2000(E)	1,344	313	217	25	1,346

〈자료 : 주성엔지니어링〉

애널리스트 분석

주성엔지니어링은 고도의 기술력과 자본조달 능력이 요구되는 반도체장비회사다. 주력제품은 저압-화학기상증착(LP-CVD)장비다. CVD는 반도체 생산공정에서 웨이퍼(기판)가 전기적 성질을 가질 수 있도록 일종의 코팅을 하는 재료로 볼 수 있다. 외국산보다 성능이 우수한데다 가격경쟁력도 갖추고 있다.

주성엔지니어링은 LP-CVD 외에 PE(플라스마)-CVD와 MO(금속유기)-CVD 등도 제조한다. 부가가치가 아주 높은 반도체 생산라인의 전공정 장비를 만드는 회사로 수익 기반이 탄탄하다는 것이 강점이다. 매출액 대비 경상이익률이 20%나 되는 수익성을 자랑한다. 다만 원자재를 해외에서 대거 수입하고 제품을 또 수출하기 때문에 환율변동에 따라 손익이 달라질 수 있다는 점을 주의할 필요가 있다. 반도체경기만 지속된다면 안정적인 주가 상승이 기대된다.

서도원(LG증권 책임조사역)

테크노세미켐(36830)

◆ 회사개요(2000.1.1 기준)

- 설립일 : 1989년 2월 15일
- 대표이사 : 정지완
- 발행주식수 : 119만주
- 주주관계 : 대주주 및 특수관계인 64.7%, 한국개발투자금융 9.7%, KTB 4.8%, 우리사주조합 3.7% 등
- 주력사업 : 반도체, TFT-LCD용 화학약품 생산
- 결산기 : 12월
- 코스닥등록일 : 2000년 1월 14일
- 자본금 : 59.5억원
- 액면가 : 5,000원
- 홈페이지 : www.tscc.co.kr

테크노세미켐 반도체 공정용 첨단화학재료를 전문생산하는 전자기초소재 벤처기업이다. 국내 3대 전자 회사인 삼성전자, 현대전자, 현대 반도체를 비롯해 아남 반도체, LG 필립스 LCD 등에 주요 물량을 공급하고 있다. 86년 창사 이래 첨단화학재료의 국산화에 앞장서온 기업으로 반도체 경기호황과 함께 성장성이 주목되는 기업이다.

◆ 사업전망

동사의 주력제품은 반도체 공정에서 필수적인 산화막 형성을 위한 화학기상증착(CVD)재료인 TEOS를 비롯해 웨이퍼 표면 세정제인 HF, 산화막 식각제인 LAL-BOE 등 30여종의 화학제품이다. 반도체, TFT-LCD 및 광섬유 제조시 공정용인 고순도 최첨단 화학재료를 생산 판매하고 있다. 동사는 세계 반도체 생산 1, 2위 업체인 삼성과

현대, 그리고 세계 LCD 생산 1, 2위 업체인 삼성과 LG에서 사용하는 원재료를 납품하고 있다.

또한 부가가치가 높은 소재분야의 연구개발에 박차를 가하고 있으며 2차전지 전해액, 화학적 기계연마(CMP) 슬러리, 차세대반도체용 박막소재(MO-CVD) 등의 개발이 2000년중에 가시화될 전망이어서 성장성이 기대되고 있다. 국내 반도체 재료시장은 99년 약 2조1천억원 규모로 추산되며 이 중 동사와 관련된 반도체 제조용 화학약품시장은 약 8.2%를 차지하고 있다. CVD약품은 동사가 국내시장의 약 77%를 차지하고 있으며 불산류 식각 및 세정약품은 약 95%를 점유하고 있다. 갈수록 반도체 설계규칙이 더욱 미세해지고 생산성이 증가함에 따라 화학증착재료의 사용량이 늘어나는 추세여서 성장성이 밝아 보인다.

동 제품은 외국업체와 합작으로 설립된 자회사 KY휴텍과 팩트사에서 생산하고 있으며 매출은 동사를 통해 이뤄지고 있다. 향후 추진 사업인 CMP사업, LIB 전해액, MO-CVD 사업 등에서도 사업성이 높아 외형 성장 및 수익성이 증가할 것으로 예상된다. CMP슬러리 사업은 반도체 설계 규칙이 미세해지고 고집적화되어감에 따라 수요가 늘어나고 있는 추세다. 2000년 하반기부터 본격적인 양산체제 구축으로 매출실현이 가능하다.

리튬이온전지(LIB) 전해액 사업은 휴대폰과 노트북 컴퓨터, 기타 휴대용 통신기기의 발달로 그 에너지원이 되는 2차 전지(재충전 가능한 전지)의 수요가 증가하고 있어 향후 매출이 기대되는 부분이다. 2차전지 시장은 현재 일본이 절대적으로 시장우위를 보이고 있으나 첨단 약품 제조판매의 노하우를 가지고 있는 동사가 신규사업으로 진출, 현재 개발을 완료하고 2000년 하반기부터는 양산할 계획이다. MO-CVD Precursors 사업은 반도체 구조의 고집적화 및 다층화로 각종 절연막 및 금속막의 성막공법이 기존의 PVD 공법에서 CVD 공법으로 전환됨에 따라 추진하는 사업으로 적용단계에 있다. 98년 6월 반도체 제조용 MO-CVD Source를 중소기업청의 기술혁신과제로 한국화학연구소와 연구를 완료하고 국산화하는 데 성공했다. 국내 시장 규모는 2000년 500만 달러, 2001년 1,500만 달러로 성장할 것으로 전망되며 2000년 하반기부터 양산한다는 전략이다. 기타 연구개발소재로 환경 친화적인 반도체, FPD용 최첨단 소재 개발에 박차를 기하고 있다.

◆ 주가 차트

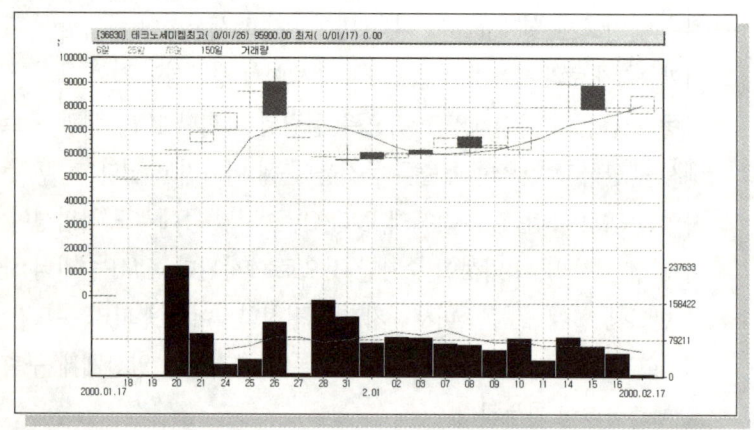

◆ 사업실적 및 재무현황

코스닥 시장 신규등록기업인 동사는 99년 매출액 328억원에 순이익 46억원을 기록할 것으로 추정되며, 2000년 목표는 550억원 매출액에 57억원의 순이익을 예상하고 있다. 2001년에는 700억원 매출액, 83억원 순익, 2002년에는 1,000억원 매출액에 127억원 순익을 달성한다는 계획이다. 동사는 최근 3개년간 매출실적이 40% 이상 급증하고 있으며 향후 주력업종인 반도체, LCD, 재료산업의 비약적인 성장에 힘입어 지속적인 매출성장이 기대된다.

99년 부채비율은 30%, 금융비용 부담률은 0.3% 이내로 유지될 것으로 보여 안정적인 재무구조를 유지하고 있다.

주요 재무실적 및 전망 (단위 : 억원, 원, %)

연도	매출액	경상이익	순이익	부채비율	EPS
1997	177	45	32	46.80	57,343
1998	249	49	38	53.30	24,411
1999(E)	328	64	46	30.00	3,345
2000(E)	550	80	57	30.00	5,697

〈자료 : 테크노세미켐, 동양증권〉

애널리스트 분석

테크노세미켐은 반도체 제조공정용 화학약품 전문생산업체다. CVD약품은 국내시장 77%, 불소류 식각 및 세정약품은 약 95%의 시장점유율을 갖고 있다. 국내 반도체 재료시장 규모는 99년 기준 약 2조1천억원으로 추산되는데 이 중 반도체 제조용 화학약품 시장이 약 8.2%를 차지한다. 이는 동사의 수익성과 성장성을 가늠해볼 수 있는 기준이 된다. 합작 자회사인 KY휴텍과 Fect를 통한 매출발생비중이 크다. 세계 반도체산업은 향후 2~3년간 비교적 높은 성장세를 지속할 것으로 보인다. 따라서 반도체 제조공정용 화약약품의 국내 선두업체인 동사의 매출성장이 예상된다. 특히 2000년부터 판매가 본격화될 것으로 예상되는 LCD 및 웨이퍼 제조용 혼산제품의 매출기여로 큰 폭의 외형 성장세를 기록할 전망이다. 또 CMP슬러리, 2차전지 전해액, 무전해 도금액 등 신규개발제품의 매출도 본격적으로 나타날 것으로 전망된다. 이 회사는 반도체 제조공정용 화학약품을 최초로 국산화시켰으며 매년 R&D 투자에 적극적이라는 점이 강점으로 작용하고 있다. 2000년초 약 100억원의 공모자금 유입과 함께 부채비율이 현저히 낮아질 전망이다. 향후 고성장세 지속 여부는 LCD제조용 혼산제품과 CMP슬러리 등 신제품의 신장세에 의존하는 바가 크며 시장상황에 따른 매출액의 변동가능성을 주시해야 한다. KY휴텍과의 합병가능성 여부도 관심 있게 지켜봐야 할 사항이다.

이희철(동양증권 리서치팀 대리)

프로칩스(30350)

◆회사개요(2000.1.1 기준)

- 설립일 : 1990년 3월 22일
- 대표이사 : 유길수
- 발행주식수 : 1,324만 4,000주
- 주주관계 : 대주주 및 특수관계인 20%, 한강구조조정기금 10% 등
- 주력사업 : 주문형반도체 및 정보통신 주변기기 개발, 제조
- 결산기 : 12월
- 코스닥등록일 : 1997년 11월 10일
- 자본금 : 66억원
- 액면가 : 500원(액면분할 : 98년 10월 26일)
- 홈페이지 : www.prochips.com

프로칩스는 주문형 반도체(MICOM) 전문업체인 미국 마이크로칩스사의 한국지역 판매권을 확보하면서 성장한 벤처기업이다. 이 분야에서 독보적인 기술을 보유하고 있는 마이크로칩스사의 판매호조로 90년 이후 연평균 50~60%의 매출성장을 기록하고 있다. 디지털시대를 대비한 발빠른 변화로 CCD-카메라를 비롯해 플래시메모리칩이 내장된 차세대 메모리카드, 디지털 셋톱박스 등으로 사업영역을 확대하고 있다.

◆사업전망

동사의 주력상품인 주문형 반도체(MICOM)는 비메모리 반도체의 한 분야로 가전제품의 두뇌역할을 하는 제품이다. 가전제품의 고품질화에 따라 점차 그 용도가 꾸준히 늘어나고 있어 지속적인 성장을 뒷받침해주고 있다. 주로 다품종 소량주문 형태로 판매하고 있는 고부

가가치 제품이다. 따라서 당분간 대기업의 진입은 어려울 것으로 보인다. 하지만 판매권이 한국내로 제한돼 있다는 점, 핵심기술은 미국 마이크로칩스사가 보유하고 있다는 점이 성장성과 수익성의 한계로 지적되고 있다.

98년 기준 세계시장 규모는 185억달러에 달하는 것으로 추산되며 매년 20~30%의 성장을 보임에 따라 동사의 성장률 역시 매년 20~30%가 될 것으로 예상된다.

이 회사는 97년 11월 KBS와 공동개발 및 OEM독점공급에 관한 협정을 맺으면서 위성통신 관련 정보통신사업에 진출했다. KBS와 공동개발에 성공한 디지털 위성방송 수신기인 디지털 셋톱박스를 출시, 104억원의 매출을 올리기도 했다. 디지털 셋톱박스는 지구궤도에 올려져 있는 위성들로부터 지상으로 송신되는 TV나 FM방송 전파를 수신하는 시스템이다. 디지털 위성방송이 본격적으로 시작되면 반드시 필요한 장비로 디지털방송 수혜가 예상된다. 이미 이 사업에 다수의 업체가 참여하고 있어 경쟁이 예상된다.

PC를 이용한 화상 통신용 카메라도 생산하고 있는데 동사 제품은 경쟁업체 제품과 대비할 때 가격경쟁력을 갖추고 있으며 화상통신 확산에 따라 수요가 꾸준히 늘어나고 있다.

차세대 메모리카드 사업과 LED와 레이저광선을 이용한 각종 디스플레이 관련제품도 개발·판매하고 있다. 차세대 이동통신인 IMT-2000 단말기용 카메라모듈과 MP3플레이어 전용 마이콤 개발에도 나서 향후 성장성이 기대되고 있다.

◆주가 차트

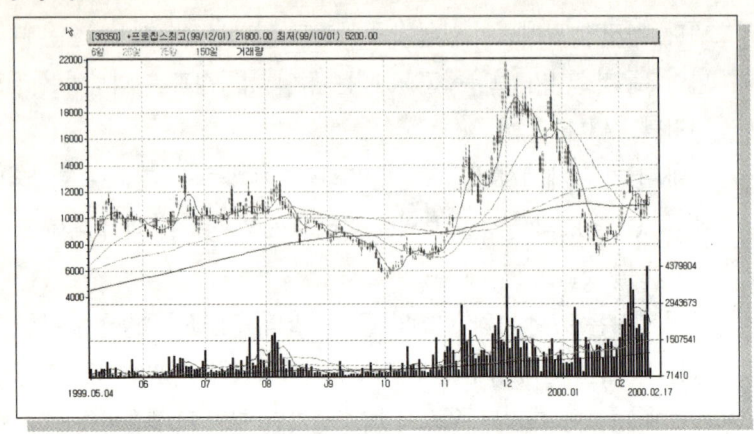

◆사업실적 및 재무현황

　97년 영업실적은 매출액 410억원에 순이익 19억3천만원을 기록, 전년대비 각각 71.9%와 70.4%의 성장률을 나타냈다. 98년 매출액은 514억8천만원으로 25.3% 늘어났으며 순이익은 24억9천만원으로 29% 늘어났다. 99년 3월 한강구조조정기금에서 유상증자로 39억원, 전환사채 인수로 30억원의 자금을 유치하여 단기부채를 상환함으로써 재무구조가 더욱 안정되었다.

　99년의 추정매출액은 813억원, 순이익은 53억원에 이를 것으로 전망된다. 2000년 매출목표는 1,240억원, 순이익 80억원을 예상하고 있다.

　매출구성은 주문형반도체 45.3%, 디지털SVR(위성방송수신기) 23.1%, CCD카메라 8.0%이며 수출비중은 13.5%다.

주요 재무실적 및 전망 (단위 : 억원, 원, %)

연도	매출액	경상이익	순이익	부채비율	EPS
1997	410.9	25.2	19.3	143.7	332
1998	514.8	33.3	24.9	187.4	332
1999(E)	813.0	75	53.0	99.8	406
2000(E)	1,240.0	100	80	50이하	406

〈자료 : 프로칩스, 굿모닝증권〉

애널리스트 분석

프로칩스의 주력제품은 주문형반도체 및 위성방송수신기다. 주문형반도체란 전기밥솥, 전자레인지 등 각종 전자제품에 들어가는 반도체다. 프로칩스는 다양한 제어기능을 갖춘 프로그램을 입력한 주문형반도체를 생산, 가전제품생산업체 등에 판매하고 있다. 시장점유율은 7% 정도다. 지난 98년부터는 디지털위성방송수신기 사업에도 뛰어들었다. KBS 영상사업단 브랜드로 판매하고 있다. 시장이 급팽창하고 있어 위성방송수신기부문 매출이 조만간 주문형반도체부문 매출을 능가할 가능성이 높아 보인다.

이 회사는 이 밖에도 PC용 소형카메라와 아이디어광고매체인 애드볼 사업도 펼치고 있다. 고속성장이 가능한 플래시메모리 사업에도 신규진출했다. 주문형반도체의 안정적인 성장을 기반으로 위성방송수신기 사업이 호조를 보이고 있다는 점, 신규사업인 플래시메모리카드의 성장성을 감안할 때 장기적인 주가상승이 가능할 전망이다.

서도원(LG증권 책임조사역)

피에스케이테크(31980)

◆**회사개요(2000.1.1 기준)**

- 설립일 : 1990년 6월 11일
- 대표이사 : 박경수
- 발행주식수 : 760만주
- 주요주주 : 금영 28.52%, 플라즈마시스템(일본) 13.91%, 니폰산소(일본) 12.76%, CDIB(대만) 13.16% 등
- 주력사업 : 반도체 제조공정용 감광액제거기 개발 생산
- 결산기 : 12월
- 코스닥등록일 : 1997년 1월 7일
- 자본금 : 38억원
- 액면가 : 500원(액면분할 : 98년 4월 24일)
- 홈페이지 : www.psktech.com

피에스케이테크는 반도체와 액정표시장치(LCD) 제조공정에서 사용하는 감광액제거장비 개발업체로 주목받는 벤처기업이다. 반도체용 감광액 제거장비로 내수시장의 90% 이상을 차지하며 국내 최대업체로 성장했다. 매출장비에 대한 서비스활동 강화와 기타 반도체 장비와 부품도 병행하여 생산·판매함으로써 매출액이 지속적인 상승추세에 있다.

◆**사업전망**

동사는 감광액제거기가 50~100매의 웨이퍼를 한 번에 처리하는 배치형에서 한 장씩 처리하는 싱글형으로 바뀔 것이라는 시장의 흐름을 간파해 기술개발에 나선 것이 적중해 성장의 발판을 마련했다. 98년말까지 약 30억원을 투입해 개발한 200mm용 싱글형 DAS-Ⅲ는

삼성전자 반도체 신규라인의 주요 장비로 채택되어 납품이 시작됐다. 이 장비의 호평에 힘입어 매출이 대폭 증가하고 있다. 대형 웨이퍼시대에 대비해 차세대 장비인 300mm 웨이퍼용도 제작, 현재 삼성반도체라인에서 테스트중이다.

반도체용 감광액제거기란 반도체와 LCD제조공정에서 평판기술에 사용되는 감광액을 세척 제거하는 장비다. 합작사인 일본의 플라즈마시스템사가 지분의 13.9%를 차지하는 대주주로서 기술이전과 꾸준한 연구개발을 지원하고 있기 때문에 내수시장에서의 시장지위가 견고한 상태다. 부품의 국산화를 추진해 국내시장의 90% 이상을 점유하고 있다.

LCD부문에서는 감광액 제거기뿐만 아니라 식각장비(etcher)까지 독자개발하고 있다. 이들 제품을 99년 하반기부터 삼성전자와 현대전자에도 납품하고 있어 매출액이 더욱 상승할 전망이다. 세계적인 반도체 경기호조로 삼성, 현대 등 국내 반도체회사들이 생산설비를 늘리고 있는데다 대만으로의 수출도 증가추세에 있다. 이 회사의 탄탄한 기술력과 재무구조가 뒷받침하고 있기에 가능한 것이다.

◆주가 차트

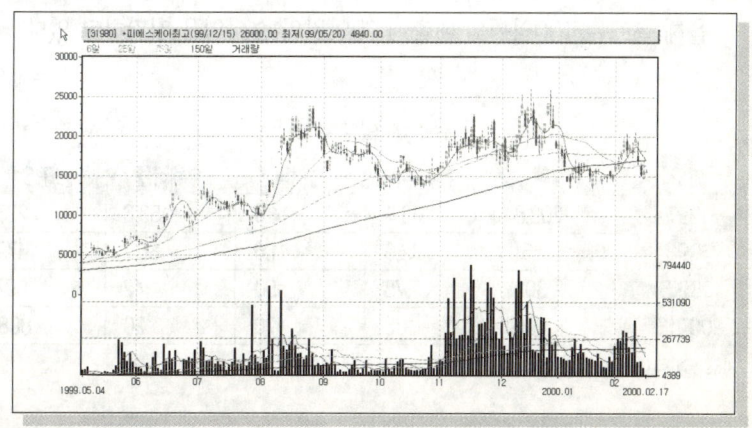

♦ **사업실적 및 재무현황**

　매출구성은 감광액 제거기 장비매출이 49%, LCD장비 매출이 51%를 차지하고 있다. 재무구조의 안정성을 유난히 강조하는 최고경영자의 경영방침에 따라 이 회사는 사실상 무차입경영을 펼쳐오고 있다. 부채비율이 50% 이하로 낮은데다 금융권의 현금예금이 부채를 상회하고 있어 재무구조가 매우 튼튼하다. 99년 8월에는 대만의 투자은행인 CDIB로부터 620만달러의 외자를 유치한 바 있다. CDIB는 아시아 지역 270여 전자·정보통신업체에 집중투자하고 있는 회사로 동사는 이들 기업과의 상호협력을 통해 중국 및 동남아시아 등의 해외시장 개척에도 주력한다는 방침이다.

　99년 4월 28일 지분분산 미달로 투자유의종목으로 지정되었으나, 99년 12월 31일 기준 주주명부 폐쇄 결과 지분분산 기준을 충족하여 2000년 2월 1일부로 투자유의종목에서 벗어났다.

　97년 203억원의 매출기록이 98년 반도체 경기 침체에 따라 51억원으로 격감했으나 99년 상반기부터 반도체경기의 호전에 힘입어 다시 매출과 수익성이 회복되어 99년 매출액은 303억원, 순이익은 50억원으로 추정된다. 부채비율도 42%대로 낮아져 재무구조도 안정적이다. 올해 목표는 400억원의 매출에 70억원의 순이익을 전망하고 있다.

주요 재무실적 및 전망　　　　　(단위 : 억원, 원, %)

연도	매출액	경상이익	순이익	부채비율	EPS
1997	203.8	13.4	14.6	153.6	225
1998	51	12.9	11.6	86.7	179
1999(E)	303	75	50	42	697
2000(E)	400	105	70	20	808

〈자료 : 피에스케이테크, 현대증권〉

애널리스트 분석

　피에스케이테크는 반도체 및 초박막액정표시장치(TFT-LCD) 제조 공정의 필수장비인 감광액제거기(asher stripper)를 국내에서 유일하게 제조 판매하는 회사다. 국내 반도체 산업의 발전과 함께 고성장을 지속해오고 있다. 감광액제거기는 칩 제조공정 및 TFT-LCD 제조공정에서 필수적으로 사용되는 장비로서 기술적으로 앞서 있는 일본 및 미국계 업체들이 세계시장을 양분하고 있다. 피에스케이테크는 일본 최대의 감광액제거기 생산업체인 플라즈마 시스템이 2대 주주로 참여하고 있다. 이에 따라 우수한 품질의 제품을 생산, 국내 기업에 공급하고 있다. 현재 국내 시장점유율은 90%를 넘는다. 일본 업체와의 기술제휴 및 낮은 부품 국산화 비율(15%)로 아직 수출은 못하고 있다. 그러나 기술개발 및 부품국산화에 대한 지속적인 투자로 현재 TFT-LCD 장비의 국산화가 상당히 진척되고 있다. 반도체 및 TFT-LCD 시장이 급성장하고 있어 이 회사의 주가전망은 밝다.

유제우(한진투자증권 리서치센터 선임연구원)

4

초박막액정표시장치 관련주

초박막액정표시장치 관련주 현황

초박막액정표시장치(TFT-LCD)산업의 경우 세계시장점유율이 40%로 일본에 이어 2위다. 초박막액정표시장치란 노트북 컴퓨터의 화면을 생각하면 된다. 액정을 이용해 사용자가 문자나 그림을 인식할 수 있도록 하고 있다. 초박막액정표시장치를 만드는 회사는 삼성전자, LG-LCD 등이 있다. 이들에 부품을 공급하는 코스닥 등록기업으로는 우영과 태산LCD가 있다. 두 회사는 초박막액정표시장치의 발광체 역할을 하는 백라이트유닛(BLU)을 생산하고 있다.

반도체 및 초박막액정표시장치 산업은 차세대 성장산업인데다 99년부터 호황기에 접어들고 있어 관련기업이 주식시장에서 높은 인기를 끌고 있다.

우영(12460)

◆ 회사개요(2000.1.1 기준)

- 설립일 : 1981년 7월 8일
- 대표이사 : 박기점
- 발행주식수 : 1,300만주
- 주주관계 : 대주주 및 특수관계인 57.13%
- 주력사업 : 백라이트, 커넥터 개발 제조
- 결산기 : 12월
- 코스닥등록일 : 1994년 9월 30일
- 자본금 : 65억원
- 액면가 : 500원(액면분할 : 99년 9월 9일)
- 홈페이지 : www.globalwooyoung.co.kr

　　우영은 81년 설립된 회사로 초박막액정화면(TFT-LCD)용 백라이트를 비롯해 커넥터 및 PC용 몰드프레임 등 각종 전자부품을 생산하는 업체다. 97년까지 커넥터, 리드프레임, 화상인식센서(CIS) 등을 주로 생산해왔으나 98년부터 TFT-LCD의 호황으로 TFT-LCD용 백라이트 완제품을 생산해 삼성전자, LG, 필립스와 정보통신업체에 납품하고 있다. 국내에서 유일하게 백라이트(BLU) 구성부품을 생산하는 독점적 기술력을 확보한 기업이다.

◆ 사업전망

　　동사 전체 외형의 35%를 BLU가 차지하고 있다. TFT-LCD의 급격한 시장 확대로 국내최대 생산능력을 갖추고 있으며 향후 3년간 연평균 35.6%의 매출신장이 기대된다. BLU부품인 도광판이나 몰드프레임은 대부분 자체 생산하여 BLU에 공급되고 있으며 신규진출예정인 한솔전자 등과 공급협상중이다. 최근에는 클린룸을 증설하는 등 지속적으로 설비투자를 하고 있다.

동사의 커넥터부문은 협피치, 소형커넥터인 DTV커넥터 시장에 가장 먼저 진입하면서 300핀 제품, 표면실장형 커넥터를 생산하는 기술력을 보유하고 있다. 원가절감(중국 현지공장 외주)과 신제품개발을 바탕으로 커넥터의 매출확대를 추구하고 있고 정보통신기기 시장의 성장으로 매출액이 큰 폭으로 늘어날 것으로 예상된다.

동사의 또 다른 매출품목으로 팩스와 CIS가 있다. 팩스부문은 시장규모의 급속한 축소가 예상됨에 따라 2000년 이후 중단할 예정이다. CIS는 일본·대만에 이어 국내에서는 처음으로 동사가 양산하는 제품이다. 올해는 화질이 더욱 선명해진 300dpi 모델을 시판함과 동시에 컬러 CIS를 내놓을 계획이다.

2000년 BLU의 매출이 꾸준히 늘어날 전망이고 커넥터의 경우 중국현지생산비중이 80% 이상으로 높아질 전망이어서 동사의 매출총이익은 지속적인 호전이 예상된다.

◆ 주가 차트

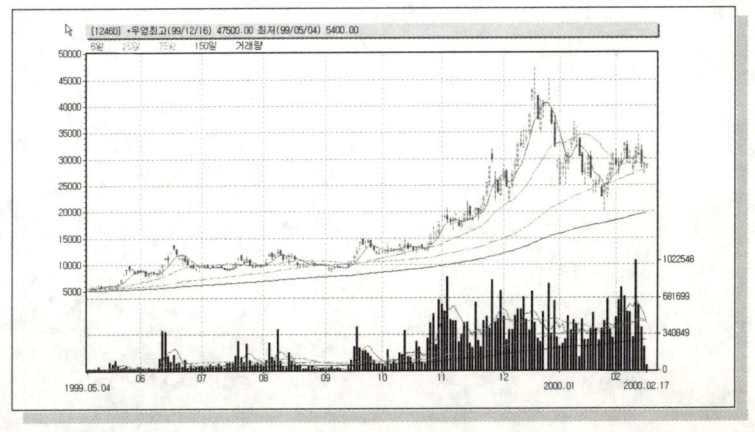

◆**사업실적 및 재무현황**

　동사는 유동성 개선을 위해 99년 9월 액면분할을 실시하였고 같은 해 10월 120억원의 유상증자로 100억원 규모의 차입금을 상환하여 금융비용부담을 대폭 낮췄다. 부채비율도 99년 추정 210%에서 2000년에는 약 180% 이하로 낮아질 전망이다.

　98년 매출액은 807억원, 순이익 3억원을 올렸으며 99년 추정매출은 1,251억원, 순이익 81억원을 전망하고 있다. 2000년 목표는 2,500억원의 매출에 250억원의 순이익을 예상하고 있다.

주요 재무실적 및 전망　　(단위 : 억원, 원, %)

연도	매출액	경상이익	순이익	부채비율	EPS
1997	618	56	46	344.31	599
1998	807	4	3	431.06	57
1999(E)	1,251	267	81	210.00	847
2000(E)	2,500	389	250	180이하	1,169

〈자료 : 우영, 현대증권〉

애널리스트 분석

우영은 지금 변신중이다. 지난 81년 설립된 이 회사의 주력사업은 커넥터, 리드프레임 등 각종 전자통신부품 및 금형제작이었다. 그러나 이 회사는 지난 97년 TFT-LCD용 백라이트유닛(BLU) 사업에 뛰어들었다. TFT-LCD는 노트북, 휴대폰 등의 화면이라고 생각하면 된다. 이는 장차 브라운관을 대체할 첨단유망품목으로 꼽히고 있다. TFT-LCD의 광원역할을 하는 부품이 BLU다. 99년부터 이 부문에서 본격적인 매출이 발생하고 있다. 99년 반기실적 기준으로 보면 전체 매출에서 차지하는 BLU제품의 비중이 35%를 기록하면서 커넥터(매출비중 28%) 등을 제치고 주력제품으로 부상했다. 2000년에는 BLU 매출비중이 60%를 넘을 것으로 전망된다. TFT-LCD시장이 호황국면에 접어든 상태라 우영의 장기성장전망은 밝다. 노트북 수요급증, 데스크탑PC 모니터의 대체에 따른 공급부족현상이 나타나고 있어 실적이 좋아질 것이라는 예상이다.

양성욱(LG증권 선임조사역)

5

개인용컴퓨터 관련주

개인용컴퓨터 관련주 현황

　　코스닥시장에는 개인용컴퓨터(PC) 관련주도 많다. PC를 만드는 회사로는 현대멀티캡이 있다. 현대전자에서 분사한 회사다. PC에 들어가는 부품을 생산하는 회사로는 비티씨정보통신(키보드), 가산전자(VGA카드), 두인전자(멀티미디어보드), 모아텍(스테핑모터), 제이씨현시스템(사운드카드), 창명정보시스템(하드디스크 드라이브 수입) 등이 있다.

두인전자(31970)

◆ 회사개요(2000.1.1 기준)

- 설립일 : 1990년 8월 20일
- 대표이사 : 김광수
- 발행주식수 : 3,682만주
- 주력사업 : 음악자판기, 인터넷수신카드, 디지털방송장비 등
- 결산기 : 6월
- 코스닥등록일 : 1997년 1월 7일
- 자본금 : 368억원
- 액면가 : 1,000원(액면분할 : 99년 6월 18일)
- 홈페이지 : www.dooin.co.kr

90년 창업한 두인전자는 인터넷을 통한 음악테이프 유통사업과 디지털 위성방송 사업을 하는 하이테크 벤처기업이다. 주요사업으로는 주문형 음반판매사업인 '뮤직시티', 위성인터넷 수신모뎀인 '새트뎀' 사업과 '소프트 DVD' 사업 등이다.

◆ 사업전망

두인전자는 국내 최초로 TV 수신카드 PC비전의 개발(92년)을 시작으로 영상 오버레이 보드, 멀티미디어 통합보드, 고성능 그래픽 보드, 비디오CD 재생보드, DVD재생보드 등 각종 첨단제품을 선보여왔다.

그동안 축적한 우수한 기술력을 바탕으로 향후 사업방향을 디지털 콘텐츠 유통분야, 디지털 방송분야, 디지털 미디어분야, 인터넷 음악 포털분야 등 4개 분야로 압축해 주력하고 있다.

디지털 콘텐츠 사업분야로는 음악 자판기를 통한 새로운 음악유통사업인 '뮤직시티' 사업과 MPEG II 기술을 이용한 광고 단말기 운

영, 광고매체운영사업인 AdNET 사업을 추진중이다. 뮤직시티사업은 소비자가 원하는 곡을 12배속으로 녹음하여 카세트 테이프 형태로 판매하는 새로운 개념의 음악유통 채널사업이다. 현재 이 회사는 40분 분량의 음악을 3분 20초에 고속으로 녹음하는 특허기술을 확보하고 있다.

디지털 통신사업분야에서는 디지털 위성을 통해 서비스되는 인터넷을 수신할 수 있는 디지털 위성 모뎀 새트뎀(Sat DEM)과 디지털 방송신호 실시간 분석장치인 스트림 비전(Stream Vision), 디지털 방송기록 및 편성 시스템인 SDVR 100, SDBS 100 등의 제품을 개발·판매하고 있다. 새트뎀은 유럽기업(Kiss Nordic과 레고미디어)과 공동판매 계약을 체결하고 있다.

디지털 미디어분야에서는 DVD 타이틀의 언어와 자막을 상호 연동시킬 수 있는 인터랙티브 DVD 기능을 특허 출원해놓고 있는데, 국내외 다른 제품과는 기능과 성능면에서 차별화되는 제품이다. 소프트 DVD 사업은 DVD타이틀을 PC상에서 재생시켜주는 소프트웨어로 PC산업의 성장과 함께 세계시장 점유율 10%를 목표로 하고 있는 사업이다.

◆주가 차트

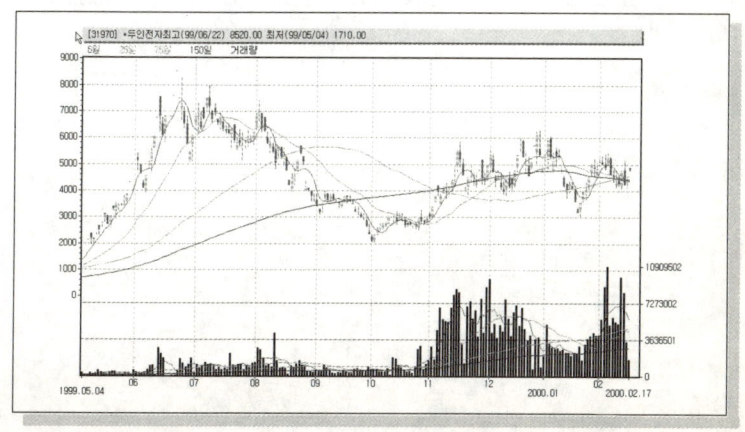

♦ **사업실적 및 재무현황**

　　1999년 외자유치와 유상증자를 통하여 부채비율 110%를 유지하고 있다. 자본금은 368억원이다. 그동안 사적 화의상태였으나 금융거래를 정상화시켜 2000년 2월 1일자로 투자유의종목에서 벗어나 벤처기업부로 소속을 옮겼다.

　　6월결산 법인으로 98년 308억원의 매출을 올렸으나 약 38억원의 적자를 나타냈다. 99년은 매출 52억원에 194억원으로 적자폭이 커졌으나 2000년부터 신규제품에 대한 매출이 본격화될 것으로 보여 흑자전환은 물론 큰 폭의 매출신장이 있을 것으로 전망된다. 이 회사는 2000년 매출목표를 1,100억원, 순이익은 150억원을 잡아놓고 있다. 부채비율도 80% 이하로 낮추어 재무안정성이 높아지고 있다.

주요 재무실적 및 전망　　　　　　　(단위 : 억원, 원, %)

연도	매출액	경상이익	순이익	부채비율	EPS
1997	347	20	189	–	–
1998	308	-35	-38	–	–
1999(E)	52	-197	-194	110	–
2000(E)	1,100	170	150	80이하	–

〈자료 : 두인전자〉

애널리스트 분석

두인전자는 인터넷을 통한 음악테이프 유통사업과 디지털 위성방송사업을 영위하는 고성장이 기대되는 하이테크 벤처기업이다. 주력사업인 주문형 음반판매기 뮤직시티는 국내 음반시장의 60%를 차지하고 있다. 뮤직시티는 최신곡을 포함 약 1만5천곡을 디지털 원음 형태로 주문자 방식의 카세트 테이프 녹음 판매사업이다. 이 사업의 핵심기술은 고속레코딩 기술인데 테이프 한 개 당 2~3분에 노래를 녹음해주는 기술을 개발하여 특허출원중에 있다. 아울러 주문자장식의 음악 카세트 테이프 유통사업도 병행하고 있다. 또 무선인터넷 유럽인증을 획득한 위성인터넷 수신모뎀인 새트뎀은 향후 모빌인터넷시대를 대비하는 두인의 주력사업품목 중 하나로 꼽고 있다. 이 제품은 유럽기업(키스노르딕과 레고미디어)과 공동판매계약을 이미 체결, 유럽지역을 대상으로 2000년 한 해 동안 900만달러의 로열티수입이 예상된다. 소프트 DVD 사업은 DVD타이틀을 PC상에서 재생시켜주는 소프트웨어로 PC산업의 성장과 함께 세계시장 10% 점유를 목표로 하고 있는 사업이다. 이 부분 역시 동사가 독점적 특허를 갖고 있다는 점에서 로열티수입 및 성장성이 예상된다. 외자유치와 유상증자를 통하여 부채비율을 대폭 낮췄으며 외주생산방식으로 운영하고 있어 고정생산설비투자에 대한 자금부담이 적은 편이다.

2000년 2월 1일부로 사적 화의상태에서 완전히 벗어나 투자유의종목에서 다시 벤처기업부로 소속을 옮겼다.

장용훈(굿모닝증권 투자분석팀장)

모아텍(33200)

◆회사개요(2000.1.1 기준)

- 설립일 : 1989년 3월 6일
- 대표이사 : 임종관
- 발행주식수 : 888만주
- 주요주주 : 임종관 23%, 아리랑구조조정기금 21%, 김상욱 12% 등
- 주력사업 : 스테핑모터
- 결산기 : 12월
- 코스닥등록일 : 1997년 10월 13일
- 자본금 : 44.4억원
- 액면가 : 500원(액면분할 : 99년 6월 23일)
- 홈페이지 : www.moatech.com

    모아텍은 89년 설립된 국내유일의 스테핑모터 전문업체다. 국내시장 점유율이 60%에 달한다. 스테핑모터는 입력 펄스 신호에 따라 일정 각도씩 회전해 위치를 제어할 수 있는 초소형 정밀 DC모터로 컴퓨터, 각종 사무기기 등에 응용되고 있다. 동사는 삼성전기, 태일정밀 등 국내 플로피디스크 드라이브(FDD) 업체에서 사용하는 스테핑모터를 전량 공급하고 있으며 일본의 FDD 업체로도 수출하고 있다.

◆사업전망

    이 회사는 FDD용 스테핑모터 분야에서는 경쟁업체가 없을 만큼 독보적 기술력을 가진 기업이다. 지난 87년 일본의 도시바테크와 손잡고 FDD용 스테핑 모터를 만들기 시작해 기술도 전수받고 원료도 공급받았다. 생산제품은 도시바테크에 전량 수출했다. 그러면서 하나씩 국산화하기 시작, 삼성전자와 같은 업체에 전량 공급하게 되었다.

이 때부터 모아텍의 매출이 급속히 증가하기 시작, 탄탄한 자립기반을 구축했다.

모아텍은 제품 다변화의 일환으로 CD롬 및 DVD용 스테핑 모터를 개발했다. 에어컨과 프린터, 팩시밀리, 복사기용 스테핑 모터도 만들기 시작했다. 앞으로 정확하게 위치를 제어할 필요성이 높아지고 있는 자동차 2단 도어 잠금장치용과 엔진 및 배기가스용 스테핑 모터도 생산한다는 계획이다. 99년부터 개발해서 올해 본격생산에 들어간 CD롬 드라이브용 스테핑 모터는 이미 삼성전자에 납품하고 있고, 세계적 CD롬 드라이브 생산업체인 LG전자와도 납품계약을 체결해 판매하고 있다. 동사의 제품가격은 일본제품의 80% 수준에 불과해 가격 경쟁력이 높다. 올해부터 CD롬용 스테핑 모터가 본격적으로 생산되면 세계시장 점유율이 18%로 높아질 전망이다. 앞으로 냉장고, 팩스, 자동차 등 다양한 분야에서 사용될 스테핑 모터를 개발할 계획을 갖고 있어 영업기반은 더욱 건실해질 것으로 보인다.

뿐만 아니라 국내 원료 가격이 점차 하향세를 보이고 있으며 수입자재를 국내 자재로 개발하는 작업을 완료하였다. 2차 완제품 생산기지를 중국으로 이전하는 등 원가절감에 노력하고 있고 매출이 꾸준히 늘고 있어 수익성 향상이 전망된다.

◆주가 차트

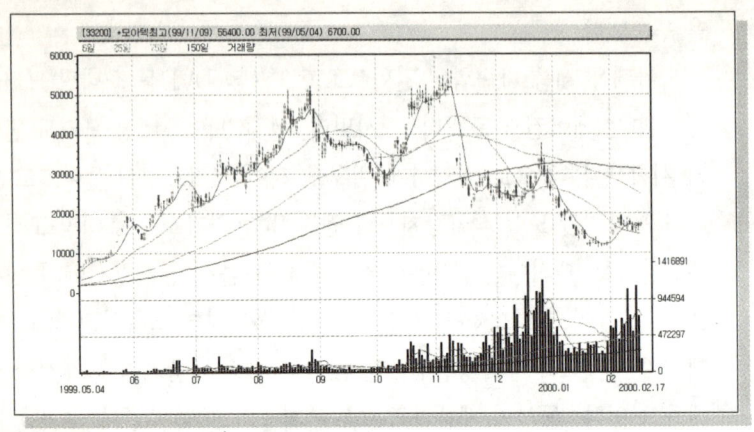

◆사업실적 및 재무현황

　　재무구조가 튼튼하여 많은 기관투자가들이 관심을 갖고 있는 기업이다. 98년도 결산, 매출 169억원에 36억원의 경상이익과 31억원의 순이익을 냈다. 매년 30~50% 이상의 고성장을 보이고 있다. 부채비율은 98년 현재 109%이며 99년 결산시에는 30% 미만으로 떨어질 전망이다. 99년 예상매출액은 311억원, 당기순이익은 70억원에 이를 것으로 추정된다. 올해 목표는 503원의 매출에 86억원의 당기순이익을 올린다는 계획이다.

주요 재무실적 및 전망　　　　　　　(단위 : 억원, 원, %)

연도	매출액	경상이익	순이익	부채비율	EPS
1997	108	6	5	154	1,863
1998	169	36	31	109	10,989
1999(E)	311	84	70	30	788
2000(E)	503	111	86	22	968

〈자료 : 모아텍〉

애널리스트 분석

컴퓨터 및 각종 사무기기 등에 응용되는 스테핑모터는 세계시장의 연간 수요규모가 2억5천만개로 정보통신산업의 성장에 따라 매년 시장규모가 커지는 분야다. 이 회사는 주력제품인 영구자석 타입의 리드스크류형 스테핑모터 분야에서 세계시장 점유율 9%를 차지하고 있는 세계 6~7위권 업체로 성장세가 지속되고 있다. 매출의 70% 정도를 수출하고 있으며 국내시장점유율은 60%로 소형정밀모터 분야에서는 국내유일의 생산업체다. 지금까지는 동사와 일본업체(산요, 마쓰시타)가 시장을 양분하고 있었으나 삼성전기와 마스터정밀이 이 시장에 참여함에 따라 경쟁심화가 예상되나, 기술개발능력이나 생산규모 및 영업망 등을 감안해볼 때 동사의 시장지배력은 당분간 지속될 전망이다. 재료비 비중은 50%선으로 주요 원재료를 수입한다는 부담은 있으나 원료비의 하향추세와 수입자재를 국산자재로 대체하고 생산기지도 중국으로 이전하는 등 원가절감 노력으로 수익성이 매년 향상되는 추세다. 99년 6월 기술연구소를 설립하고 CD롬 및 DVD용 스테핑모터 등 차세대 제품개발에도 앞서가고 있다.

부채비율도 두 자릿수이고 유보율에서도 업계 최고수준을 유지하고 있어 재무구조도 안정적인 편이다.

김관수(신흥증권 코스닥팀장)

창명정보시스템(37010)

◆ 회사개요(2000.1.1 기준)

- 설립일 : 1991년 3월 27일
- 대표이사 : 조승용
- 발행주식수 : 93만 2,500주
- 주요주주 : 조승용 34.4%
- 주력사업 : 컴퓨터용 저장장치
- 결산기 : 12월
- 코스닥등록일 : 1999년 12월 18일
- 자본금 : 46.6억원
- 액면가 : 5,000원
- 홈페이지 : www.chis.co.kr

창명정보시스템은 컴퓨터용 대용량 저장장치를 생산하여 판매하는 벤처기업이다. 91년 설립되어 초기에는 주로 제1세대 저장장치인 하드디스크 드라이브를 시게이트(Segate)와 IBM으로부터 수입하여 판매해왔다. 대용량 저장장치의 수요증가 추세를 미리 간파해 이에 대한 기술개발에 주력하여 대용량저장시스템을 국내에서 최초로 개발하여 제조·판매하고 있다. 시스템 내장을 위한 스토리지 기기 전문 유통업도 겸하고 있다.

◆ 사업전망

이 회사의 주력사업은 스토리지 시스템과 외장형 스토리지 서브시스템의 제조 판매(QuRAID), 그리고 OEM방식 판매다. QuRAID시리즈는 제2세대 저장장치인 대용량저장시스템의 일종으로 다수의 하드디스크 드라이브를 연결하여 거대 단일 드라이브와 같은 용량을 구현하며 이상 발생시 데이터를 자동 복구시키는 온라인 무정지 저장장치다. 삼성전자, LG전자, 삼보컴퓨터, 국정원, 현대정보통신, 쌍용정보통신 등에 제품을 공급하여 품질력을 검증받았다. 특히 레이드시스템은 국산화 비율이 85%로 높아 가격경쟁력이 우수하여 수익성이 높다.

데이터 저장장치 산업은 인터넷 사용인구의 폭발적인 증가와 그와 관련된 산업(전자상거래, 인터넷광고, 포털 등)의 발전에 기본적으로 부응하며 발전하는 산업으로 향후 발전가능성이 높은 분야다. 99년말 출시 예정인 QuRAID-MX 시리즈는 자체 개발한 제품으로 컨트롤러용 패시브백플레인 기술을 채용하고 있다. 2000년 상반기중 출시예정인 QuRAID-FX 시리즈는 최상의 인터페이스인 화이버 채널을 채택하고 있는데 원격지 미리링 기술에 관한 RMSC(Remote Mirrored Storage Control) 프로젝트를 수행할 예정이어서 이 프로젝트가 완료되면 홍수·화재 등의 재난에도 가용성을 보장하는 완벽한 레이드 솔루션을 제공하게 된다.

◆주가 차트

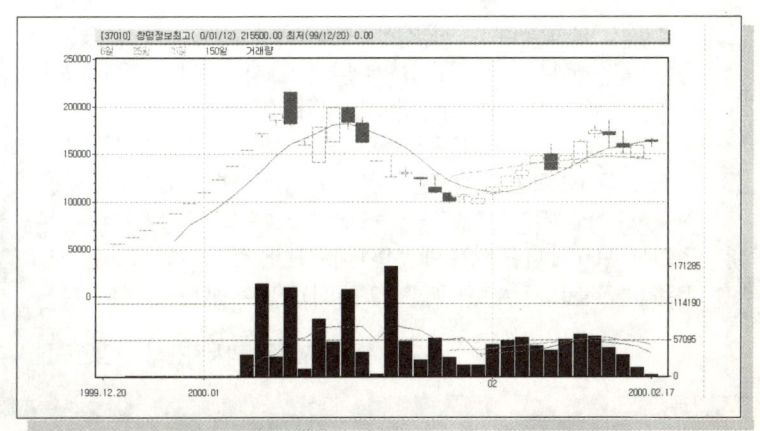

◆사업실적 및 재무현황

　　97년에는 전년대비 14.5% 성장한 182억원의 매출실적을 올렸고 98년에는 11% 성장한 202억원의 매출을 달성했다. 99년에는 전년대비 82% 성장한 364억여원의 매출실적이 가능할 것으로 전망된다. 순이익도 97년에는 6억원에 불과했으나 98년에는 8억원의 순이익을 달성했다. 99년 순이익은 23억원에 이를 것으로 예상된다. 부채비율도 24%대로 낮아져 안정적인 재무구조를 견지하고 있다.

주요 재무실적 및 전망　　　　　　　(단위 : 억원, 원, %)

연도	매출액	경상이익	순이익	부채비율	EPS
1997	182	8	6	150.98	3,115
1998	202	10	8	75.22	3,317
1999(E)	364	30	23	24.3	4,330
2000(E)	474	48	40	10	4,292

〈자료 : 창명정보시스템〉

애널리스트 분석

　　창명정보시스템은 데이터 저장장치분야에서 업계 수위를 유지하고 있는 저장장치 전문업체다. 데이터 저장장치산업은 전세계적인 인터넷 사용인구의 폭발적인 증가와 이로 인한 연관산업(전자상거래, 인터넷광고, 포털 등)의 발전에 기본적으로 부응하며 발전하는 산업으로 그 성장성은 가히 폭발적이라 할 수 있다. 동사의 경우 국산화비율이 85%로 높아 가격경쟁력을 갖추고 있고 최근 2년간 지속적인 매출증가율을 보이고 있어 수익성과 안정성을 두루 갖춘 것으로 판단된다. 더구나 산업의 성장이 빠르고 기술력도 충분하다고 판단되기 때문에 투자자들의 지속적인 관심이 요구된다고 할 수 있다.

유제우(한진투자증권 리서치센터 선임연구원)

6

네트워크 관련주

네트워크 관련주 현황

네트워크(network)는 망이란 뜻이다. 정보통신분야에선 문자·음성·동영상 등 각종 정보를 공유하기 위해 두 개 이상의 컴퓨터를 연결한 것을 말한다. 네트워크는 근거리통신망(LAN), 원거리통신망(WAN), 인터넷(Internet) 등 세 가지로 분류할 수 있다.

인터넷산업과 동반 발전하는 분야가 바로 네트워크산업이다. 미국의 네트워크업체 시스코의 시가총액이 5위를 기록하고 있는 것도 이런 이유 때문이다. 네트워크산업은 과거 근거리통신망, 원거리통신망 중심에서 인터넷으로 변하고 있다. 이에 따라 주요 고객도 기업·금융기관·관공서에서 게임방·학교 등으로 확대되고 있다.

기업·관공서·금융기관 등에 근거리통신망, 원거리통신망 또는 인터넷망 등을 깔아주는 업체를 네트워크관련 기업이라고 부른다. 이는 다시 네트워크장비제조업체, 네트워크통합업체, 네트워크유통업체 등으로 분류할 수 있다.

네트워크장비제조업체는 허브, 스위치, 라우터, 랜카드 등 네트워크 구축에 필요한 장비를 만드는 회사다. 현재 우리나라는 대형고가장비의 90% 이상을 수입해서 쓰고 있다. 시스코, 3Com, 루슨트테크놀로지 등 세계적인 네트워크 장비제공업체들이 만든 제품이 국내시장을 석권하고 있는 셈이다. 국내 기업들은 중소형 저가제품을 만들고 있다. 네트워크장비제조업체로는 인터링크, 자네트시스템, 한아시스템 등이 있다. 네트워크통합업체는 실제로 네트워크를 구축해주는 일을 하는 회사다. KDC정보통신, 인성정보, 테라, 인터링크, 코리아링크 등이 이런 일을 한다. 네트워크 유통업체는 네트워크장비를 수입·판매하는 회사다.

기산텔레콤(35460)

◆ **회사개요(2000.1.1 기준)**

- 설립일 : 1994년 9월 6일
- 대표이사 : 박병기
- 발행주식수 : 724만주
- 대주주지분관계 : 박병기 49.64%
- 주력사업 : WLL시스템, echo canceller, 광모듈 개발 생산
- 결산기 : 12월
- 코스닥등록일 : 1999년 11월 18일
- 자본금 : 36.2억원
- 액면가 : 500원(액면분할 : 99년 11월 12일)
- 홈페이지 : www.kisantel.co.kr

　　기산텔레콤은 94년 설립되어 광모듈, 광중계기 등 무선통신장비를 생산하는 통신시스템 연구개발전문 벤처기업이다. 95년 SK텔레콤의 'PCS기지국 제어기', 97년 데이콤의 'WLL(Wireles Local Loop) 시스템' 등의 개발프로젝트에 참여, 현재 국내시장에서 반향제거기(Echo Canceller) 60%, 광모듈 60~70%의 시장점유율을 차지하는 회사로 급부상했다.

◆ **사업전망**

　　동사는 전체인력 중 77%가 뛰어난 R&D전문인력이며, 전체직원 중 83%가 엔지니어링 출신들로 이루어져 있는 기술집단이다. 대부분이 전기전자 엔지니어링과 통신제어 엔지니어링 전공자들로 통신분야의 전문성이 돋보인다.

　　사업분야는 크게 무선통신과 초고속통신분야로 나뉜다. 무선통신

분야의 매출은 광모듈과 중계기, 반향제거기로 구성돼 있다. 전기적인 신호를 빛으로 변환하는 광모듈은 기존의 2파장에서 훨씬 많은 신호를 처리할 수 있는 3파장이나 4파장 광모듈이 개발돼 2000년에 중점 공급될 예정이어서 매출 신장이 기대되고 있다.

중계기류는 기존의 각종 소형중계기에서 최근 개발을 마치고 무선통신업자에게 공급하고 있는 건물용 광분산중계기와 광중계기를 중심으로 올매출 200억원을 목표로 하고 있다.

98년 국산화에 성공하여 미국의 루스트테크놀로지와 국내 시장을 양분하고 있는 반향제거기는 주로 수출주력 품목이다. 올해는 홍콩, 말레이시아 등 동남아시아 지역으로 수출을 확대하기 위해 ISO 9001 인증 획득을 추진하고 있으며 이동통신시장 성장과 발맞춰 급속한 수요증가가 예상돼 수출전망이 밝은 것으로 평가되고 있다.

동사제품의 주 수요처는 한솔PCS, LG텔레콤, 신세기통신 등 이동통신업체로 SK텔레콤의 IMT-2000개발 프로젝트에도 선정되었다. IMT-2000시대를 앞두고 시장선점 및 고수익성 제품개발에 역점을 둘 예정이다.

2000년부터 캐나다의 푸어데이트(Puredate)사와 전략적 제휴를 맺고 데이콤, 두루넷등에 케이블 모뎀을 판매할 예정이고 유선을 대체할 수 있는 MTM, 광MUX 등 전송분야에서의 신규매출이 예상되고 있다.

◆주가 차트

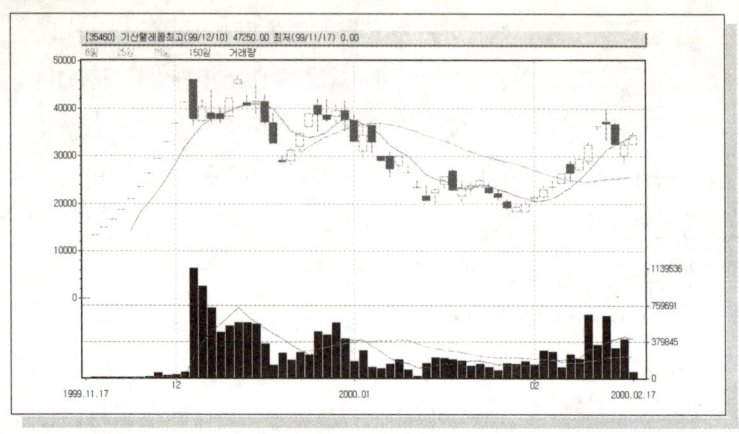

◆사업실적 및 재무현황

동사는 코스닥 등록을 계기로 81억4천만원의 현금유동성을 확보해 재무구조가 건실해졌다. 99년 광모듈, 반향제거기 부문의 매출이 급증하고 빌딩내(in building) 중계기의 매출 추가에 힘입어 98년 대비 111%의 외형성장이 예상되고 있다.

2000년에는 신규제품의 매출이 추가되면서 105.8%의 매출증가율이 예상된다. 99년은 302억원 매출에 69억원의 순이익이 예상되며, 2000년 매출액은 691억원, 순이익은 115억원을 목표로 하고 있다.

주요 재무실적 및 전망 (단위 : 억원, 원, %)

연도	매출액	경상이익	순이익	부채비율	EPS
1997	86.4	17.2	13.6	99.0	270
1998	155.0	25.1	20.3	121.0	398
1999(E)	302.7	68.4	69.1	37.2	1,047
2000(E)	691.0	153.0	115.3	18.2	1,593

〈자료 : 기산텔레콤〉

애널리스트 분석

기산텔레콤은 전기적 신호를 광신호로 변환하는 광모듈(Fiber Optic Tranceiver)과 이동통신 중계기, 반향제거기(Echo Canceller) 등을 생산하는 무선통신장비 제조업체로서, 94년 설립된 기술집약형 벤처기업이다. 98년 국산화에 성공한 광모듈은 SK텔레콤 등 이동통신 사업자들이 98년말부터 설치를 급속히 늘린 광중계기의 핵심부품이다. 국내시장의 50% 이상을 선점하고 있다. 루슨트테크놀로지와 국내시장을 반분하고 있는 반향제거기도 SK텔레콤 등 셀룰러 사업자에 이어 PCS 사업자들의 구매가 시작되고 있어 향후 연평균 20% 이상의 성장이 예상되고 있다. 중계기의 경우 올해는 소형중계기가 매출을 주도하고 있으나 조만간 대형빌딩용(in building) 중계기와 SK텔레콤과 공동개발중인 디지털 광중계시스템이 매출을 주도할 전망이다. 회사의 최대경쟁력은 기술개발인력(전체 직원의 77%)과 선진국 무선통신장비업체에 뒤지지 않는 기술경쟁력이다.

이두희(대신경제연구소 책임연구원)

도원텔레콤(36180)

◆회사개요(2000.1.1 기준)

- 설립일 : 1994년 3월 29일
- 대표이사 : 이철호
- 등록주식수 : 920만주
- 주요주주 : 대주주 38%
- 주력사업 : CDMA, 중계기, 영상단말기
- 결산기 : 12월
- 코스닥등록일 : 1999년 12월 18일
- 자본금 : 46억원
- 액면가 : 500원(액면분할 : 99년 10월 12일)
- 홈페이지 : www.astech.net

94년 3월에 설립된 이 회사는 CDMA용 무선통신중계기 및 휴대용 영상전송단말기(DDMS)를 생산하는 무선통신장비 제조업체로서 생산제품의 대부분을 한국통신프리텔에 납품하고 있다.

◆사업전망

도원텔레콤은 97년 이후 35개의 특허를 공인받는 등 탄탄한 기술력을 자랑하고 있다. 이 회사가 그동안 개발한 제품으로는 주파수변환무선중계기, 휴대용 영상전송단말기, 94년 개발이 완료된 음주측정기와 97년 시판을 개시한 광역무선호출기, 과학기술부의 지원을 받아 개발된 양방향 무선리모컨 등이 있다.

도원의 주력사업인 CDMA주파수 변환 무선중계기는 현재 한국통신프리텔에 납품하고 있는데, 호주 수출이 확정된 상태이며 중국·러시아·캐나다 등과의 수출협약이 진행중에 있다.

DDMS는 어느 곳에서라도 원격지를 보고 싶으면 제품이 설치된 곳에 전화를 걸어 영상을 통한 확인이 가능한 세계 최초의 휴대용 감시기기다. 디지털카메라와 모뎀, LCD가 내장되어 있어 휴대가 간편하며 가격이 저렴하고 별도의 전용선 구축이 필요없을 뿐만 아니라 저가형이어서 본격적인 대중화가 예상되고 있다.
　　앞으로 사업영역변화는 무선호출의 경우 콘텐츠사업 위주로, 중계기분야 및 이미지 전송을 위한 DDMS는 IMT-2000을 궁극적인 목표로 하고 있다. 그러나 첨단 통신기기업체로 성장한다는 목표를 세우고 중계기 분야와 영상전송분야로 사업영역을 전환해간다는 방침이다.

◆ 주가 차트

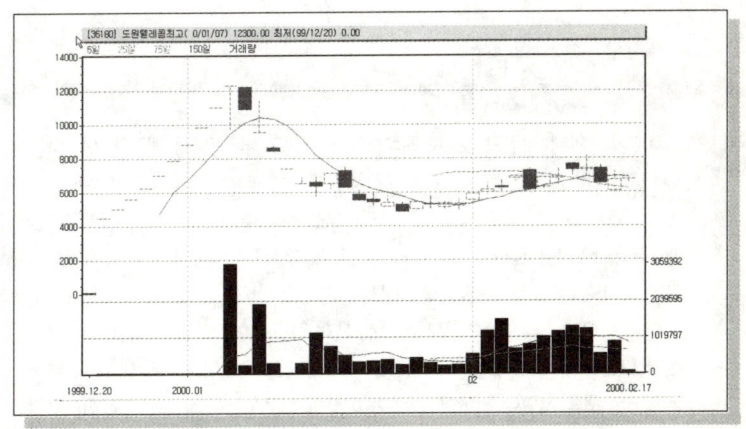

◆ 사업실적 및 재무현황
　　98년 매출 및 수익이 소폭 증가하는 데 그쳤으나 98년 하반기 이후 큰 폭의 성장을 유지하고 있다. 97년과 98년 결산기에 각각 70억여원, 74억여원의 매출을 기록하였으나 99년 추정매출은 전년대비 100

% 증가한 140억원으로 추정된다.

　순이익도 전년대비 약 3배가 넘는 17억원에 이를 것으로 추정된다. 부채비율도 50% 이하로 낮춰 재무구조 또한 매우 안정적인 편이다. 향후 이동통신 및 IMT-2000사업이 본격화되면 동사 제품에 대한 수요가 늘어날 것으로 보여 큰 폭의 매출 신장이 전망된다.

주요 재무실적 및 전망 (단위 : 억원, 원, %)

연도	매출액	경상이익	순이익	부채비율	EPS
1997	70.64	2.44	2.08	71	59
1998	74.87	6.12	5.18	106	94
1999(E)	140	25	17	50	185
2000(E)	250	43	30	50	326

〈자료 : 도원텔레콤〉

애널리스트 분석

　94년 3월에 설립된 도원텔레콤은 CDMA용 무선통신중계기를 생산하는 무선통신장비 제조업체로서 현재 생산제품의 대부분을 한국통신프리텔에 납품하고 있다. 매출의 92%를 차지하는 무선통신 중계기는 이동통신기지국과 개인휴대단말기의 통신을 중계하는 것으로서 무선통신단말기 가입자 수 및 통화량 증가에 수요가 연동되는 특성을 지니고 있다. 향후 WLL, LMDS, IMT-2000 등 새로운 통신서비스가 이루어질 예정이며 이러한 신규서비스에 필요한 중계기 개발을 진행중에 있어 동사의 제품판매는 향후 2~3년간 높은 성장세를 시현할 전망이다. 이와 더불어 신규사업인 휴대용 영상전송단말기(PDMS)를 개발, 제품 판매를 시작하여 동제품의 수출계약을 진행중에 있으며 2000년 본격적인 매출성사에 따라 또 하나의 수익원으로 자리잡을 전망이다. 앞으로 예상되는 통신시장의 영업환경 변화에 대응할 수 있는 기술력과 재무 안정성을 두루 갖춰 동사의 성장잠재력은 큰 것으로 예상된다.

우영진(한화증권 투자분석팀 대리)

삼우통신공업(31860)

◆ **회사개요(2000.1.1 기준)**

- 설립일 : 1979년 9월 12일
- 대표이사 : 김규명
- 발행주식수 : 787만 6,000주
- 주력사업 : 광전송장치 등 유무선통신기기 제조
- 결산기 : 12월
- 코스닥등록일 : 1997년 1월 7일
- 자본금 : 39억원
- 액면가 : 500원(액면분할 : 2000년 1월 29일)
- 홈페이지 : www.samwoo.co.kr

    삼우통신공업은 광전송장치와 광가입자전송장치 등 유무선 통신기기를 생산하는 벤처기업이다. 한국통신, 하나로통신 등 기간통신사업자에 주로 납품, 기술개발능력을 인정받고 있다. 주요 생산품으로는 전송장비, 망 관리장비, 단말기, 배선반, 위성통신장비, 무선통신장비 등이 있다.

◆ **사업전망**

    지난 79년 설립된 동사는 93년 한국통신으로부터 전용회선 집중운용 보전시스템, 단면배선시스템, 디지털전송로 집중운용보전시스템 기술이전 업체로 선정되면서 성장 발판을 마련했다. 94년 한국통신의 발신전용 휴대전화(일명 시티폰 : CT-2)사업 장비공급업자로 선정돼 비약적인 성장세를 보였다. 하지만 98년 들어 개인휴대통신(PCS) 등 새로운 이동통신기기 등이 급부상하면서 CT-2시장이 위축돼 매출이 급격히 줄어들었다. 동사는 곧바로 광통신 관련장비로 눈을 돌려 위기를 타개했다. 99년부터 인터넷 붐을 타고 기간통신사업자들이 설비투자를 확대함에 따라 광전송장치의 매출이 큰 폭으로 늘어나고 있다. 동사의 주력제품인 광가입자전송장치(FLC)는 광통신망을 통해 음성·문자·영상 등 각종 정보를 전달하는 장비다.

한국통신이 FLC사업을 적극적으로 진행하고 있어 향후 가파른 성장곡선을 유지할 것으로 보인다. 미래사업계획으로 유무선 통신장비와 광통신장비 네트워크 관리시스템을 주축으로 첨단 통신장비 기업으로 재도약할 계획이다. 이를 위해 계측기기 등 관련장비와 생산설비를 확충하고 매출액의 7~8%를 연구개발비로 투자하고 있다. 연구인력은 전체 종업원의 60%가 넘는 80명이나 된다. 이러한 기술과 인력 인프라를 바탕으로 인터넷을 이용한 차세대 데이터 전송 및 저장장치를 개발하고 있다. 특히 초고속 인터넷 기반장치에 연구력을 집중할 계획이다.

◆주가 차트

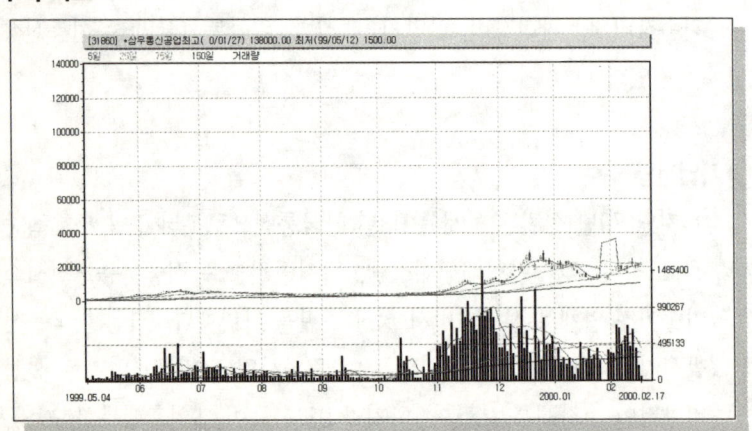

◆**사업실적 및 재무현황**

    매출액에서 광전송장치와 광가입자 전송장치가 차지하는 비중이 80%선에 이르며 회선시험장치가 10%가량 차지한다. 차입금 비중이 낮고 부채비율도 100%선을 유지하고 있다. 금융비용부담률은 IMF관리체제의 영향을 받아 98년을 제외하고는 1%를 밑돌고 있으며 99년에도 0.9% 수준에 그치고 있어 재무구조가 안정적이다. 99년 예상매출액은 전년의 2배 수준인 520억원대에 이를 것으로 추정된다. 2000년 목표 매출액은 850억원을 전망하고 있다.

주요 재무실적 및 전망   (단위 : 억원, 원, %)

연도	매출액	경상이익	순이익	부채비율	EPS
1997	599	30	26	96.5	-
1998	264	3	1	133.9	-
1999(E)	520	-	-	-	-
2000(E)	850	-	-	-	-

〈자료 : 삼우통신공업〉

애널리스트 분석

    92년 한국통신의 공동개발업체로 선정되면서 WDM(wavelength division multiplexing) 기술을 적용한 광가입자전송장비 전문업체로 부상했다. 주 납품처는 한국통신과 하나로통신이다. 주력제품은 155M 광가입자전송장비다. 전체 직원의 60%인 80여명이 연구개발인력이다. 음성 및 초고속인터넷을 지원할 수 있는 광가입자망을 구성하려면 광케이블과 광가입자전송장비가 필요하다. 광가입자전송장비는 전화국과 수요밀집지역의 입구에 쌍으로 설치되는 통신사업자측의 장비로서 일반 가입자측 장비와는 달리 대규모 수요가 일시에 발생하는 성격이 있다. 동사는 한국통신의 광가입자전송장비정식 공급업체다.

양성욱(LG증권 선임조사역)

삼지전자(37460)

◆회사개요(2000.1.1 기준)

- 설립일 : 1981년 7월 24일
- 대표이사 : 이기남
- 발행주식수 : 1,250만주
- 주요주주 : 대주주 및 특수관계인 57.5%
- 주력사업 : 통신기기(광중계기 계통), 정보기기(무선자동검침기, 방송기기), B/L사업 (TFT-LCD용 백라이트)
- 결산기 : 12월
- 코스닥등록일 : 1999년 12월 16일
- 자본금 : 62.5억원
- 액면가 : 500원(액면분할 : 99년 8월 9일)
- 홈페이지 : www.samjielec.co.kr

삼지전자는 81년 설립된 무선중계기 전문생산업체다. 국내시장 점유율 1위를 마크하고 있다. 세계 최초로 CDMA 방식 광중계기를 개발, 상용화에 성공하면서 탄탄한 기술력을 바탕으로 업계 선두를 달리고 있는 벤처기업이다.

◆사업전망

동사는 81년 설립초기에는 소방용 무선설비와 주파수변조방식 방송수신용 중계기를 주로 생산해왔다. 현재는 CDMA방식 광중계 및 원격 검침시스템 등 전자통신과 관련된 다양한 제품을 개발·생산하는업체로 발전했다. 광중계기의 주 거래처는 LG텔레콤으로 매출비중의 45%를 차지하고 있다. PCS사업자들의 투자효율성과 맞물려 매출이 점차 늘고 있으며 초소형 중계기 신제품도 출시, 시장공략에 적극 나서고 있다.

동사는 차세대 주력상품으로 원격무선 자동검침시스템을 개발, 상용화에 박차를 가하고 있다. 이 원격무선 자동검침시스템은 무선통신 기술을 응용해 검침에서부터 요금청구서 발급까지 자동으로 처리해주는 시스템이다. 반경 200m 이내에서 검침원이 직접 가정까지 방문하지 않고도 차량 안에서 무선으로 전력사용량을 검침하는 획기적인 시스템이다. 이미 한국전력에 단말기 1,320여대를 공급했고 수요가 계속 늘어나고 있는 추세다. 가정에서는 기존에 설치된 전력계량기에 이 회사가 개발한 칩만 내장시키면 된다. 현장에서 즉시 전월 사용량에 대한 요금청구서도 발급할 수 있다.

회사측은 연간 500억원의 수입대체 효과를 거둘 것으로 전망하고 전력뿐 아니라 가스와 수도검침까지 이 시스템을 도입, 확대할 계획이라고 했다. 이 시스템을 개발하는 데 1년 3개월의 기간과 약 10억원을 투자했다.

삼지전자는 99년 하반기 TV와 전화와 인터넷을 동시에 연결해 리얼타임으로 양방향 방송을 할 수 있는 '텔레라미오 시스템'을 개발하여 KBS를 통해 실용화하기도 했다. 이 시스템은 방송사가 질문하고 시청자가 답변하는 식의 양방향 커뮤니케이션을 실시간으로 할 수 있는 시스템으로 다수가 동시에 참여할 수 있다는 특징이 있다. 교육방송의 경우 질의응답이 가능하고 실시간으로 모의고사를 실시하면 즉시 채점도 가능하다. 실시간 선거방송과 여론조사에도 적용할 수 있다. 700서비스도 대체할 것으로 보인다. 이동통신과 제휴하면 다양한 부가통신서비스도 공급할 수 있을 것으로 전망되고 있다. 동사는 공중파방송과 교육방송, 폰방송, 인터넷 방송분야에 영업력을 집중하고 기존의 이동통신업체와 제휴해 정보통신서비스의 품질향상에 만전을 기한다는 방침이다.

LCD시장이 폭발적으로 성장하면서 수요가 커지고 있는 LCD용 백라이트도 개발해 곧 시장에 진출할 계획이다. 이를 위해 일본 구라레 이사와 도광판 관련 기술특허를 도입키로 하고 현대전자와 협력해 양산체제를 구축하고 2000년부터 본격 양산에 들어간다. IMT-2000과 관련, 동사는 기지국 장비 분야에서 SK텔레콤으로부터 협력사로 인정받은 바 있다.

◆주가 차트

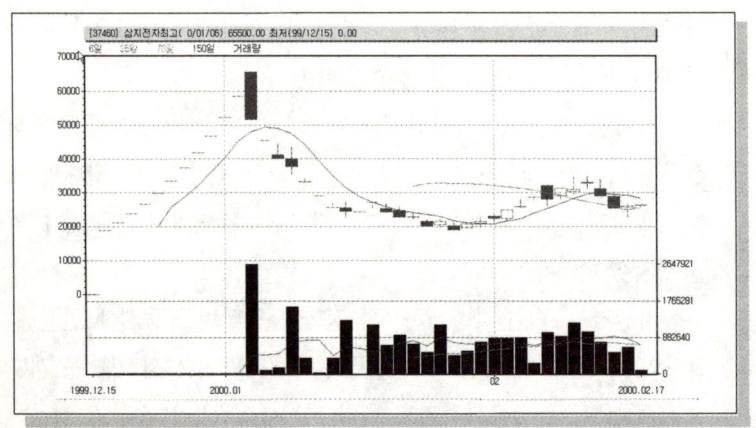

◆사업실적 및 재무현황

98년 매출액은 602억원, 순이익은 90억원을 올렸으며 99년 매출액은 400억원에 순이익 135억원을 예상하고 있다. 98년 매출증가율은 97년 대비 약 192%에 달하고 순이익 증가율은 2,816%에 달하는 놀라운 증가세를 보였다.

부채비율도 99년말 기준 30%로 낮아져 재무안정성을 높였다.

주요 재무실적 및 전망 (단위 : 억원, 원, %)

연도	매출액	경상이익	순이익	부채비율	EPS(500원기준)
1997	206	4	3	561	150
1998	602	105	90	117	1,125
1999(E)	400	160	135	30	1,080
2000(E)	819	136	94	20	752

〈자료 : 삼지전자〉

애널리스트 분석

광중계기를 생산·판매하는 벤처기업이다. 광중계기를 97년말 개발하여 전량 LG텔레콤에 납품하고 있다. 기술축적, 효율적인 원가관리능력, 높은 기술자립도, 가격경쟁력, 제품의 안정성 등으로 타경쟁업체들과의 차별화에 성공했다. LG텔레콤에의 지속적인 매출과 국내 타통신사업자, 즉 타휴대통신(PCS)업체 등에 대한 신규매출이 기대되고 있다. 뛰어난 품질 및 가격경쟁력을 바탕으로 해외수출도 기대된다.

이 회사는 또한 신규사업부문으로 원격자동검침기를 개발하여 한국전력의 프로젝트에 참여하고 있다. 세계적으로 시장규모가 급격히 커지고 있는 초박막 액정표시장치(TFT-LCD)의 부품인 후광등(back light unit) 사업을 위해 생산라인을 설치하고 본격적인 생산을 준비중이다. 그리고 텔레라미오라는 양방향 방송 서비스 시스템을 개발하여 현재 기간통신사업자 및 각 방송국에 납품할 계획이다.

노근창(신영증권 연구원)

웰링크(35830)

◆ **회사개요(2000.1.1 기준)**

- 설립일 : 1992년 5월 15일
- 대표이사 : 신동환
- 발행주식수 : 82만주
- 주주관계 : 신동환 외 특수관계인 36.3%, KTB 12.2%, 우리기술투자 6.1%, 대양창투 3.8% 등
- 주력사업 : 고속데이터 전송장비
- 결산기 : 12월
- 코스닥등록일 : 1999년 12월 3일
- 자본금 : 41억원
- 액면가 : 5,000원(액면분할 : 2000년 4월 예정)
- 홈페이지 : www.wellink.co.kr

웰링크는 인터넷 전송망인 비대칭 디지털가입자망(ADSL)과 고속 디지털가입자망(HDSL) 등 데이터 전송장치를 전문으로 생산하는 벤처기업이다. 한국통신, 데이콤, 하나로통신 등 기간통신사업자와 별정통신사업자에게 소용량 전송장비를 공급하고 있으며 틈새시장에서 확고한 시장지위를 구축해놓고 있다.

◆ **사업전망**

동사의 주력제품은 고속데이터 전송용 단말기(CSU), ADSL, HDSL, FDSU, FDSL을 비롯한 소형 광전송장비다. ADSL은 인터넷 확산에 따라 케이블모뎀과 함께 광대역 가입자망 시장의 주역으로 떠오른 분야다. 99년 자체 개발한 칩셋인 키웨이브를 채택하고 칩을 단일화해 집적도를 높인 '오킷장비'로 ADSL시장에 참여했다. 이 장비는 자체 기술력으로 개발한 자동셋업 프로그램을 통해 1시간 안에 설

치 완료할 수 있게 한 첨단 시스템이다. 92년 창업당시 고속단말기 업체가 없다는 점을 간파, 틈새시장을 파고들어 저속이 아닌 고속데이터서비스를 위한 전송단말기 개발에 매달려온 것이 적중해 성장의 원동력이 됐다. 고속데이터시스템, 화상회의시스템 등의 수요가 폭발적으로 늘어날 것을 미리 예측하고 준비해온 것. 예측대로 93년부터 수요가 늘면서 판매가 증가하기 시작했다. 전화선으로도 고속 데이터전송이 가능해지자 HDSL 및 FDSU 등 고속 데이터용 전송단말장치를 잇따라 내놓았다. HDSL의 경우 국내시장 점유율은 50%대에 달한다.

최근에는 인터넷서비스업체(ISP)와 기간통신망 사업자에게 ADSL과 HDSL 등을 납품하는 사업을 추진하고 있어 시장에서 확고한 지위를 다질 것으로 전망된다. 99년부터 매출이 개시된 전화국간, 그리고 전화국과 개인 간 고속 데이터전송장비인 FDSL은 신규개발 제품으로 현재 큰 폭의 매출을 기록하고 있다.

소형 광전송장비는 향후 수천억원대 시장으로 성장할 전망이며 SK텔레콤의 무인기지국용으로 전량 납품될 예정으로 있다. 99년 12월 미국의 디지털링크사와 상호 기술공여 및 판매에 관한 전략적 제휴를 맺고 틈새시장 전략에서 벗어나 해외 메이저 업체들과 세계시장에서 본격 경쟁한다는 계획이다.

◆주가 차트

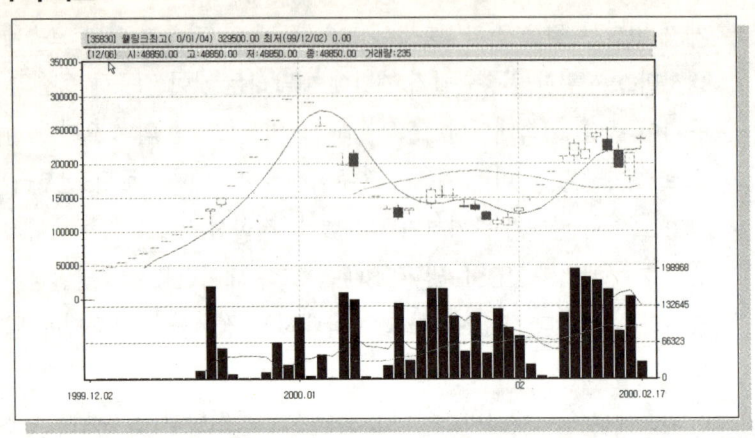

◆사업실적 및 재무현황

　단기차입금이 전혀 없고 정책자금만 10억원을 사용하고 있어 현금흐름이 양호한 편이다. 부채비율은 100% 미만으로 99년말까지 50%로 낮출 계획이다. 자본금은 41억원이며 98년 매출액은 142억원, 순이익은 5억6천만원을 올렸다. 99년 매출과 순이익은 98년보다 각각 90%와, 535% 증가한 270억원과 30억원으로 추정된다. 2000년 1월 11일 액면가 500원으로 액면분할을 결의했다. 99년 10월 상호를 청조통신기술에서 현재의 웰링크로 바꾸었다. 한국종합기술금융이 12.2%, 우리기술투자가 6%의 지분을 갖고 있다.

주요 재무실적 및 전망   (단위 : 억원, 원, %)

연도	매출액	경상이익	순이익	부채비율	EPS
1997	154	18.8	15.2	168	17,017
1998	142	8.3	5.6	112	4,199
1999(E)	270	35	30	40	10,982
2000(E)	540	87	75	30	6,357

〈자료 : 웰링크〉

애널리스트 분석

고속 데이터 전송장치 생산업체다. 한국통신, 데이콤, 하나로통신 등 기간통신사업자와 별정통신사업자에게 소용량 전송장비를 공급하고 있다. 주요 제품은 CSU, FDSU, HDSL, FDSL, 소형 광전송장비 등이다. 매출비중은 CSU 23.3%, FDSU 외 32.3%, HDSL 16.0%, FDSL 18.7%, 기타 9.7%이다.

CSU(channel service unit)는 디지털 회선종단 장치로서 전용회선 가입자에게 적용되는 장비다. FDSU(flexible data service unit)는 전화국과 가입자측에 설치되며, 4선식 전용선로를 통하여 전송되는 장비다. HDSL(high bit rate digital subscriber unit)은 전화국과 가입자측에 설치되며, 4선식 전용선로를 통하여 전송되는 장비다. 전화국간, 전화국과 개인 간 고속 데이터 전송장비인 FDSL은 99년 말까지 40억원의 매출이 예상되는 신규제품이다. 원가절감과 신제품개발 등을 통해 지속적인 외형신장 및 수익성개선이 기대된다.

노근창(신영증권 연구원)

인터링크시스템(30420)

◆**회사개요(2000.1.1 기준)**

- 설립일 : 1989년 2월 10일
- 대표이사 : 이명근
- 발행주식수 : 723만 5,000주
- 주요주주 : 이명근 30.8%
- 주력사업 : 초고속통신 인터넷 액세스 장비 개발·생산 및 서비스
- 결산기 : 12월
- 코스닥등록일 : 1997년 7월 4일
- 자본금 : 36.2억원
- 액면가 : 500원(액면분할 : 99년 8월 23일)
- 홈페이지 : www.interlink.co.kr

인터링크시스템은 지난 89년 통신소프트웨어및 단말기개발 회사로 설립됐다. 현재는 네트워크 장비, 시스템 네트워크, 초고속 통신장비 및 초고속 통신 네트워크 사업을 영위하는 기업이다. PC에 탑재하는 IBM3270 시뮬레이터를 국내 최초로 개발해 생산·판매하면서 성장의 발판을 마련했다.

◆**사업전망**

동사는 인터넷이 상용화되지 않았던 95년부터 초고속 인터넷 관련 장비개발에 착수했다. 그 후 매년 10억원 이상씩 개발비를 투자해 국내최초로 초고속정보통신망의 핵심기술인 ATM을 자체 개발해 프랑스텔레콤, 테라글로벌, 에릭슨, 한국통신 등에 납품했다.
이러한 기술력을 바탕으로 LG정보통신으로부터 수주한 ADSL/ATM용역을 성공적으로 수행했다.

97년 국내 최초로 ATM 네트워크 인터페이스카드를 개발했고 99년 8월 선버스트라는 ADSL어댑터와 모뎀을 선보여 SNA 및 네트워크 ATM 관련분야에서 확고한 위치를 차지하게 되었다. 이 회사는 기존 전화선을 사용하면서 인터넷 통신속도를 최고 100배나 빠르게 해주는 ADSL개발에도 착수해 '선버스트'라는 브랜드의 ADSL 어댑터와 모뎀을 개발해냈다. ADSL 어댑터는 특수기능(With SAR)을 갖고 있어 PC성능에 관계없이 윈도95만 지원되면 그 서비스가 가능하다는 게 특징이다. ADSL모뎀은 통신속도가 기존 아날로그 모뎀의 200배 이상인 8Mbps에 달한다. 별도의 망구축을 위한 비용과 시간을 절약할 수 있어 경제성도 높다.

ADSL가입자는 99년 20만명에서 2002년 242만명으로 증가하여 향후 3년간 연평균 129.6% 증가할 전망이며 하나로통신이 99년말 6만회선의 가입자를 유치하고 시설투자를 추진하고 있고, 한국통신 역시 늦어도 2000년 상반기에는 ADSL을 상용화할 계획이어서 이 회사의 매출은 계속 증가할 전망이다.

동사는 전체직원 중 31%인 25명이 연구인력이고 지속적인 R&D 투자(매출액의 6~7%)로 차세대 정보통신 기술 및 제품을 개발할 계획이다. 이 회사는 유통사업의 경우 해외유수의 하드웨어벤더와의 디스트리뷰터 계약을 통해 안정적인 매출기반을 확보하고 성장 잠재력을 보유한 DVD타이틀 유통을 신규사업으로 전개할 예정이다.

◆주가 차트

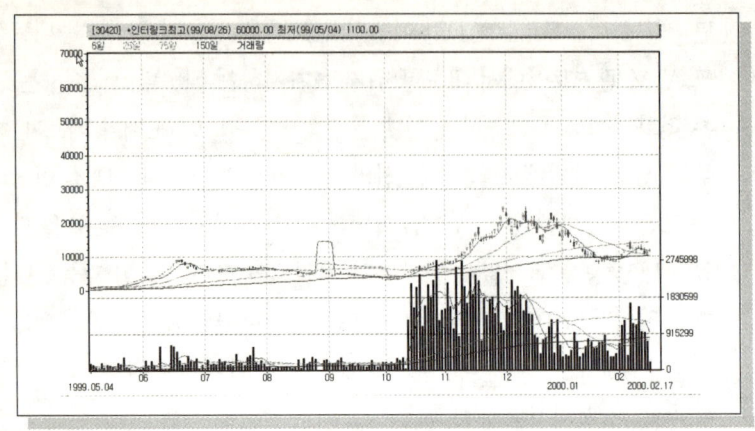

◆사업실적 및 재무현황

　동사는 98년도 전반적인 경기부진과 대기업들의 전산투자비 축소로 64억원의 매출에 약 16억원의 적자를 기록했으나 99년 들어 신기술 개발과 제품의 수요급증에 힘입어 약 182억원의 매출에 7억5천만원의 순이익을 올릴 것으로 추정돼 흑자반전의 기틀을 마련했다. ADSL사업의 전망과 영업환경의 호전으로 2000년 매출액은 480억원, 경상이익 38억원, 순이익 29억원을 전망하고 있다. 부채비율도 98년 187.7%에서 99년말 80%대로 대폭 낮춰져 재무구조도 안정적인 편이다.

주요 재무실적 및 전망 (단위 : 억원, 원, %)

연도	매출액	경상이익	순이익	부채비율	EPS
1997	139.3	-13.9	-10.8	182.9	-345
1998	64.7	-16.0	-16.0	187.7	-320
1999(E)	182	10	7.5	80	156
2000(E)	480	38	29	40	167

〈자료 : 인터링크, 삼성증권〉

애널리스트 분석

인터링크는 네트워크장비 전문제조업체다. IBM호스트용 SNA시스템, LAN네트워크장비 등을 생산하고 있다. 이 회사의 향후 주력제품은 ADSL장비가 될 전망이다. ADSL은 데이터통신과 일반전화를 동시에 사용하면서 기존 통신수단보다 처리속도가 빠르다는 장점을 가지고 있다.

기업들의 전산투자 재개, 초고속통신망시장 수요증가로 실적이 개선될 것으로 예상된다. 특히 정부의 초고속정보통신망구축사업과 연계해 개발한 ADSL장비는 실적개선에 크게 기여할 것으로 전망된다. PC통신가입자수 증가, 전자상거래 활성화 등의 영향으로 ADSL장비 시장규모는 크게 성장할 것으로 예상된다. 10년동안 쌓은 네트워크분야 노하우, ADSL장비를 자체 개발한 기술력을 지렛대삼아 지속적으로 성장할 가능성이 높다.

노근창(신영증권 연구원)

자네트시스템(32050)

◆ **회사개요(2000.1.1 기준)**

- 설립일 : 1987년 4월 24일
- 대표이사 : 고시연
- 발행주식수 : 876만 7,000주
- 주요주주 : 고시연 22.58%, 오영애 3.67%, 고정우 3.5% 등
- 주력사업 : 광MUX, ADSL, 무선인터넷 단말기 생산
- 홈페이지 : www.garnets.com
- 코스닥등록일 : 1997년 1월 23일
- 자본금 : 43.8억원
- 액면가 : 500원 (액면분할 : 99년 8월 28일)

자네트시스템은 87년 설립된 전송기기 및 데이터통신 시스템 전문 제조업체다. 기존의 모뎀사업에서 전송장비 및 무선장비 사업으로의 비중이 확대되어 높은 성장세가 기대되는 인터넷관련 장비업체로 부각되고 있다.

◆ **사업전망**

동사는 모뎀, 다중화장비, 패킷교환기 등 데이터통신 장비의 생산을 시작으로 네트워크장비, 광MUX, 위성시스템, PCS중계기 등을 개발하여 통신사업자에게 공급하면서 성장한 회사다. 국내 최초로 공중선 모뎀의 형식승인을 정보통신부로부터 획득했고 89년에는 국내 최초로 PC내장형 모뎀을 개발 출시하는 등 동업계에서 독자적인 위치를 구축해놓았다.

특히 고속모뎀은 전국 대도시 13개 지사와 50여개 대리점, 160여

개의 지정점을 통해 공급하고 있다. 현재 PC용 모뎀시장의 60% 이상을 동사가 점유하고 있다. 97년에는 한통프리텔 및 LG텔레콤에 중계기 주공급업체로 선정되기도 했다. 중소형 광통신 전송망 구축사업이 성공적으로 추진되고 있고, 하나로통신과 한국통신에서 추진중인 ADSL 모뎀 시제품의 매출이 본격화되는 올해에는 시장점유율이 더욱 확대될 전망이다.

신규사업분야로 PCS나 TRS중계기 사업부문 및 기지국 수신신호기, 양방향 문자통신 휴대단말기 등 무선사업부문으로 영역을 넓혀가고 있다. 기존사업과 함께 종합멀티미디어 전문업체로 성장한다는 계획이다. 또한 한국통신과 컨소시엄을 구성하여 IMT-2000사업에도 적극적으로 참여할 것으로 예상된다.

종업원 중 20%가 연구개발인력이며 매출액의 7~8%를 R&D에 투자하고 있다. 동사는 과거 300만대 이상의 모뎀을 판매하는 등 다양한 가입자 환경에 맞는 특화된 기술력을 보유하고 있다. 기간통신망의 디지털화로 대용량화·고속화가 빠르게 진행됨에 따라 초고속망 확충을 통한 고속통신기반이 구축되어 전송기기부문 매출액은 향후 2년간 연평균 41%의 성장세를 보일 것으로 전망된다.

◆주가 차트

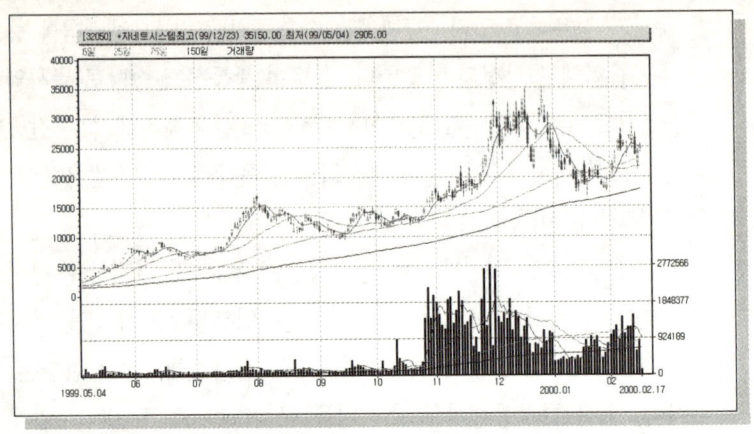

◆사업실적 및 재무현황

　동사의 부문별 매출비중은 전송기기부문 37%, 데이터교환기기 14%, 시스템장비 38%, 기타 11% 등이다. 재무구조 개선을 위해 99년 10월 700만달러 규모의 해외CB(85억원)를 발행하여 문제점으로 지적된 부채비율을 대폭 축소할 계획이며 아울러 유보율을 높일 전망이다. 이 자금으로 회사채를 상환할 예정이며 위성인터넷 사업에도 출자할 계획이다. 98년 매출액은 409억원에 순이익 3억4천만원을 올려 각각 2.8%와 107.3%의 증가율을 나타냈다. 99년 실적은 653억원의 매출에 30억원의 당기순이익을 올린 것으로 추정된다. 2000년 예상 목표는 매출액 1,500억원, 순이익 97억원을 전망하고 있다. 전년대비 두 배 이상 신장세를 보일 것으로 예측된다.

주요 재무실적 및 전망 (단위 : 억원, 원, %)

연도	매출액	경상이익	순이익	부채비율	EPS
1997	398.0	-6.6	-7.3	330.8	-115
1998	409.2	15.2	3.4	285.0	537
1999(E)	653.0	36.3	30.0	80.0	342
2000(E)	1,500	182.0	97.0	30.0	987

〈자료 : 자네트시스템〉

애널리스트 분석

자네트시스템은 통신장비 전문업체다. 주력품목은 모뎀 등 전송장비이며 시스템장비, 랜(LAN)장비 분야의 기술력도 높다는 평가를 받고 있다. 최근에는 무선데이터 단말기를 개발, 유선모뎀업체에서 종합통신장비업체로 변신중이다.

이 회사의 강점은 성장성과 미래예측가능성을 고루 갖추고 있다는 점이다. 실적과 성장성이 뒷받침하는 몇 안되는 기업의 하나다. 연구개발 투자가 많다는 것도 장점이다. 자네트시스템은 매년 매출액의 7~8%를 연구개발에 투자한다. 종업원의 20%가 연구원이다.

또한 다양한 사업 포트폴리오를 가지고 있다. 이들 사업부문이 모두 높은 성장성을 자랑하고 있다. 다만 경쟁이 치열해지고 있다는 점이 부담이다.

노근창(신영증권 연구원)

KDC정보통신(29480)

◆**회사개요(2000.1.1 기준)**

- 설립일 : 1991년 5월 27일
- 대표이사 : 인원식·김진흥
- 발행주식수 : 700만주
- 주주관계 : 한국카드콤 21.7%, 인원식 18.8%, 인철환 14.7% 등
- 주력사업 : 초고속인터넷 네트워크구축 및 장비제조(고속모뎀), 유지보수
- 결산기 : 12월
- 코스닥등록일 : 1996년 8월 20일
- 자본금 : 35억원
- 액면가 : 500원(액면분할 : 99년 8월 12일)
- 홈페이지 : www.kdccorp.co.kr

국내 최초의 네트워크 통합업체로 통신용 고속모뎀과 통신다중화 장비를 제조·판매하고 있다. 91년 설립됐으며 정보통신부의 초고속 정보통신망 사업확대에 힘입어 건실한 성장세를 보이고 있는 벤처기업이다.

◆**사업전망**

동사의 주력제품은 1 대 1 데이터전송 모뎀, 1대 다중데이터 전송 AUX, 근거리통신망 LAN, 초고속 대용량 전송 ATM, CATV 등이다. 네트워크 솔루션 제공 및 네트워크시스템에 대한 유지·보수업도 병행하고 있다. 99년 미국의 통신장비 회사인 ADC사와 장비 공동개발 및 수출마케팅에 대한 전략적 제휴를 체결하고 인터넷 접속을 위한 라우터 기능에 대역폭 관리 기능이 포함되어 있는 액세스 장비인 SDU를 공동으로 개발했다. 또 가입자측 초고속 전송장비인 MAIN을

한국전자통신연구원(ETRI)과 대한전선, 삼보컴퓨터와 공동으로 개발한 바 있다. 자체 기술력을 바탕으로 가입자 라우터장비인 E1 ATM라우터를 신규로 출시, 매출액이 증가할 것으로 보인다. 국내 LAN 및 WAN장비시장은 동사와 삼성전자, LG정보통신, 콤텍시스템, 자네트시스템 등이 장비시장의 80% 이상을 점유하고 있다. 동사는 주로 공공기관과 금융기관, 기타 제조업체를 상대로 하고 있다. 동사는 200여 업체와 시스템에 대한 지속적인 유지·보수 계약을 맺고 있어 수익이 안정적이다.

◆주가 차트

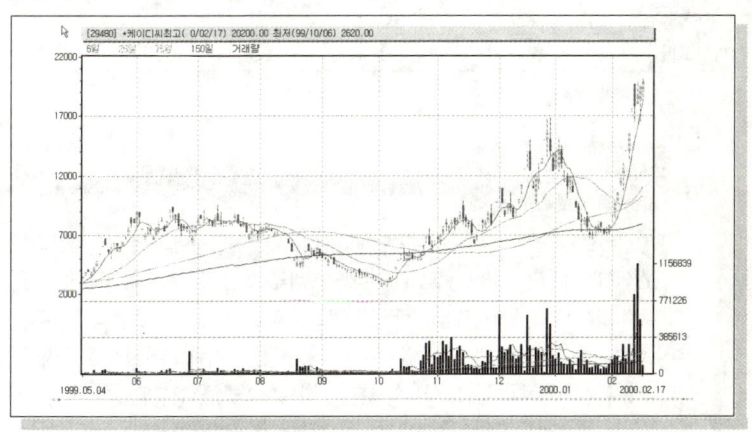

◆사업실적 및 재무현황

　98년 매출구성은 ATM 25.5%, LAN 20.2%, 모뎀 9.7%, 유지·보수 수입 16.3%, 무역중개 10%로 ATM과 LAN의 매출비중이 높은 편이다. 99년 상반기에는 ATM과 모뎀 매출은 크게 감소한 반면 유지·보수 계약은 안정적으로 유지되고 있다. 97년 매출액은 438억원에 순이익 19억원을 올렸다. 98년 매출액은 249억원, 순이익은 6억원을 냈다. 99년 실적은 매출액 360억원에 8억원의 순이익을 낼 것으로 추정된다. 99년 4월 한강구조조정기금에 주당 3천원으로 60억원의 전환사채를 발행, 2000년 4월 이후 자본금은 45억원으로 늘어나며 부채비율은 50%대로 낮아져 재무구조가 대폭 개선될 전망이다. 관계회사 투자와 투자주식의 평가익 실현으로 재무구조가 한층 더 안정될 것으로 전망된다.

주요 재무실적 및 전망 (단위 : 억원, 원, %)

연도	매출액	경상이익	순이익	부채비율	EPS
1997	438	21	19	221.7	-
1998	249	6	6	107.8	-
1999(E)	360	10	8	150.0	-
2000(E)	850	80	65	100이하	-

〈자료 : 케이디씨정보통신〉

애널리스트 분석

KDC정보통신은 네트워크 통합업체다. 네트워크통합사업은 주요장비인 허브, 스위치, 라우터, 랜카드 등의 네트워크장비를 통합, 고객이 원하는 통신망인 근거리통신망(LAN) 또는 원거리통신망(WAN) 환경을 구축하는 것이다. 주수요처는 금융기관·일반제조업·관공서 등이다. 네트워크 통합사업의 경쟁은 갈수록 치열해지고 있다. 쌍용정보통신, 콤텍시스템, 인성정보, 코리아링크, 테라 등이 경쟁하고 있다. 한아시스템 등 네트워크 장비제조업체들도 이 시장 진입을 모색하고 있다.

이 회사는 전국적인 유지·보수망을 운용하고 있어 경쟁우위 요소를 가지고 있는 것으로 평가된다. KDC정보통신은 네트워크 시장의 경쟁이 치열해짐에 따라 지난 98년말부터 초고속전송장비개발에 본격적으로 투자하고 있다. 주요 개발제품으로는 라우터기능에 대역폭관리기능이 포함된 접속장비 SDU, 멀티미디어서비스를 수용할 수 있는 초고속가입자망장비인 MAIN 등이 있다.

양성욱(LG증권 선임조사역)

한아시스템(36020)

◆ **회사개요(2000.1.1 기준)**

- 설립일 : 1991년 7월 1일
- 대표이사 : 신동주
- 발행주식수 : 1,200만주
- 주요주주 : 신동주 15.8%, 산업은행 9.2%, 한국종합기술금융 7.9%, CDIB 7.9%, 한국투신 5.2% 등
- 주력사업 : 네트워킹장비와 인터넷접속장비 개발·판매
- 결산기 : 12월
- 코스닥등록일 : 1999년 12월 1일
- 자본금 : 60억원
- 액면가 : 500원(액면분할 : 99년 10월 3일)
- 홈페이지 : www.hanasys.co.kr

한아시스템은 네트워킹장비와 인터넷접속장비 전문업체다. 소형 라우터장비로 인터넷 장비시장에서 시스코, 쓰리콤, 자일랜 등 세계적인 업체들과 경쟁력을 겨루는 벤처기업이다.

◆ **사업전망**

동사는 전직원의 40% 이상이 연구개발 인력으로 매년 매출액의 10% 이상을 연구개발비로 투자하고 있다. 주력사업분야는 인터넷 접속에 사용되는 라우터와 스위치, 랜카드, 터미널서버, 허브 등 인터넷 장비의 개발·생산이다. 이 분야에서는 국내 몇 안되는 업체로 약 50%의 시장점유율을 갖고 있다.

라우터는 여러 네트워크를 연결하는 데 쓰이는 필수장비. 91년 설립이래 인터넷장비 개발에 주력, 기술력을 바탕으로 외국산을 밀어내고 꾸준히 국산화해왔다. 국내에서 최초로 인터넷 관련장비를 생산해

오고 있으며 약 40여 종의 자체 개발품을 보유하고 있다. 코넷, 신비로, 넷츠고 등 인터넷 서비스업체뿐 아니라 우체국 금융망에도 이 회사의 라우터 장비가 사용되고 있다. PC방, 게임방, 학교통신망 등으로 수요가 급증하고 있어 지속적인 성장세가 예상된다. 실제로 초·중·고교 학내전산망과 정보통신부, 한국통신, 한국전력 등 공공부문에 네트워크 관련제품을 공급하고 있다. 특히 한국통신 코넷망의 경우 전체 물량의 90% 이상이 동사의 제품이다. 유선통신이 고속화하는 추세를 감안해 현재 개발중인 ADSL장비를 비롯해 인터넷통신망 분야로 사업을 강화해나간다는 전략이다. 네트워크에 대한 핵심기술을 보유하고 있어 네트워크 구축현장에서 장애가 발생하더라도 신속하게 처리할 수 있는 능력을 갖추고 있다. 경쟁업체와 차별화되는 강점이다.

　미국과 중국에 현지법인을 설립하고 수출에 주력하고 있으며 미국의 위성네트워크 장비업체인 글로벌텔레만사와 전략적 제휴를 통해 선진기술을 도입, 위성 및 유무선네트워크 장비사업을 강화한다는 방침이다.

◆주가 차트

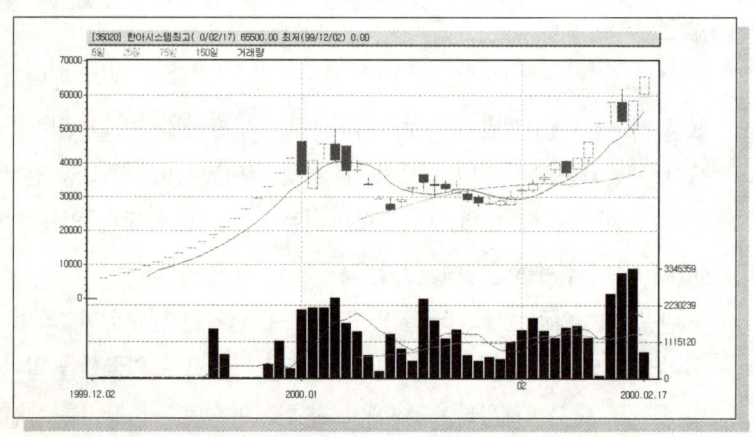

◆사업실적 및 재무현황

　매년 큰 폭의 매출증가를 보이고 있다. 97년에는 54억원의 매출을 기록했고 98년에는 106억원의 매출을 올렸다. 99년 추정예상 매출액은 약 217억원에 달해 전년대비 거의 두 배의 매출신장을 이루면서 성장세를 이어가고 있다. 순이익도 97년에 2억2천만원, 98년에 3억원, 99년에는 21억원을 기록할 것으로 예상된다. 재무구조도 안정적이다. 부채비율이 97년 247%, 98년 302%에 달했지만 99년에는 20%대로 낮췄다. 성장세를 지속하기 위해 추가투자가 예상되는 2001년까지 30%대의 부채비율을 유지한다는 계획이다.

　산업은행, 한국투신 등 국내 5개 금융기관과 대만의 투자은행 CDIB가 이 회사에 투자하고 있다.

주요 재무실적 및 전망　　　　(단위 : 억원, 원, %)

연도	매출액	경상이익	순이익	부채비율	EPS
1997	54.0	2.3	2.2	247	56
1998	106.9	5.4	3.1	302	83
1999(E)	217	25	21	21	175
2000(E)	450	69	50	25	417

〈자료 : 한아시스템〉

애널리스트 분석

한아시스템은 네트워크 사업부문과 산업용전자부문을 주요 사업으로 하고 있다. 네트워크사업부문을 보면 인터넷 접속장비인 라우터(router), 교환장치인 스위치, LAN 카드 등을 생산하고 있다. 네트워크부문의 기술력을 인정받고 있는 업체다. 라우터의 매출비중이 50%대를 기록하고 있다. 산업용전자부문을 보면 FA기기용 제어보드 등을 생산하고 있다.

인터넷의 확산과 함께 네트워크 장비 수요가 급증함에 따라 네트워크간의 연결을 담당하는 라우터의 수요가 증가하고 있어 매출전망이 밝다. 매년 매출의 10% 이상을 연구개발비로 사용하는 등 제품개발에 전념하여 신제품의 매출비중이 높다. 향후 무선 및 위성 인터넷접속 분야의 사업추진계획을 가지고 있다. 우수한 기술력을 바탕으로 지속적인 성장이 가능할 전망이다.

노근창(신영증권 연구원)

7

통신 관련주

통신 관련주 현황

　인간은 매일 전화·휴대전화·삐삐 등 통신수단을 이용하고 있다. 이것이 생활의 필수품이 된 지 오래다. 하루도 통신수단을 이용하지 않고서는 살아갈 수 없다. 이 같은 통신서비스를 제공하거나 통신서비스를 제공하는 데 필요한 장비나 부품을 만드는 회사를 통신관련주로 분류한다.

　통신산업은 향후 5년동안 연평균 50% 이상의 고성장이 예상되는 대표적인 성장산업이다. 대표적인 내수산업이기도 하다. 이와 함께 2000년에는 차세대 이동통신서비스인 IMT-2000 사업자가 선정될 예정이어서 통신관련주는 증시의 관심을 한몸에 받고 있다. IMT-2000사업자로 선정되거나 사업자에 장비나 부품을 공급할 가능성이 높은 회사들이 인기를 끌고 있다.

　통신관련주는 통신서비스관련주와 통신장비관련주로 나눌 수 있다. 통신서비스관련주는 시내전화·삐삐·휴대전화 등 각종 통신서비스를 제공하는 업체다. 여기에는 시내전화사업자인 하나로통신, 이동전화사업자인 한국통신프리텔·한솔PCS, 삐삐사업자인 서울이동통신·부일이동통신·세림이동통신, PC통신사업자인 한국통신하이텔, 신용카드조회 서비스업체인 한국정보통신 등이 있다.

　통신장비관련주는 통신서비스업체들이 통신서비스에 필요한 망을 구축하는 데 필요한 장비나 부품을 생산하는 회사다. 기산텔레콤, 삼우통신공업, 웰링크, 삼지전자 오피콤, 사람과기술, 아이엔티텔레콤, 도원텔레콤 등이 통신장비관련주다. 이들은 생산제품을 한국통신 등 국내기간통신사업자에 납품하고 있다.

　또 애니콜, 걸리버, 싸이언, 스카이 등으로 불리는 이동전화단말기를 생산하는 업체도 통신장비관련주로 분류된다. 이동전화단말기 생산업체로는 텔슨전자, 스탠더드텔레콤, 세원텔레콤, 와이드텔레콤 등이 있다. 에이스테크놀로지는 통신기기용 안테나를 생산한다.

경덕전자(32570)

◆회사개요(2000.1.1 기준)

- 설립일 : 1987년 6월 13일
- 대표이사 : 윤학범
- 발행주식수 : 1,680만주
- 주요주주 : 윤학범 18.38%, 국민창투 7.1%, KTIC 3.8% 등
- 주력사업 : 마그네틱 및 IC카드리더기, 자동교통카드시스템
- 결산기 : 12월
- 코스닥등록일 : 1997년 4월 23일
- 자본금 : 84억원
- 액면가 : 500원(액면분할 : 99년 7월 23일)
- 홈페이지 : www.kde.co.kr

경덕전자는 마그네틱 및 IC카드리더기 전문 생산업체다. 특히 자동요금징수시스템은 96년 부산의 하나로 교통카드 시스템이 성공하면서 기술력을 인정받아 99년에 대구지역 버스에도 관련장비를 공급하기로 계약을 맺고 올 3월부터 본격적인 공급이 시작될 예정이다. 카드리더기는 자체 브랜드로 중국·대만 등지로 수출하고 있다.

◆사업전망

87년에 설립되어 마그네틱 및 IC카드리더기, 비접촉식 카드리더기 등의 자동인식기기, 카드식 공중전화기 등의 통신기기, 교통운임 자동징수와 RF IC 등의 시스템을 생산해오고 있다.

세계 30여개국에 대리점을 두고 있으며, 특히 미국·유럽 등 선진국 진출을 적극 추진하고 있다. 99년 9월 미국 시애틀 교통카드 공급업체로 선정돼 미국시장 진출의 문을 열었다.

중국과도 버스운임 징수시스템 공급계약을 체결한 상태다. 버스카드 단말기와 보충기를 포함한 일체의 장비와 시스템, 소프트웨어 등 1천만달러의 수출이 예상되고 있다. 이로써 2000년 매출액과 순이익이 크게 늘어날 전망이다.

동사는 카드리더기 분야에서 국내시장의 70% 이상을 점유하고 있다. 카드리더기란 금융기관의 현금카드 자동인출기나 지하철 승차권 발매기 등에 주로 사용되는 핵심부품이다. 이 회사는 지난 87년 전량 수입에 의존해오던 마그네틱헤드를 국산화하는 데 성공하고 지하철 역무자동화기기 티켓판독용의 상용화를 시작으로 금융단말기분야로도 진출했다. 이 회사는 교통카드개발 기술을 응용하여 종합전자지불 시스템과 인터넷 업체로 자리를 굳힌다는 목표를 세워놓고 있다.

이를 위해 신용카드, 직불카드, 전자화폐를 모두 수용할 수 있는 복합단말기 개발도 추진중이다. 또 공중전화로 인터넷을 이용할 수 있는 제품도 곧 개발할 계획이다. 카드삽입식 IC카드리더기는 유로화 출범에 따른 유럽내의 각종 지갑, IC카드, 터미널 공중전화기 시장에 적합한 제품으로 앞으로 매출확대에 기여할 것으로 보인다. 중국 심천에 현지 공장을 설립했으며 중국의 WTO 가입이 큰 호재로 작용하고 있다. 중국시장이 개방될 경우 가격과 브랜드 이미지를 한층 높일 수 있기 때문이다.

계열사로 자기헤드를 생산하는 케이맥과 중국 심천에서 마그네틱 카드리더기를 생산하는 경덕전자유한공사를 갖고 있다.

정보화와 자동화시대가 급속히 전개됨에 따라 자동인식기기분야와 교통시스템의 자동화사업은 세계적으로 연평균 20% 이상씩 성장하고 있는 점에 비춰볼 때 꾸준한 성장이 기대된다.

◆ 주가 차트

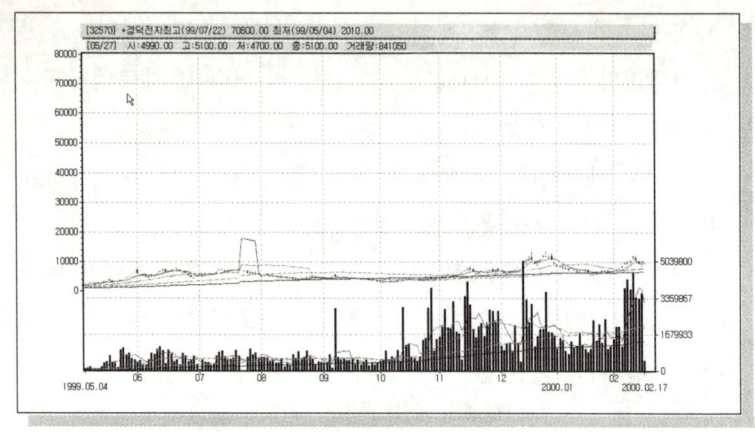

◆ 사업실적 및 재무현황

　IMF 이후 경기가 침체되었던 98년에도 351억원의 매출액에 6억원의 순이익을 올렸다. 97년 결산기 매출액 337억원, 순이익 6억원과 비교하면 큰 폭의 성장은 아니지만 큰 경영위기 없이 이 같은 실적을 나타냈다는 것은 큰 소득으로 평가되고 있다.

　98년 매출의 60%가량을 수출부문이 차지하고 있고 99년 상반기에도 42.3%로 수출비중이 높은 편이다. 90년대 이후 40% 이상 매출신장을 보여왔으며, 99년 매출액은 약 400억원에 16억원의 순이익을 낼수 있을 것으로 회사측은 예상했다. 2000년 매출목표는 550억원, 순이익은 45억원을 전망하고 있다.

　98년말 부채비율이 202%였으나 99년 8월 유상증자를 통해 부채비율을 85% 정도로 낮춰 재무구조가 양호하다. 최근 20% 규모의 유상증자를 통해 자본금을 70억원에서 84억원으로 늘렸다.

주요 재무실적 및 전망 (단위 : 억원, 원, %)

연도	매출액	경상이익	순이익	부채비율	EPS
1997	337.8	9.2	6.4	222	45.9
1998	351.1	8.6	6.5	202	46.8
1999(E)	400	19.3	16.5	85	98.3
2000(E)	550	64.5	45.2	66	269

〈자료 : 경덕전자〉

애널리스트 분석

경덕전자는 정보자동인식장치 전문업체다. 정보자동인식장치란 쉽게 말해 신용카드, 버스카드, 바코드 등 가격이나 신상정보를 자동인식하는 장치를 말한다. 경덕전자는 마그네틱 및 IC카드를 이용한 정보자동인식장치를 생산하고 있다. 이 회사는 국내시장의 70%를 점유하고 있다. 또 정보자동인식장치를 응용한 교통시스템사업을 하고 있다. 연구개발인력이 전체 직원의 30%에 육박하고 있다.

우수한 기술력을 바탕으로 중국·대만·중남미 등 해외 교통자동화시스템 사업에도 진출했다. 향후 자동인식장치산업은 통신·금융 등 응용분야가 지속적으로 증가하고 있는데다 전자지불이 일반화됨에 따라 높은 성장을 할 것으로 판단된다. 경쟁이 치열해질 것으로 예상되지만 우수한 기술력, 높은 대외인지도, 55%를 차지하는 수출비중, 국제경쟁력 등을 감안할 때 향후 수년간 매출신장이 무난할 것으로 예상된다.

박인석(굿모닝증권 수석연구원)

세원텔레콤(36910)

◆ **회사개요(2000.1.1 기준)**

- 설립일 : 1992년 5월 20일
- 대표이사 : 홍성범
- 발행주식수 : 2,000만주
- 주요주주 : 홍성범 외 특수관계인 27.57% 등
- 주력사업 : CDMA, GSM, MP3 전문생산
- 결산기 : 12월
- 코스닥등록일 : 1999년 11월 11일
- 자본금 : 100억원
- 액면가 : 500원(액면분할 : 98년 5월 1일)
- 홈페이지 : www.sewon-tele.com

세원텔레콤은 92년에 설립된 음성 발생장치, 카드조회기 등 금융거래용 단말기 설계 및 제조업체다. 98년 SK텔레텍(SK텔레콤과 일본교세라의 합작법인)과 CDMA 휴대전화 단말기인 SKY를 OEM방식으로 독점생산하는 공급계약을 체결하면서 정보통신업체로 성장했다.

◆ **사업전망**

세원텔레콤은 우수한 연구인력을 확보하고 연구팀을 세분화하여 기술개발에 매진, 디지타이저 개발, Intelligent Credit Authorization Terminal 및 공장자동화 PIN-PAD 겸용 IC 카드 단말기, TRS/CT2 시스템을 이용한 무선신용직불카드 조회단말기, 디지털 TRS 단말기, GSM 900Phase I 단말기 등을 개발하는 성과를 거뒀다.

현재 주력제품인 SKY단말기 생산은 99년 9월 기준 3만대 수준에 그쳤으나 라인 증설을 완료하고 신제품인 폴더형 단말기를 출시하고 있다. 99년 12월 중에는 7만대로 판매량이 늘어났고 2000년에는 약 10만 대가량으로 판매량이 늘어날 전망이다.

한편 SKY제품 매출확대와 별도로 이미 97년에 퀄컴사로부터 CDMA 기술관련 풀 라이선스(셀룰러 및 PCS, 내수와 수출, 단말기와 칩)를 획득하고 올해부터는 독자모델을 통한 PCS 단말기 및 셀룰러 단말기 매출이 추가될 것으로 예상된다.

또한 호주 전자제품 제조업체인 VOXSON과 연간 50만대의 수출계약을 맺은 GSM단말기도 2000년 1월부터 GSM 900 phase II 제품을 본격 수출할 계획이다. Pual Band인 GSM 900/18 제품은 2000년 상반기중에 완료한 후 하반기부터 생산할 계획이다.

동사는 Commguest IBM, Voxson, Nissho Iwai(GSM), 모토롤라, 한국통신파워텔, 강원텔레콤 등과 같이 국내외의 우수한 파트너를 갖고 있으며 CDMA 및 GSM 기술보유로 성장 잠재력이 큰 기업으로 부각되고 있다.

한편 이 회사는 2000년초 한국전자통신연구원(ETRI)과 기술이전계약을 맺고 ETRI가 보유하고 있는 IMT-2000 휴대폰 관련 특허를 사용하기로 했다. 세원은 이미 3년전부터 ETRI와 공동으로 IMT-2000 기술개발 작업을 수행해왔으며 기술이전계약을 통해 경쟁사들보다 한 발 앞서 제품을 개발할 수 있는 기반을 만들었다. 또 미국시장 진출을 위해 자본금 100만달러를 단독투자, LA에 현지법인 퍼시픽텔레콤리서치를 설립했다. 남미시장과 중국시장 진출을 위해서 듀얼모드단말기와 CDMA단말기를 각각 개발중이다. 포화상태인 국내 이동통신시장에서 벗어나 수출을 통한 활로개척에 적극 나서고 있다.

◆주가 차트

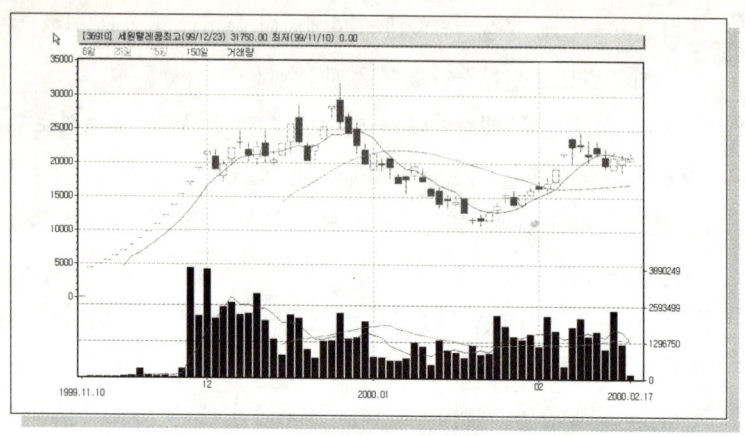

◆사업실적 및 재무현황

　96년 89억 1천6백만원의 매출에 1억원의 순이익을 남겼으나 97년에는 320억원의 매출실적에 순이익 15억원을 기록했다. 98년 IMF의 영향으로 318억원의 매출에 6억원의 순이익을 올려 성장이 잠시 주춤했었다. 99년 들어 매출이 무려 5배 가까이 늘어 1,486억원의 매출에 92억원의 순이익을 올릴 것으로 추정된다. 2000년 목표는 매출액 7,430억원, 425억원의 순이익을 올린다는 계획이다.

주요 재무실적 및 전망　　　　　(단위 : 억원, 원, %)

연도	매출액	경상이익	순이익	부채비율	EPS
1997	320	21	15	174	2,247
1998	318	13	6	523	79
1999(E)	1,486	105	92	214	643
2000(E)	7,430	548	425	185	1,773

〈자료 : 세원텔레콤〉

애널리스트 분석

98년 SK텔레콤 SKY단말기 OEM공급계약으로 알려지기 시작한 동사는 적극적인 파트너전략(CDMA Cellular-SKT, CDMA PCS-한솔엠닷컴, GSM-Voxon, IBM Comquest, R&D-ETRI, Pacific Telecom Research)을 통해 후발업체로서의 단점을 극복, 이동전화단말기 업체로 급부상중이다.

현재 연간 300만대의 생산능력을 확보한데다 SK텔레콤의 SKY단말기 매출이 99년 11월 설비확장 후 본격화되고 있고 자체 모델로 출시한 PCS용 단말기 Dialto가 2000년 1월 하순부터 본격적으로 납품되고 있어 이동전화 내수시장 위축에도 불구하고 내수판매가 크게 증가할 전망이다. 2000년 상반기 중 수출용 CDMA 셀룰러 및 GSM단말기 개발을 완료함과 동시에 본격적인 수출이 예상된다. 따라서 98년과 99년에 각각 8천대, 35만대였던 이동전화 단말기 매출이 2000년과 2001년에는 각각 190만대, 304만대로 급증할 것으로 전망된다.

동사는 중소단말기 전문업체 대비 다양한 제품 포트폴리오를 보유함으로써 특정지역 및 제품의 시황급변시 예상되는 위험이 상대적으로 작다고 판단된다. 특히 각 제품군별로 다양한 파트너관계를 통해 업체별 시장위험도 크게 줄일 수 있다.

전반적으로 국내외의 단가하락 추세로 영업이익률 하락이 예상되나 대폭적인 외형신장에 힘입어 영업이익과 경상이익도 크게 확대되어 2000년과 2001년 EPS가 각각 1,031원, 1,364원(2000년과 2001년 순이익 각각 227.6억원, 308.5억원)으로 레벨업될 전망이다.

김동준(굿모닝증권 기업분석부 수석연구원)

에이스테크놀로지(32930)

◆ **회사개요(2000.1.1 기준)**

- 설립일 : 1980년 7월 1일
- 대표이사 : 구관영
- 등록주식수 : 473만 2,000주
- 주요주주지분 : 구관영 30.91%
- 주력사업 : 통신기기용 안테나 제조
- 결산기 : 12월
- 코스닥등록일 : 1997년 7월 14일
- 자본금 : 47.3억원
- 액면가 : 1,000원(액면분할 : 98년 4월 17일)
- 홈페이지 : www.aceteq.co.kr

에이스테크놀로지는 안테나 및 RF(radio freguency : 주파수 변조) 부품을 생산하는 업체다. 국내에서는 삼성전자와 이동통신서비스 사업자 등에 납품하고 해외에는 알카텔과 에릭슨 등에 수출하고 있다. 안테나와 RF부품 국내시장 점유율이 55% 수준으로 경쟁사인 하이게인과 KMW보다 규모의 경제를 달성하여 가격경쟁력이 뛰어나다. 수출비중 확대전략의 하나로 중국 현지법인 설립을 위해 400만달러의 출자를 준비중에 있다.

◆ **사업전망**

동사의 주요 생산품은 셀룰러 폰이나 PCS폰 기지국, 중계기 등에 쓰이는 RF부품과 이동전화용, 기지국용 안테나다. 매출액 비중은 안테나 47.0%, RF부품 42.0%, 기타 11.0%다. RF부품 가운데 필터와 듀플렉서가 동사의 주력상품인데 보내거나 받고자 하는 주파수 신호만을 걸러내는 필터, 송신과 수신을 동시에 할 수 있는 듀플렉서가 동사의 기술력이다. 안테나는 국내뿐 아니라 세계적으로도 그 기술력을 인정받고 있다. 안테나 생산기술은 음성서비스를 주로 하는 셀룰러폰이나 PCS는 물론 앞으로 데이터와 화상을 주로 하는 IMT-2000에도 필요한 기술이다. 따라서 2000년부터 수요가 늘 전망이며 향후 2년간 연평균 20%씩 늘 전망이다.

동사는 연구직 인원이 11명으로 전체 직원의 28%를 차지하고 있으며 매출액 대비 연구개발비도 10%대로 아주 높은 편이다. 계열사로는 수출과 원료 수입을 대행해주는 미국 현지법인 에이스 안테나(지분율 100%)와 전자교환기 생산업체인 아미텔이 있다.

한편 동사는 국내 이동통신업체들의 설비투자에 따라 영업실적이 큰 영향을 받는데, 98년과 같이 설비투자가 줄어드는 경우에 대비하고 RF부품 분야에 대한 수출 고객이 에릭슨 등 일부 업체에 한정돼 있는 약점을 극복하기 위해 수출다변화에 주력하고 있다. 400만달러를 출자해 중국 현지법인 설립을 추진하고 있으며 새 거래처 발굴을 위해 미국 현지법인에 250만달러를 추가 투자할 계획이다.

2000년부터는 시제품에 대해 테스트중인 루슨트테크놀로지, 모토롤라 등에 수출이 가능할 것으로 전망된다.

◆ **주가 차트**

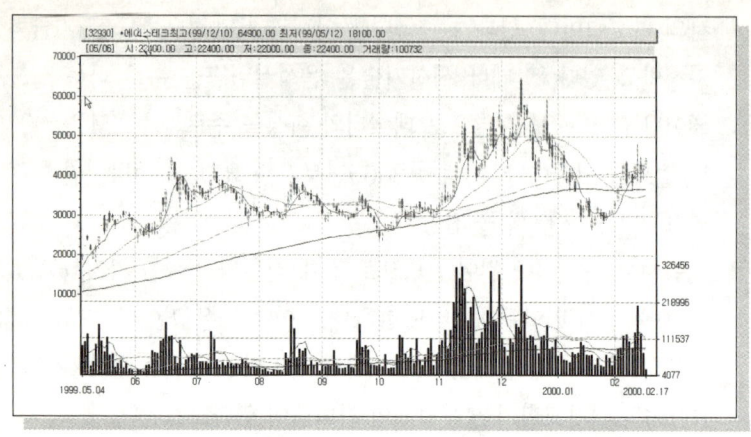

◆ **사업실적 및 재무현황**

　동사의 재무구조는 98년을 기점으로 점차 안정되는 추세다. UBS 캐피털아시아로부터 1천만달러의 외자(해외전환사채)를 들여와 차입금 상환에 사용했다. 납입자본금 규모는 47억원선을 유지하고 있다. 수익성 개선으로 부채비율은 점차 낮아질 전망이다. 98년 181%였던 부채비율이 99년에는 69%까지 낮아질 것으로 분석된다.

　98년 매출액은 393억원, 당기순이익이 37억원이었다. 99년에는 894억원의 매출에 200억원의 당기순이익을 올릴 전망이다. 2000년 목표는 1,288억원의 매출에 120억원의 순이익을 전망하고 있다.

주요 재무실적 및 전망 (단위 : 억원, 원, %)

연도	매출액	경상이익	순이익	부채비율	EPS
1997	797.5	98.4	86.3	198.6	14,340
1998	393.2	44.0	37.1	182.8	1,073
1999(E)	894.6	230.2	200.0	69.3	4,226
2000(E)	1,288	330	120.0	50	2,535

〈자료 : 에이스테크놀로지〉

애널리스트 분석

안테나와 고주파송수신부품(RF)을 만드는 회사다. 안테나 부문의 매출비중은 47%다. 이동전화단말기 및 산업용 안테나를 생산하고 있다. RF부품의 매출비중은 42%다. 기지국내 주파수 변조에 사용되는 RF부품인 필터와 듀플렉스를 생산하고 있다. 이 회사는 향후 매출처가 한정된 안테나부문보다는 성장가능성이 높은 RF부품을 주력사업으로 육성할 계획이다. 이에 따라 RF부품매출비중이 안테나부문 매출비중을 넘어설 것으로 예상된다. 이 회사는 RF부품생산을 위해 중국 현지법인을 설립중이다. 이 회사의 장점은 확고한 시장점유율이다. 이동전화단말기용 안테나의 전세계시장 점유율은 9%다. 국내시장점유율은 60%다. 우수한 연구개발인력도 회사의 자랑거리다.

노근창(신영증권 연구원)

와이드텔레콤(36790)

◆ **회사개요(2000.1.1 기준)**

- 설립일 : 1996년 7월 31일
- 대표이사 : 김재명
- 발행주식수 : 116만 5,000주
- 주요주주 : 김재명 외 17.63%, 무한기술투자 16.10%, Cal-Comp Electronic 15.01%
- 주력사업 : CDMA단말기
- 결산기 : 12월
- 코스닥등록일 : 1999년 12월 4일
- 자본금 : 58억원
- 액면가 : 5,000원
- 홈페이지 : www.widetel.co.kr

    96년 설립된 와이드텔레콤은 유무선 통신망에 접속하는 단말기및 장비를 개발·제조·판매하는 업체다. 자체 연구소를 보유하고 있으며 98년에 벤처기업으로 지정되었고 99년에는 전국 벤처기업대회 중소기업청장상을 수상했다. 또 IMT-2000 핵심기술 공동개발(SK텔레콤) 업체로 선정되었다. 2000년부터 이동통신단말기 시장에 진출해 800억원의 외형신장이 이루어질 전망이다.

◆ **사업전망**

    와이드텔레콤은 기술개발에 많은 관심을 기울여 96년 숫자 무선호출기인 Duckeybell시리즈를 개발한 데 이어 97년에는 Catch시리즈를 선보이는 등 기술개발에 많은 노력을 기울이고 있다. 특히 98년에는 초소형 숫자 무선호출기 Acron을 개발했다. 또 국내에서는 최초로, 세계에서는 두번째로 VOF음성호출기를 개발하는 성과를 거두기도 했다. 동사는 기술개발을 확대하고 세계에서 경쟁할 수 있는 신제품 개발을 위해 국내 유수의 연구진을 확보하고 있으며 매년 일정액의 매출을 연구비에 투입하고 있다. 총 인원 중 연구원비율이 42%로 자체적으로 이동통신단말기를 개발·제작할 정도로 강점을 가지고 있다.

99년 7월 한국통신프리텔과 250억원 규모의 PCS단말기를 공급하기로 구매의향서를 교환하고 2000년 중 공급할 계획이며 미국과 중국시장을 목표로 개발중인 WPH 1100(PCS)은 개발 완료단계에 있는데, 이는 음성다이얼 및 단문서비스 기능을 탑재하고 있다. 또 시장용 WPH 1210(PCS)은 한통프리텔에 공급할 예정이다. 공급물량이 10만대가 넘어 300억원의 매출이 전망된다. 2000년에는 신규 가입자수의 증가가 다소 둔화될 것으로 보이나 국내시장규모가 일정한 수준에 도달해 향후 차별화된 수주에 따라 신규선택이 이루어질 것으로 보인다. 또 세계이동통신 시장이 전파의 효율성을 고려해 TDMA, GSM시장에서 CDMA시장으로 전환되는 시점에 있기 때문에 이 회사의 수출 또한 크게 증가할 전망이다.

◆주가 차트

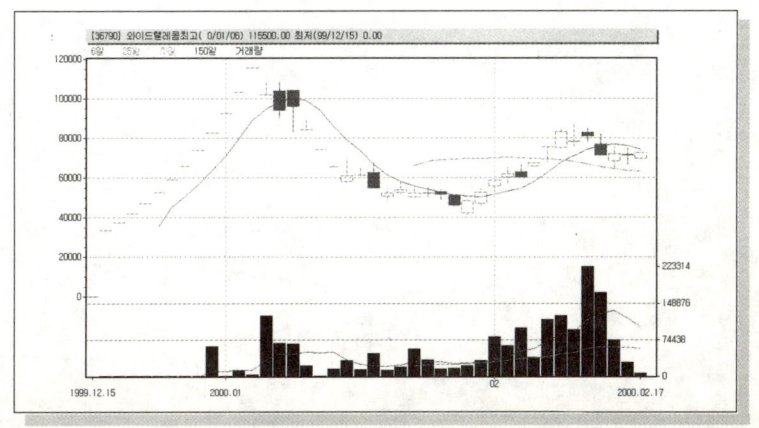

◆**사업실적 및 재무현황**

　이 회사는 이미 주식분산요건이 충분히 갖춰져 있어 코스닥 공모를 거치지 않고 곧바로 코스닥시장에 직등록된 기업이다. 99년말 매출은 전년대비 약 36% 증가한 298억원에 20억원의 순이익을 올릴 것으로 추정된다. 2000년부터는 이동통신단말기의 매출비율이 추가되고 한통프리텔, SK텔레콤으로의 단말기 공급예상 등으로 매출이 850억원 수준으로 급상승할 전망이다. 증자대금 138억원의 유입을 통한 차입금 상환 및 이자수입 발생으로 순금융비용은 축소될 예정이다. 부채비율도 75% 수준으로 낮은 편이다.

주요 재무실적 및 전망　　　(단위 : 억원, 원, %)

연도	매출액	경상이익	순이익	부채비율	EPS
1997	143	8	7	281	8,437
1998	224	17	14	78	6,804
1999(E)	298	23	20	75	2,753
2000(E)	846	76	53	54	2,957

〈자료 : 와이드텔레콤〉

애널리스트 분석

와이드텔레콤은 무선호출기업체에서 이동통신단말기제조업체로 변신중이다. 이 회사는 지난 96년 무선호출기 사업에 뛰어들었다. 현재 무선호출기 매출 비중이 100%다. 문자, 음성변형호출기 개발로 수출을 적극적으로 추진중이다. 이에 따라 수출비중이 74%대로 높아졌다. 국내 무선호출기 시장이 사양길로 접어든 만큼 수출을 통해 활로를 모색하고 있다.

이 회사는 여기에 그치지 않고 99년부터 이동통신단말기를 개발·생산하기 시작했다. 최근 한국통신프리텔과 250억원 규모의 PCS단말기공급계약을 체결하는 등 시장진입에 성공했다.

또 이 회사는 SK텔레콤과 IMT-2000 단말기 개발계약을 체결했다. 차세대 이동통신서비스를 이용하는 데 필요한 단말기 시장을 주도하겠다는 야심이다.

조장식(한빛증권 기업금융부장)

텔슨전자(27350)

◆ **회사개요(2000.1.1 기준)**

- 설립일 : 1992년 3월 11일
- 대표이사 : 김동연
- 발행주식수 : 2,152만 6,000주
- 주요주주지분 : 김동연 16.3%
- 주력사업 : CDMA단말기
- 결산기 : 12월
- 코스닥등록일 : 1996년 6월 29일
- 자본금 : 107억원
- 액면가 : 500원(액면분할 : 98년 6월 29일)
- 홈페이지 : www.telson.co.kr

　　92년 설립된 텔슨전자는 PCS단말기, 전화기, 호출기를 생산하는 벤처기업이다. 모토롤라와 CDMA단말기 OEM계약을 체결하면서 현재는 CDMA단말기 제조업체로 변신했다. 현재 특허 20건, 산업재산권 61건을 출원해놓고 있으며 올해중에 스마트폰 등의 신제품을 출시할 예정이다. 전자상거래인증 및 암호기술 등의 벤처분야에도 적극 나설 계획이다.

◆ **사업전망**

　　동사는 삼성, LG, 현대에 이어 4번째로 휴대폰을 생산해낸 업체로 기술력을 인정받고 있다. CDMA단말기를 제조해 전량 모토롤라에 OEM방식으로 납품하고 있다. 하지만 거래처 다변화를 목적으로 직수출 및 내수판매를 확대하고 있어 매출이 늘어날 것으로 전망된다. 특히 국내 여타의 모토롤라 OEM 마켓과는 달리 FCC 승인, bell

Atlantic형식 인증 등 미국시장의 까다로운 테스트를 통과하여 그 품질력을 인정받고 있다. 그동안 축적한 기술력과 인지도를 바탕으로 99년 하반기에 한국통신프리텔에 PCS단말기를 공급하기 시작했고 기존의 'Neon' 단말기의 업버전과 CDMA폰에 PDA기능을 접목하여 데이터 전송을 가능케 해주는 '스마트폰'을 신규로 출시할 예정이다. 이 제품을 미주지역을 중심으로 직수출할 계획이어서 향후 고성장이 유지될 것으로 보인다.

2000년 이후 동사의 성장 잠재력은 IMT-2000과 관련되어 있다. IMT-2000이란 휴대폰으로 음성·문자·화상정보 등을 주고받을 수 있는 이동통신방식을 말한다. 정부는 이와 관련 2000년말 3개의 사업자를 선정할 계획인데, 동사는 이 기술의 획득을 위해 연구인력과 개발비를 집중시키고 있다.

◆주가 차트

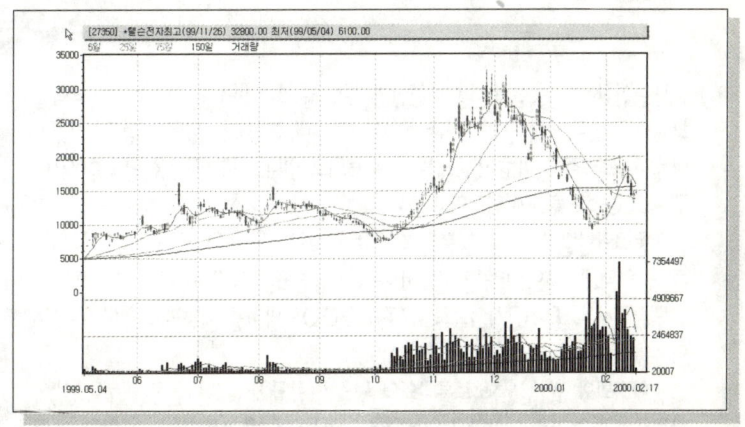

◆사업실적 및 재무현황

동사는 미주시장 등 수출지역에서 호조를 띨 전망이며 모토롤라

OEM납품 지속과 신제품 출시로 지속적인 매출 증가가 예상된다. 98년 747억원의 매출에 8억원의 적자를 기록했으나 99년에는 향후 3년간 생산품 전량을 미국의 모토롤라사에 납품하는 계획을 맺으면서 실적이 크게 향상되고 있다. 이 같은 매출호조에 힘입어 99년도에는 3,995억원의 매출에 112억원의 순이익을 올리는 등 대규모 흑자를 기록할 전망이다.

주요 재무실적 및 전망
(단위 : 억원, 원, %)

연도	매출액	경상이익	순이익	부채비율	EPS
1997	752.6	28.4	21.5	222	2,399
1998	747.2	17.4	-8.7	212	-73
1999(E)	3,995	149	112	172	520
2000(E)	6,000	450	300	100이하	1,200

〈자료 : 텔슨전자〉

애널리스트 분석

텔슨전자는 이동전화단말기 생산업체다. 월 30만대의 단말기 생산능력을 보유하고 있다. 생산한 단말기는 전부 모토롤라 브랜드를 달아 납품하고 있다. 이들 제품은 주로 미주 및 중남미로 수출되고 있다. 일부 제품을 한국통신프리텔 및 LG정보통신에 납품하고 있다.

이동전화단말기시장은 당분간 호황을 지속할 전망이다. 전세계적으로 디지털 및 인터넷사용이 가능한 단말기 수요가 급증하고 있기 때문이다.

텔슨전자는 또 신규사업으로 IMT-2000단말기를 개발하고 있다. 차세대 이동통신 단말기 시장을 잡기 위해서다.

눈여겨봐야 할 점은 모토롤라와의 단말기 공급계약기간 연장 여부다. 만약 모토롤라가 계약을 연장하지 않는다면 단기적으로 충격을 받을 수 있다. 또한 차세대 단말기 개발과정 및 경쟁력도 예의 주시할 필요가 있다.

정승교(LG증권 선임조사역)

필코전자(33290)

◆회사개요(2000.1.1 기준)

- 설립일 : 1974년 6월 11일
- 대표이사 : 조종대
- 발행주식수 : 1,400만주
- 주주관계 : 조종대 외 특수관계인 11%, 현대증권 9.1%, STIC 6.3% 등
- 주력사업 : 전자・정보통신 부품(축전기, 저항기, 칩인덕턴스 등)
- 결산기 : 12월
- 코스닥등록일 : 1997년 10월 13일
- 자본금 : 70억원
- 액면가 : 500원(액면분할 : 99년 7월 31일)
- 홈페이지 : www.pilkor.co.kr

　필코전자는 전자제품의 필수부품인 필름축전기와 메탈필름저항기를 생산하는 전자부품업체다. 지난 74년 필립스 한국현지법인으로 설립되었다. 94년 노사분규와 경영수지악화로 필립스가 자본을 철수한 후 100% 국내법인으로 전환한 회사다. 이후 높은 기술력과 제품 경쟁력으로 줄곧 흑자기조를 유지해오고 있는 기업이다.

◆사업전망

　동사의 주력제품은 가전, 이동통신기기부품인 필름콘덴서와 메탈필름저항기 등이다. 제품경쟁력과 안정된 고객기반을 바탕으로 필름콘덴서 시장에서 45%의 점유율로 국내 1위다. 매출액의 25%를 차지하고 있는 저항기의 시장점유율은 4%선이지만 수익성은 높다.
　동사는 일본업체들이 독점하고 있던 적층형 칩 인덕터(MCI)를 개발, 2000년 상반기중 양산체제에 들어가 하반기부터 본격적인 매출

을 올릴 계획이다. 인덕터는 콘덴서 및 저항기와 더불어 회로 구성상 핵심 전자부품의 하나로 MCI는 이를 전자기기의 경박 단소화에 맞게 칩화시킨 것이다. 2000년에는 20억개 정도 생산할 계획인데, 미국 필립스전자와 일본업체로부터 전량 주문을 받아놓은 상태로 향후 매출을 배 이상 끌어올릴 것으로 전망된다.

동사는 차세대 이동통신단말기인 IMT-2000과 관련해 2000년 하반기로 계획되어 있는 RF모듈 부품을 차세대 주력제품으로 키운다는 방침이다.

이 제품의 개발이 완료되면 전자부품의 계열화를 통한 제품의 분포가 이상적으로 구성될 것으로 전망된다. 또한 세계 최소형 2012 칩 적층 트랜스포머(교류저항변조기)를 개발했다. 이 제품의 개발과 관련 국내에 6건의 특허를 출원했으며 미국과 유럽에도 3건의 특허를 준비 중이다. 이 제품은 휴대폰, PCS 등 이동통신단말기의 소형화 추세에 맞춘 제품으로 일본의 히타치나 무라타의 제품과 비교해 거의 동등한 수준을 나타내고 있어 올해 300억원대의 수입대체효과가 기대되고 있다.

동사의 제반 지표는 신제품 가세에 따른 매출급증으로 전반적인 수익성이 크게 개선될 것으로 전망된다.

◆주가 차트

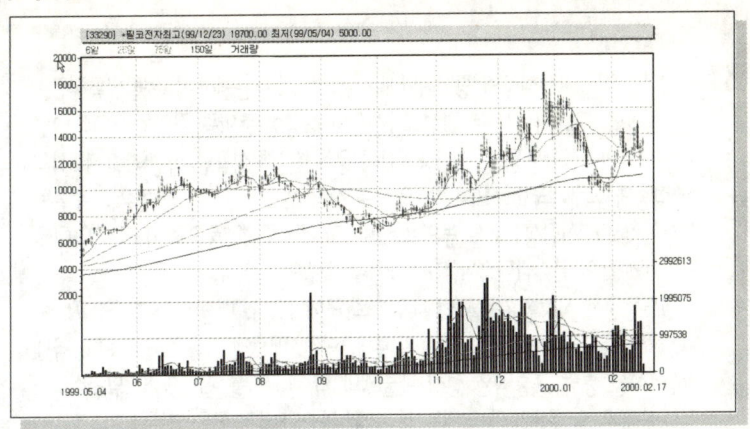

◆사업실적 및 재무현황

　최근 3년간 꾸준한 매출증가와 순이익이 증가하는 안정적인 성장세를 보이고 있다. 98년 매출액은 505억원, 순이익은 93억원을 기록했다. 99년 추정실적은 매출 507억원, 순이익 112억원이 예상된다. 올해 목표는 1,005억원의 매출에 174억원의 당기순이익을 전망하고 있다.

　99년 기준 부채비율도 54%대로 낮아져 재무안정성도 높다.

주요 재무실적 및 전망　　　　　(단위 : 억원, 원, %)

연도	매출액	경상이익	순이익	부채비율	EPS
1997	386	125	74	157.45	6,587
1998	505	155	93	66.09	8,723
1999(E)	507	130	112	54	8,067
2000(E)	1,005	232	174	50	12,428

〈자료 : 필코전자〉

애널리스트 분석

필코전자는 가전제품에 광범위하게 사용되는 필름콘덴서 및 메탈필름저항기 전문생산업체다. 이 회사는 가전제품시장의 성장성 둔화를 기화로 2000년 9월부터 한국전자부품연구원(KETI)과 공동개발에 성공한 칩인덕터(MCI)와 칩 적층형 트랜스포머(MCT)의 양산을 시작했다. 부가가치가 높은 특수콘덴서분야에서도 시장점유율을 높이고 있다. 차세대 주력제품으로 IMT-2000 단말기에 들어가는 라디오파(RF) 모듈을 개발하고 있다.

필름콘덴서 시장점유율은 약 45%로 국내 1위다. 매출액비중은 약 76%다. 저항기는 국내생산업체 중 4위(4%)이며, 매출액 비중은 25%다. 국내 가전3사를 통한 수출액은 전체 매출액의 약 47%를 차지하며, 필립스로의 직접 수출은 약 38%에 달하는 등 수출비중이 85%선을 넘는다.

노근창(신영증권 연구원)

한국통신프리텔(32390)

◆**회사개요(2000.1.1 기준)**

- 설립일 : 1997년 1월 3일
- 대표이사 : 이상철
- 발행주식수 : 1억 4,262만 2,000주
- 주요주주 : 한국통신 38.68%, 외국인 10%, 우리사주 3.3% 등
- 주력사업 : 이동통신서비스 및 유무선 인터넷서비스
- 결산기 : 12월
- 코스닥등록일 : 1999년 12월 7일
- 자본금 : 7,133억원
- 액면가 : 5,000원
- 홈페이지 : www.n016.com

　　개인휴대전화 016으로 더 잘 알려진 국내 PCS사업 1위업체. 97년 PCS 서비스 개시 이래 2년 만에 약 400만명의 가입자를 확보하는 놀라운 기록을 세운 PCS 사업자로 한국통신의 통신기술 노하우를 배경으로 전체 PCS시장의 42%를 점유하고 있다. 정부의 IMT-2000사업의 가장 유력한 사업자로 떠오르는 업체이기도 하다.

◆**사업전망**

　　97년 1월 식별번호 016으로 PCS사업권을 따내고 같은 해 6월 PCS업체 중 최초 시험서비스를 실시했다. 같은 해 8월엔 전국으로 시험서비스 지역을 확대하고 97년 10월부터 본격적인 상용 서비스를 실시하고 있다. 전체 이동통신 사업자 중에서는 SK텔레콤에 이어 2위를 달리고 있고 PCS 3사 중에서는 1위의 가입자수를 확보하고 있는 업체로 고속 성장하고 있다. 이동통신사업자로 99년 순증 가입자 비율면

에서도 1위를 기록하고 있다. 98년말 현재 15개의 교환기와 5,400여개의 전국기지국 및 중계기를 설치하여 420만명의 가입자를 수용할 수 있는 거미줄 통신망을 운용하고 있다. 우리나라 건물구조에 적합한 인빌딩(in-building)용 광분산 시스템을 개발, 도심지 주요 고층건물의 통화불량 지역을 해소하여 기존의 이동전화에 비해 약점으로 여겨지던 통화품질을 크게 개선했다. 또 가입비 및 통화료 인하와 다양한 부가서비스 등을 집중 홍보하면서 기존 가입자의 전환유도와 신규 가입자를 적극 유치하고 있다. 현재 제공중인 음성서비스뿐만 아니라 무선데이터 등 신규데이터 시장 확보를 통해 매출구조를 다각화하고 있다. 마이크로소프트 등 세계적인 정보통신업체와 전략적 제휴 및 외자유치를 통해 부채비율을 낮추고 신규서비스를 더욱 강화한다는 전략이다. 사업특성상 초기 투자비가 막대하게 들어가기 때문에 사업연도 초기에는 큰 폭의 매출이익은 기대하기 어렵고 자금은 대부분 외자유치를 통해 자금수급문제를 해결하고 있다.

　동사는 기지국 등의 초기시설투자가 거의 마감되었고 가입자수 확보에도 성공하면서 2000년부터는 흑자전환이 가능하리란 전망이다. 98년 4분기부터 시작한 무선데이터서비스(인터넷서비스)의 매출이 본격 가시화되면서 외형이 큰 폭으로 성장하고 있다. 또 단말기 보조금을 과도하게 지원하면서까지 벌였던 업체간 가입자수 확보경쟁 자제로 단말기 보조금이 축소된 것도 수익성 개선에 기여하고 있다. 국내 이동통신 보급률은 47.7%를 기록, 세계 4위 수준으로 이미 성숙단계에 있으므로 증가속도는 완만할 것으로 보인다. 따라서 부가서비스 창출을 통하여 매출증가를 꾀한다는 계획을 세우고 다양한 부가서비스 개발에 박차를 가하고 있다. 2000년말로 예정돼 있는 정부의 IMT-2000사업자 선정을 앞두고 만반의 준비를 하고 있으며, 관련업체간의 제휴를 통해 현재 여건상 가장 유력한 업체로 떠오르고 있다.

99년 12월 소액주주의 소유비율이 31.08%에 달해 코스닥등록에 필요한 주식분산요건을 충족, 별도의 공모절차 없이 코스닥시장에 직등록되었다.

◆ 주가 차트

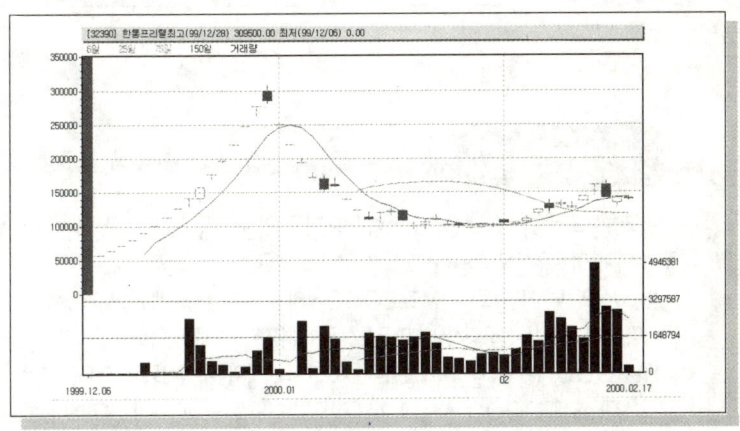

◆ 사업실적 및 재무현황

초기 설비투자비용이 막대하게 들어가 98년까지 적자가 지속되었다. 99년에는 투자비가 마무리 단계에 와 있고 업체간 단말기 보조금 축소로 수익성이 개선돼 흑자전환에 주력하고 있다. 자본금 1천억원으로 설립되어 99년 12월말 현재 7,133억원으로 늘어났다. 초기투자시설에 따른 2년 연속 적자를 기록했으나 투자비에 대한 회수가 가능해지는 2001년부터는 큰 폭의 흑자로 전환함과 아울러 막대한 순이익이 발생할 것으로 예상된다. 주요주주는 한국통신 38.6%, 외국인 10%로 구성되어 있으며 99년 11월 MS사와 퀄컴사 등으로부터 6억달러 규모의 외자유치에 성공, 재무구조가 크게 개선될 전망이다.

주요 재무실적 및 전망 (단위 : 억원, 원, %)

연도	매출액(억원)	경상이익	순이익	부채비율	EPS
1997	1,446	-962	-962	223	-
1998	1조4천3백억	-1,251	-1,412	704	-
1999(E)	2조2천588억	-956	-590	151	-
2000(E)	2조6천36억	2,829	1,959	146	1,373

〈자료 : 한국통신프리텔〉

애널리스트 분석

한국통신프리텔은 016PCS 서비스를 하고 있는 이동통신회사다. SK텔레콤에 이어 이동통신시장점유율 2위를 달리고 있다.

이 회사의 투자포인트는 IMT-2000사업 및 데이터통신시장의 성장잠재력이다. 이 회사는 모회사인 한국통신과 제휴해 차세대 이동통신서비스인 IMT-2000사업을 벌일 예정이다. 사업자 선정이 확실시되고 있다. 다만 이 회사가 IMT-2000 사업에 어느 정도의 역할을 담당할지가 관건이다.

데이터통신의 성장 잠재력도 투자포인트다. 이동통신시장은 기존의 단순한 음성통신에서 데이터통신으로 급속하게 재편될 전망이다. 한국통신프리텔은 한국통신이라는 든든한 모회사가 뒤에 버티고 있는데다 마이크로소프트와 퀄컴 등 해외주주들의 지원을 받을 수 있어 유리한 입장이다. 한국통신, 한국통신하이텔 등과 연계된 시너지효과도 이 회사의 적정주가를 산출할 때 고려해야 한다.

정승교(LG증권 선임조사역)

한국통신하이텔(36030)

◆**회사개요(2000.1.1 기준)**

- 설립일 : 1991년 12월 9일
- 대표이사 : 김일환
- 발행주식수 : 3,450만주
- 주요주주 : 한국통신 65.9% 등
- 주력사업 : 인터넷PC통신, 하이텔
- 결산기 : 12월
- 코스닥등록일 : 1999년 12월 22일
- 자본금 : 345억원
- 액면가 : 1,000원 (액면분할 : 99년 5월 27일)
- 홈페이지 : www.hitel.net

　한국통신하이텔은 PC통신, 인터넷접속서비스, 온라인 광고사업, 전자상거래 사업을 주력으로 하는 종합인터넷업체다. 2000년 1월 6일 현재 하이텔 가입자수가 200만명을 넘어섰다. 92년 서비스개시 이후 PC통신사 중 최단기간내 세운 기록이다. 국내 전체 PC통신시장에서 동사는 21.5%의 시장점유율을 갖고 있다. 가입자수에서 천리안에 이어 국내 2위이며 세계에서는 6번째다. 동사는 국내 PC통신사로는 처음으로 코스닥에 등록하여 세계적인 PC통신회사로 발돋움하고 있다.

◆**사업전망**

　동사는 〈한국경제신문〉의 국내 최초전자신문인 KETEL과 한국PC통신의 합작으로 설립된 PC통신회사다. 국내 최대의 통신업자인 한국통신의 자회사로서 한국통신, 한국통신프리텔과 함께 향후 종합적인 데이터 통신서비스를 제공할 수 있다는 장점으로 가입자가 꾸준히 늘어나고 있다. 올해 중에 가입자 수가 250만명을 넘어설 것으로 추정된다.

한편 미국의 AOL 등 해외유수 PC통신 서비스 업체들의 국내시장 진출이 예상되는 상황이어서 그동안 축적해온 다양한 콘텐츠와 가입자간에 이루어지고 있는 통신 동호회 등을 통해 가입자기반을 확고히 하고 있다. 앞으로 텔레마케팅(TM) 및 인터넷 전자상거래 사업에 본격적으로 진출할 예정이다. 이를 위해 기존의 텔레마케팅본부를 자회사로 분사키 위해 8,000만원(지분의 80%)을 출자해 하이텔 CSC를 올해 상반기중에 설립할 계획이다. 하이텔 CSC는 기존의 하이텔 PC통신 고객지원업무를 수행하면서 전자상거래 및 여론조사를 전담하게 된다.

또한 18억원을 출자해 동양제과, 로커스 등 5개사와 합작으로 온라인 게임네트워크를 설립하여 전자상거래 및 콘텐츠 사업에도 주력할 예정이다. 이로써 동사는 향후 PC통신부문 매출액을 총매출의 40% 이하로 낮추고 인터넷 및 텔레마케팅 매출비중을 25%, 인터넷 광고 비중을 10%로 각각 늘려나갈 계획이다.

◆주가 차트

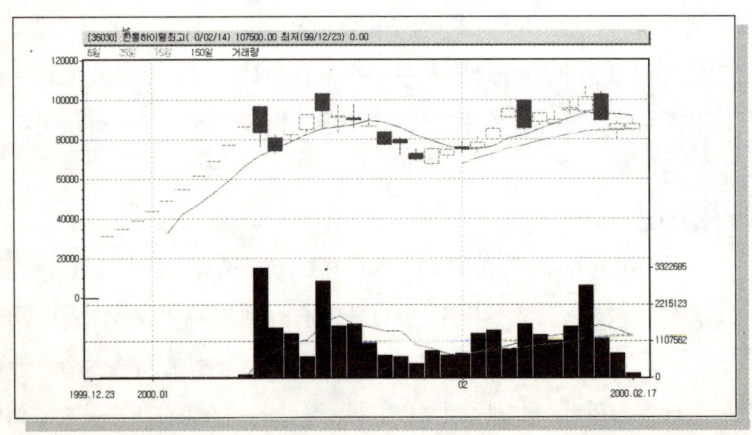

◆**사업실적 및 재무현황**

　　코스닥 등록과 함께 70억원 규모의 공모증자를 통해 1,960억원의 자금을 조달, 부채비율이 99년말 기준 9.5%대로 떨어질 예정이어서 실질적인 무차입경영이 이루어질 전망이다. 99년 예상매출액은 614억원, 순이익은 27억6천만원이며 2000년에는 1,200억원의 매출에 62억원의 순이익이 예상된다.

주요 재무실적 및 전망　　　　　　　　(단위 : 억원, 원, %)

연도	매출액	경상이익	순이익	부채비율	EPS
1997	490	35.6	30.7	116	1,534(1만원기준)
1998	500	10.5	7.5	107	373(1만원기준)
1999(E)	614	35	27.6	9.5	80(1천원기준)
2000(E)	1,200	80	62	5	180(1천원기준)

〈자료 : 한국통신하이텔〉

애널리스트 분석

　　한국통신하이텔의 성장모델은 미국의 AOL이다. AOL은 PC통신업체에서 인터넷업체로 성공적으로 변신, 99년 미국 주식시장에서 주가수익률이 가장 높은 회사 중 하나로 기록됐다. AOL은 PC통신서비스의 한계를 인식하고 재빨리 인터넷베이스로 전환했다. 한국통신하이텔도 인터넷업체로 변신할 예정이다. 다양한 콘텐츠를 바탕으로 전자상거래전문 포털을 구축할 계획이다.

　　이 회사의 최대 장점은 왕성한 활동을 하고 있는 동호회를 많이 가지고 있다는 점이다. 현재 3천3백개가 넘는 동호회가 활동하고 있다. 가입자 중 47%가 적어도 하나의 동호회에 가입하고 있다. 동호회는 앞으로 진행될 전자상거래 및 포털사업의 든든한 고객기반이 될 전망이다. 인터넷업체로의 성공적인 변신 여부에 주목해야 할 것으로 보인다.

　　　　　　　　　　　　　　　　　　　　　이왕상(LG증권 연구원)

한솔엠닷컴(30700)

◆ **회사 개요(2000.1.1 기준)**

- 설립일 : 1996년 8월 1일
- 대표이사 : 정의진
- 발행주식수 : 1억 5,673만 3,000주
- 주요주주 : BCI 20.9%, 한솔그룹 14.8%, AIG 13.9%
- 주력사업 : 통신업
- 결산기 : 6월
- 코스닥등록일 : 1999년 12월 21일
- 자본금 : 7,837억원
- 액면가 : 5,000원
- 홈페이지 : www.hansolm.com

    한솔PCS는 국내 3대 PCS업체 중 하나다. '원샷018'이라는 강력한 브랜드 이미지로 더욱 유명하다. 2000년 2월 1일부터 회사명을 '한솔엠닷컴'으로 바꾸고 무선인터넷 선도기업으로서 고객서비스 강화에 박차를 가하고 있다. 타 PCS업체보다 한 발 먼저 다양한 부가서비스기능을 도입해 가입자가 날로 늘어나고 있다. IMT-2000의 상용화를 위한 기술개발에 사업을 집중하고 있다.

◆ **사업전망**

    93년 삼성그룹에서 완전분리된 한솔제지가 모기업이다. 96년 정보통신부로부터 PCS사업자로 선정되어 97년 10월부터 식별번호 018로 상용서비스에 나섰다. 서비스 개시 이후 3개월 만에 실가입자 41만 6천명을 확보하는 놀라운 실적으로 PCS 3사 중 시장점유율 1위를 기록하기도 했다. 그러나 98년 4월 이후 초기투자비에 대한 자금부족과

BCI의 권고에 따라 가입자 보조금이 축소되면서 선두 시장점유율을 내놓았다. 98년말 기준 이동통신사업자들의 시장점유율은 SK텔레콤(011)이 42.6%, 한국통신프리텔(016)이 16.8%, 신세기통신(017)이 15.3%, LG텔레콤(019)이 15.1%, 동사(018)가 10.1%를 나타내고 있다. 단말기 보조금 지원제가 폐지되는 대신 단말기의 1년 이내 할부판매가 허용되면서 각 업체들이 신규가입자 유치를 위한 공격적인 마케팅을 펼쳐 가입자수가 다시 늘어나는 추세를 보이고 있다. 특히 동사는 타 PCS업체보다 한 발 앞선 다양한 부가서비스기능을 개발, 고객들의 입맛에 맞추는 적극적인 서비스제공으로 시장점유율이 다시 회복추세를 보이고 있다. 동사가 먼저 실시한 투넘버서비스와 12가지의 다양한 요금상품을 마련한 이용자 요금선택제 등은 고객들로부터 폭발적인 인기를 끈 서비스다. 현재 018 PCS단말기를 통해 약 70여개의 첨단정보통신 부가서비스를 제공하고 있다. 국내 최초로 옥외형 기지국을 채택해 설치비와 임차비 등에서 약 500억원 이상의 투자절감효과를 거두었을 뿐만 아니라 통화품질도 더욱 깨끗해지는 이중의 효과를 거두고 있다. 97년 9월 국내 최초로 독자기술로 기지국 수신증폭기를 개발하기도 했다. 동사는 96년 1월 정보통신연구원을 설립, 핵심통신기술과 기반기술을 개발하는 PCS솔루션에 약 150억원, 고려대 테크노콤플렉스에 약 12억원을 투자하는 등 산학연 공동연구에 2002년까지 약 4,300억원의 연구개발비를 투자, 차세대이동통신 및 최고의 통화품질 구현을 위한 시설투자에 주력하고 있다. 한국통신프리텔과 기지국 통합망 구축으로 시설투자비를 대폭 절감하는 한편 전국 78개 시, 193개 읍, 전국고속도로 및 국도, 주요지방도로 등 서비스 보급률을 인구대비 약 99%까지 확대해나갈 계획이다. 이 밖에도 한솔월드폰을 설립해 식별번호 00770으로 음성재판매방식의 국제전화 'Talk21' 서비스를 실시하고 있고 민간사업자로는 처음으로 국제

컨소시엄을 구성해 하이브리드 케이블방식을 이용한 국제 해저광케이블사업을 추진 중이다. 또 정보통신연구원과 전략기획실을 중심으로 태스크포스팀을 구성, IMT-2000의 상용화를 위한 기술개발에도 전력을 기울이고 있다. CDMA PCS 상용화 노하우를 바탕으로 한 해외통신 사업진출도 적극 모색하고 있어 성장잠재력이 큰 편이다.

◆주가 차트

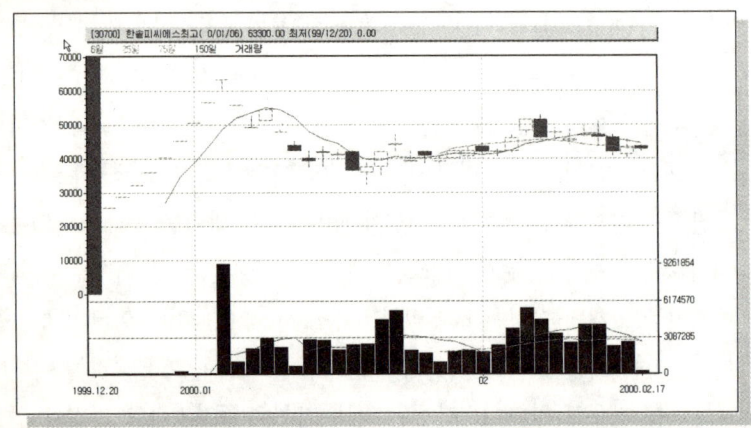

◆사업실적 및 재무현황

　　사업특성상 초기투자비용이 막대해 사업초반에는 자금 부담이 큰 편이었다. 사업초기연도인 97년에 160억원의 매출에 112억원의 손실을 본 데 이어 98년, 99년에도 손실을 기록하고 있다. 투자비에 대한 회수기의 분기점이 될 2000년에는 흑자로 반전, 본격적인 수익으로 이어질 전망이다. 누적적자로 인한 설비투자비와 운전자금조달을 위해 98년 세계적 통신기업인 캐나다의 BCI사와 전략적 제휴를 맺고 투자계약을 체결하였다. BCI사로부터의 외자유치와 유상증자 및 해외전환사채발행 등으로 약 1천억원의 자금을 조달했다.

조달한 자금을 일부 단기차입 상환에 사용하고 단기보다는 장기차입의존율이 높아 차입구조는 비교적 안정적인 편이다. 앞으로도 인터넷망 및 콘텐츠개발과 IMT-2000사업에 소요되는 시설투자비가 지속적으로 이루어질 것으로 보인다.

주요 재무실적 및 전망   (단위 : 억원, 원, %)

연도	매출액	경상이익	순이익	부채비율	EPS
1997. 12월	160	-110	-112	203	-167
1998. 1월-6월	2,443	-962	-1,096	479	-1,443
1998. 7월-99.6월	10,669	-1,632	-1,133	405	-1,321
99.7월-2000.6월(E)	16,206	302	209	196	133

〈자료 : 한솔엠닷컴〉

애널리스트 분석

한솔PCS는 이동전화서비스업체다. 시장점유율은 10~12% 수준으로 5개 이동통신서비스회사 중 가장 낮다. 비록 시장점유율은 낮지만 가입자 기반은 우수한 것으로 판단된다. 가입자당 월평균 매출액이 3만5,523원으로 PCS 3사 중 가장 높다. 가입자 월 해지율은 1.5%로 평균 1.7%보다 낮다.

이 회사는 그동안 가입자보조금지급 등 PCS업계의 치열한 경쟁으로 적자를 면치 못했다. 그러나 99년 외자유치 이후 수익성 위주로 사업을 전환함에 따라 2000년 6월말에는 순이익이 흑자로 돌아설 전망이다. 순이익규모는 231억원 정도가 될 전망이다. 99년 9월부터 손익분기점 달성에 필요한 235만명 가입자를 확보했다. 2000년 6월까지는 가입자가 300만명을 넘을 것으로 보인다.

이동통신사업자간 M&A가 본격화됨에 따라 이 회사는 앞으로 M&A대상이 될 전망이다. 한국통신프리텔, LG텔레콤 등이 이 회사 인수를 노리고 있다. 이에 따른 M&A프리미엄이 형성될 것으로 보여 향후 주가 전망은 밝다.

민경세(대우증권 연구위원)

8

디지털방송 관련주

디지털방송 관련주 현황

　방송관련주로는 공중파방송, 지역유선방송, 홈쇼핑업체, 디지털위성방송수신기 제조업체 등을 꼽을 수 있다. 공중파방송으로는 서울방송(SBS)이 있다. 지역유선방송으로는 한국케이블TV, 동작방송, 미래케이블TV 등이 있다. LG홈쇼핑, 39쇼핑, 씨앤텔 등은 케이블TV를 이용해 각종 상품을 판매하는 홈쇼핑업체다.
　또 디지털방송수신기 제조업체들도 주목해야 한다. 조만간 우리나라에서도 디지털방송이 시작된다. 오는 2001년부터 디지털방송이 시작될 예정이다. 미국·유럽 등 선진국에서는 이미 디지털방송이 확산되고 있다. 디지털방송이 일반화되면 디지털방송 수신기제조업체들이 수혜를 입게 된다. 디지털방송을 수신하려면 수신기가 있어야 하기 때문이다.
　디지털위성방송수신기 제조업체로는 휴맥스, 기륭전자, 프로칩스, 청람디지탈, 현대디지탈테크 등이 있다.
　향후 방송관련주들의 주가에 영향을 미칠 변수는 통합방송법이다. 국회통과를 기다리고 있는 이 법에는 한국방송광고공사의 영업독점 및 KBS 2TV의 광고 폐지안이 담겨 있다. KBS 2TV로 가던 광고가 다른 방송사로 넘어가면서 다른 방송국들이 수혜를 볼 것으로 예상된다. 또 경기회복으로 광고매출이 급증하고 있는 추세여서 방송관련주의 수익성이 더욱 개선될 것으로 예상된다.

기륭전자(04790)

◆ 회사개요(2000.1.1 기준)

- 설립일 : 1986년 10월 27일
- 대표이사 : 권혁준
- 발행주식수 : 228만 6,000주
- 주요주주 : 대주주 및 특수관계인 42%
- 주력사업 : 디지털위성방송수신기 생산
- 결산기 : 12월
- 코스닥등록일 : 1995년 12월 16일
- 자본금 : 114억원
- 액면가 : 500원 (액면분할 : 2000년 1월 28일)
- 홈페이지 : www.kiryung.co.kr

　　　기륭전자는 디지털 위성 방송수신기(셋톱박스)를 제조하는 유무선 통신장비 제조업체. 생산제품의 대부분을 미주·유럽지역 등으로 수출하고 있다. 회사의 주력업종인 디지털 위성 방송수신기(SVR)는 미주·유럽·중동지역을 중심으로 시장이 점차 큰 폭으로 확대되고 있으며 국내서도 위성방송사업이 본격 시작단계에 있어 향후 시장이 형성되면 2~3년간 큰 폭의 성장성이 예상되고 있다.

◆ 사업전망

　　　동사는 매년 한 가지 이상의 신제품을 개발하고 있다. 90년 디지털 방송수신기, 91년 LNB(저잡음 증폭기), 92년 유럽형 방송 수신기, 93년 MPEG II방식의 디지털 위성방송 수신기, 95년 무선 LAN, 96년 CT-2 및 분산안테나(DAA), 97년 인공위성위치측정시스템(GPS), 98년 디지털다지점분배장치(LMDS), 99년 디지털 셋톱박스, 위성

MP3플레이어 등의 제품이 그것이다. 이들 모두는 실질적으로 매출과 연결되고 있어 수출 및 수입대체에 크게 기여하고 있다.

주력제품인 디지털 위성방송수신기가 국가별, 위성방송사별로 다양한 방식을 요구하고 있어 관련핵심기술인 CAS(conditional access system) 개발에 적극 투자하고 있다.

최근에는 차량용 웹서비스 단말기인 MP3P와 2000년 3월부터 데이콤이 사업을 시작할 WLL 사업의 핵심부품인 전력증폭기(MMIC)개발을 완료했는데, MP3P는 미국 회사와 500만달러의 수출계약을 맺어 향후 전망이 밝다.

99년 상반기 매출은 IMF체제에 따른 위성방송사업의 축소 및 보류, 신규참여업체의 확대로 인한 과잉공급 등의 영업환경 악화로 전년에 비하여 30% 감소하였으나 신제품 예약액이 약 4천6백만달러이고, 필립스전자를 통한 유럽시장의 적극적인 공략과 국내 디지털 방송 사업자의 선정 및 본격적인 방송, 그리고 KBS 등의 디지털 방송으로 인한 디지털 TV 셋톱박스의 매출 등이 2000년에는 가시화될 전망이므로 큰 폭의 매출신장이 예상된다.

2000년부터 인터넷 TV사업에도 본격 진출, 인터넷TV단말기를 개발한 홈TV인터넷사와 전략적 제휴를 맺었다. 인터넷TV 사업은 기존 TV나 HDTV를 보면서 리모컨이나 무선키보드로 인터넷과 각종 정보를 TV를 통해 이용할 수 있는 서비스다. TV에 단말기만 설치하면 된다.

◆주가 차트

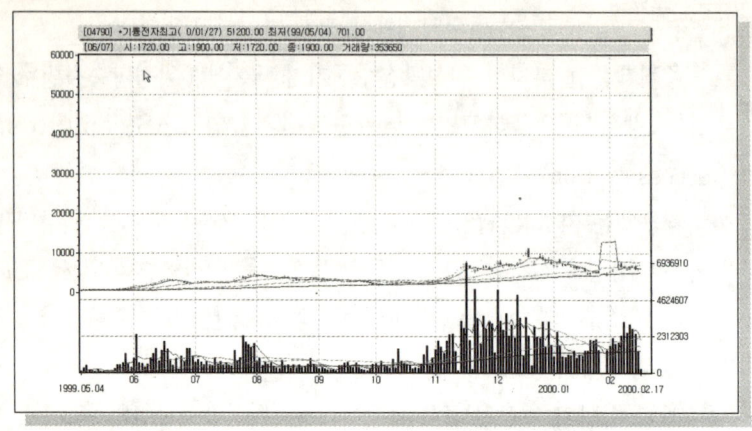

◆사업실적 및 재무현황

　　97년 IMF체제 및 환율폭락으로 수입자재의 외화평가 손실이 대폭 증가하여 24억원의 적자를 기록하였으나 98년 632억원의 매출에 25억원의 이익을 남겨 흑자로 전환했다. 99년 매출액은 425억원에 순이익 18억원이 예상된다. 98년 실시한 자산재평가에서 지표상 재무구조가 크게 개선되기는 하였으나 단기차입 의존율이 높은 편이다. 99년 8월 1천만달러의 해외전환사채를 발행하여 만기구조를 개선했고 동 전환사채 중 130만달러가 전환되었다. 전환사채의 주식전환이 모두 이루어질 경우 부채비율이 100% 이하로 낮춰져 재무구조가 안정될 것으로 전망된다.

주요 재무실적 및 전망 (단위 : 억원, 원, %)

연도	매출액	경상이익	순이익	부채비율	EPS
1997	425	-17	-24	243.5	-1,236
1998	632	21	25	386.8	1,284
1999(E)	425	18	18	120.0	820
2000(E)	700	70	65	50이하	2,830

〈자료 : 기륭전자〉

애널리스트 분석

디지털위성방송수신기(SVR)를 주력으로 하는 통신장비제조업체다. SVR는 방송용 위성을 통해 수신된 디지털 신호를 변환, TV에 전달하는 역할을 하는 전송장치다. 90년 설립때부터 미국 위성방송사인 SA사와 제휴, 생산기지 역할을 하고 있다. 주력제품인 SVR는 미국 수출을 주로 하고 있다. SA사에 대한 매출이 전체 매출의 55~60%를 차지하고 있다. 무선 LAN, 위성위치측정시스템(GPS), 차량용 MP3플레이어 등의 개발을 완료해 향후 매출 다변화를 지향하고 있다. 최근 위성방송의 디지털화, 케이블 TV의 디지털화가 급속히 진행되고 있어 SVR의 수요가 급증할 전망이다. 고정 매출처에 대한 의존도를 낮추기 위해 중동·유럽 등으로 수출을 늘릴 계획이다. 위성 방송 실시를 앞두고 있는 내수시장도 새로운 수입원이 될 전망이다.

김창수(대한투신 기업분석팀장)

삼구쇼핑(35760)

◆ **회사개요(2000.1.1 기준)**

- 설립일 : 1994년 12월 16일
- 대표이사 : 박종구 · 송덕호
- 발행주식수 : 824만 3,000주
- 주요주주지분 : 대주주 33.86%
- 주력사업 : TV홈쇼핑
- 결산기 : 12월
- 코스닥등록일 : 1999년 11월 23일
- 자본금 : 412억원
- 액면가 : 5,000원
- 홈페이지 : www.i39.co.kr

    삼구쇼핑은 홈쇼핑관련 CATV프로그램 공급업체다. 95년 창업이후 지속적인 흑자경영을 보이는 업체로 현재 LG홈쇼핑과 함께 국내시장 총 매출액의 90%를 점유하고 있고 동사의 시장점유율은 40%에 이른다. 업계 최초로 ISO 9002 인증을 획득, 홈쇼핑 업체로서 높은 인지도를 유지하고 있다.

◆ **사업전망**

    국내 경기 회복과 지속되는 소비성향, 99년 상반기부터 시행되어 온 CATV시스템 운영업체들의 가입자 확보를 위한 적극적인 마케팅으로 CATV가입자 수가 폭발적으로 늘어나면서 매출 또한 지속적으로 증가할 전망이다.

    특히 새 통합방송법의 통과로 보도관련과 홈쇼핑 영역의 경우 허가제가 그대로 적용돼 새로운 업체의 진입이 여전히 어려울 것으로 예상돼 수혜를 누릴 전망이다. 또한 중계유선방송업체들의 CATV로의 전환으로 잠재 고객의 저변확대가 예상돼 영업에 절대적으로 유리할 것으로 기대되고 있다.

최근 판매하는 상품의 특성이 다양해지고 더 넓은 고객층을 확보하기 위해 인터넷 및 위성방송을 통한 상품판매를 계획하고 있다. 이를 위해 야후코리아의 인터넷사이트내 쇼핑몰 부문 상품구성의 80%정도를 동사가 공급하기로 계약을 맺었다. 시스템개발 등을 위해 휴렛팩커드와도 제휴할 계획이다.

향후 케이블 TV부문은 각종 매체 및 통신을 이용한 유통방식에서 확고한 위치를 다지기 위해 모든 역량을 집중한다는 방침을 세워놓고 있으며 위성방송 및 인터넷 쇼핑몰 구축에 역점을 둘 계획이다. 현재 계획중인 주요 서비스는 라이브 방송과 비디오 소프트들의 Vop 서비스, 메일링 및 카드서비스 등이 있다.

◆주가 차트

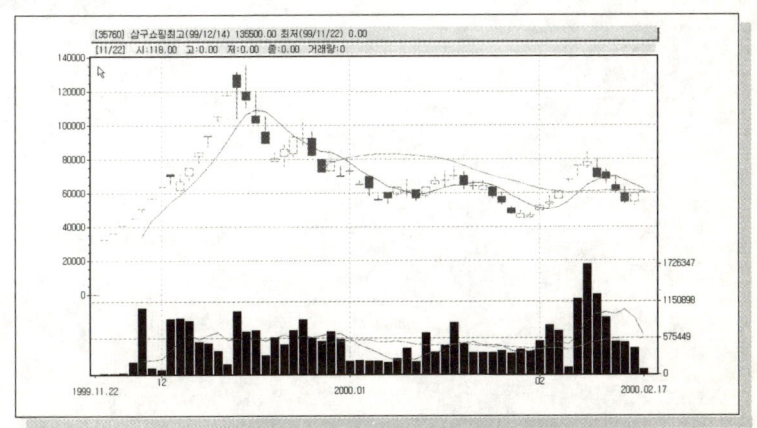

◆**사업실적 및 재무현황**

　동사는 코스닥 공모자금 유입으로 부채비율이 98년말 60.7%에서 99년말 26.3%로 낮아졌고 현금자산이 차입금을 상회하여 사실상 무차입 경영을 이룰 수 있을 것으로 전망된다. CATV인구의 증가와 TV 홈쇼핑에 대한 관심이 높아지면서 매출이 매년 급속히 증가하고 있다. 99년 매출액은 2,217억원, 순이익은 82억원에 이를 것으로 추정된다. 2000년 목표액은 3,700억원 매출에 190억원의 순이익을 달성한다는 계획이다.

주요 재무실적 및 전망　　　　　(단위 : 억원, 원, %)

연도	매출액	경상이익	순이익	부채비율	EPS
1997	840	55	34	56.9	567
1998	1,923	83	56	60.7	889
1999(E)	2,217	125	82	26.3	1,238
2000(E)	3,700	293	190	24.3	2,300

〈자료 : 삼구쇼핑〉

애널리스트 분석

국내 최초의 홈쇼핑전문 CATV프로그램 공급업체다. CATV 외에 카탈로그, 인터넷 등을 통해서도 제품을 팔고 있다. 시장점유율은 LG홈쇼핑에 이어 2위를 달리고 있다. 통합방송법 통과로 홈쇼핑 시장의 급성장이 예상된다. 신규 TV홈쇼핑 업체의 진입이 사실상 차단됐기 때문이다. 판매대상 지역이 늘어나면서 매출액이 늘어날 것으로 판단된다.

이 회사는 최근 홈쇼핑 사업강화를 위해 CATV 방송국인 한국통신CATV를 인수했다. 인터넷 쇼핑몰 사업과 CATV 홈쇼핑 사업의 병행 추진으로 이익을 극대화한다는 구상이다. TV홈쇼핑 사업에서 얻은 신규상품개발, 상품콘텐츠, 물류배송인프라 등을 인터넷 쇼핑몰 사업에 접목시킬 수 있어 향후 주요 유통채널이 될 인터넷쇼핑몰 시장에서도 유리한 위치를 확보하고 있다. 뿐만 아니라 TV와 인터넷을 융합한 사업전개로 얻을 수 있는 높은 시너지효과가 기대된다. 향후 홈쇼핑 시장의 중심이 될 인터넷 쇼핑몰(www.i39.co.kr)사업도 본격화할 계획이다.

박진(대신경제연구소 선임연구원)

서울방송(34120)

◆회사개요(2000.1.1 기준)

- 설립일 : 1990년 11월 14일
- 대표이사 : 송도균
- 발행주식수 : 256만주
- 주주관계 : 태영 29%
- 주력사업 : TV 및 라디오방송 광고
- 결산기 : 12월
- 코스닥등록일 : 1999년 5월 12일
- 자본금 : 1,280억원
- 액면가 : 5,000원
- 홈페이지 : www.sbs.co.kr

서울방송(SBS)은 90년 설립된 민영종합방송사다. TV와 AM/FM 라디오를 방송하고 있으며 단기간내에 KBS, MBC 등과 함께 3대 방송사로 성장하였다. 특히 이 회사는 증권거래소 장내외 시장을 통틀어 유일한 공중파 방송업체다. 99년 CATV 골프채널을 인수하고 전자상거래와 인터넷 방송 사업인 'SBS 인터넷'을 설립하는 등 종합방송매체로서 성장이 기대되고 있다.

◆사업전망

동사는 방송광고 시장에서 20% 내외의 시장점유율을 차지하고 있다. 민영방송의 장점을 살린 효과적인 경영으로 설립초기부터 흑자경영을 지속해왔다.

이 회사는 98년 관계사인 'SBS뉴스텍' 및 'SBS아트텍'의 계열사 분리와 임금삭감, 기구축소, 자산매각 등 강력한 구조조정결과 손익분기점이 60% 내외로 낮아져 흑자경영이 가능한 수익구조를 갖추게 되었다. 뿐만 아니라 99년 국내경기 회복에 따른 기업들의 광고확대로 광고판매율이 90%선까지 상승하여 2000년에는 큰 폭의 매출이 기대된다.

또한 99년 11월 통합방송법의 통과로 한국방송광고공사의 광고대행 독점체제가 무너지고 민영광고대행사가 출범할 예정이어서 동사와 문화방송이 광고시장을 양분할 것으로 보인다. 따라서 방송사 전체로 볼 때 줄어든 시간만큼 시간당 광고단가가 높아질 것이므로 동사의 수익성은 더욱 향상될 것으로 전망된다.

동사는 지역민방과 방송협정을 체결해 프로그램을 공급함으로써 전국적인 네트워크를 구축하고 있으며 국내 최대규모로 첨단설비를 갖춘 일산제작센터를 완공해 프로그램 제작능력을 한층 높였다. 또한 위성방송, 인터넷방송 등 다매체·다채널시대의 도래에 맞추어 인터넷 사업, CATV 등으로 사업다각화를 도모, 선도적인 종합미디어 그룹으로 성장해가기 위한 전략을 구축하고 있다.

◆주가 차트

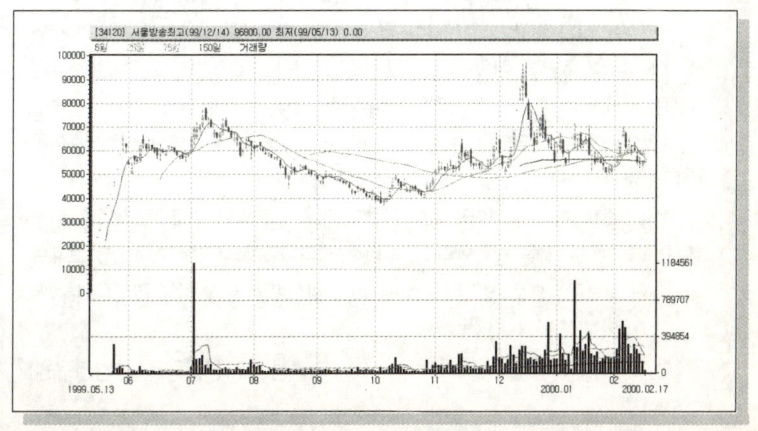

◆ **사업실적 및 재무현황**

동사는 재무구조가 견실할 뿐만 아니라 현금흐름 또한 우수하여 재무적 안정도가 뛰어나다. 99년 총 방송광고 매출액은 약 3,700억원에 이를 것으로 예상된다. 이는 98년과 비교하여 55.8% 증가한 것이다. IMF로 인한 광고시장의 위축으로 98년에는 적자를 기록하였으나 99년 들어 경기회복과 광고시장의 활황에 힘입어 490억원의 순이익을 올릴 것으로 예상하고 있다.

주요 재무실적 및 전망 (단위 : 억원, 원, %)

연도	매출액	경상이익	순이익	부채비율	EPS
1997	3,776	194	128	94	630
1998	2,457	-226	-270	88.2	-1,334
1999(E)	3,700	660	490	45.8	2,060
2000(E)	-	-	-	-	-

〈자료 : 서울방송〉

애널리스트 분석

서울방송(SBS)은 코스닥시장과 거래소시장을 통틀어 유일한 공중파 방송종목이다. 주요 수입원은 광고판매다. 경기회복으로 기업들의 광고비가 늘면서 실적이 좋아지고 있다. 2001년부터 통합방송법이 실시되면 서울방송의 사업환경은 더욱 좋아질 전망이다. 통합방송법 실시로 공영방송인 한국방송공사(KBS)2TV의 광고가 폐지되면 서울방송과 문화방송이 광고시장을 양분할 것으로 예상되기 때문이다. 방송사 전체적으로 봤을 때 광고배정시간이 줄어들게 돼 단위시간당 광고비가 인상될 것으로 보인다.

서울방송은 최근 급변하는 방송환경에 대응하기 위해 한국골프채널을 인수하고 인터넷방송사를 설립했다. 서울방송은 다양한 콘텐츠와 기술력을 보유하고 있어 우후죽순으로 생기는 인터넷방송·위성방송 등에 비해 경쟁우위를 지킬 것으로 예상된다.

성경호(신영증권 선임연구원)

청람디지탈(35270)

◆ **회사개요(2000.1.1 기준)**

- 설립일 : 1991년 7월 27일
- 대표이사 : 김만식
- 발행주식수 : 640만주
- 주주관계 : 김만식 43.63%, 김일환 11.32%
- 주력사업 : 위성방송수신기, 차량용 오디오앰프 제조 판매
- 결산기 : 12월
- 코스닥등록일 : 1999년 8월 11일
- 자본금 : 32억원
- 액면가 : 500원(액면분할 : 99년 11월 27일)
- 홈페이지 : www.chunglam.com

청람디지탈은 89년에 설립된 차량용 오디오앰프와 위성방송수신기 전문생산업체다. 매출전량을 수출하고 있어 국내보다는 해외에서 인지도가 높다. 차량용 앰프는 미국·유럽지역에, 위성방송수신기는 중동지역에 수출하고 있다. 99년 하반기에 개발한 디지털방식의 위성방송수신기는 아날로그방식 위성수신기의 기능을 한 대의 세트로 집약시킨 제품으로 디지털 위성방송시대를 앞두고 수요가 급증할 것으로 보여 큰 폭의 수익이 기대된다. 해외에서의 높은 인지도를 활용해 내수시장에도 본격 진출할 채비를 갖추고 있다.

◆ **사업전망**

청람디지탈이 개발해 생산하고 있는 제품은 디지털·아날로그 겸용 SVR, 디지털앰프, 아날로그앰프, 디지털위성방송수신기 등 다양하다. 지난 97년 아날로그 LMDS를 이용한 비디오 전송기술을 개발

하여 러시아로 수출했을 만큼 이 분야의 기술력이 탄탄하다. 99년 한국전자전에서는 세계최초로 초소형 디지털 위성방송수신기인 '포케셋9500'을 선보인 바 있다. 이 제품은 리모콘 하나로 작동하는 사용자 편의 위주로 개발하여 별도의 매뉴얼 없이도 사용이 가능하며 저전압에서 안정적으로 작동이 가능한 제품이다. 이들 위성방송수신기의 해외선점을 위해 유럽 및 미주국가의 시장개척에 주력하고 있다. 특히 중동시장의 40%를 점유하고 있는 동사는 디지털과 아날로그의 틈새시장을 노린 겸용위성수신기를 개발, 수출물량을 증대시키고 있다. 현재 미국을 비롯한 세계 38개국에 위성수신기 및 오디오앰프 등 최다 모델을 수출함으로써 국내보다는 해외에서의 브랜드 인지도가 높다. 중국·동남아시아 시장활성화를 위해 현지 합작투자도 적극 검토하고 있다. 동사는 세계적으로 인정받고 있는 탄탄한 기술력을 바탕으로 국내시장 진출에 적극 나서 카오디오 앰프뿐만 아니라 케이블TV시스템과 노래방 등 업소용 음향기기시장에 뛰어들었다. 환율상승으로 수입제품의 경쟁력이 점차 떨어지면서 국산제품의 시장점유율이 점차 높아지고 있다는 판단에서다. 특히 노래반주기 '캘리버'는 우수한 품질력을 인정받으면서 큰 폭의 매출을 올리고 있다.

  99년 반기기준으로 차량용 오디오앰프가 전체 매출의 68.8%, 위성방송수신기가 31.2%를 차지하고 있다. 시장점유율은 차량용 오디오앰프가 세계 중·고가시장 대비 20%, SVR가 중동시장의 40%를 차지하고 있다. 동사는 수출비중이 높아 환율하락이 마이너스 요인으로 작용하는 약점은 있으나 2000년 이후에는 국내외적인 디지털제품에 대한 수요증가로 높은 성장이 예상된다.

◆주가 차트

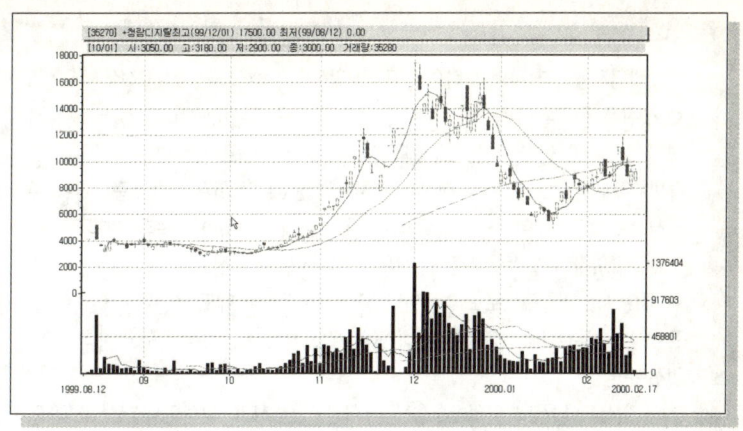

◆사업실적 및 재무현황

　사업실적은 96년 300억원의 매출을 달성한 데 이어 매년 상승세를 지속하고 있다. 97년 347억원, 98년에는 392억원의 매출실적을 보이고 있다. 99년 추정매출실적은 약 400억원에 순이익 37억원에 달할 것으로 추정된다. 2000년 목표는 600억원의 매출에 60억원의 당기순이익을 예상하고 있다. 우량한 재무구조가 강점으로 99년말 부채비율은 26%로 낮다. 금융비용부담률이 0.4%에 불과하다.

주요 재무실적 및 전망　　　　　　　(단위 : 억원, 원, %)

연도	매출액	경상이익	순이익	부채비율	EPS
1997	347.1	34.5	26.2	178	1,083
1998	392.2	36.8	32.4	65.4	501
1999(E)	400	48	37	26.3	578
2000(E)	600	80	60	24.1	937

〈자료 : 청람디지탈〉

애널리스트 분석

청람디지탈은 차량용 오디오 앰프 및 위성방송 수신기(SVR) 전문제조업체로 생산품 전량을 수출한다. 차량용 앰프는 미국 유럽지역에, SVR는 중동지역에 수출하고 있다. 시장점유율은 차량용 오디오 앰프가 세계 중·고가 시장 대비 전체 수요의 20% 이상을 차지하며 SVR의 경우 주력수출지역인 중동시장의 40% 이상을 점유하는 등 동 부분에서 경쟁력이 높은 편이다.

최고경영자인 김만식 사장은 서울대 전자공학과 출신으로 핵심기술을 개발한 주역으로 기술적으로도 탄탄하다. 연구개발인력만 해도 40여명 이상이 고급엔지니어들로 매년 매출액 대비 3% 정도를 R&D에 투자하고 있는 점이 강점이다.

이 회사는 디지털 위성방송수신기, 아날로그수신기, 위성위치추적시스템 및 스그램블된 디지털방송을 수신할 수 있는 디스크렘블러와 차량용 MP3플레이어를 개발중이다. 수출비중이 높아 환율하락이 마이너스 요인으로 작용할 수 있다는 약점은 있다. 2000년 이후 국내외의 디지털제품에 대한 수요증가가 예상됨에 따라 높은 성장성이 기대된다. 예컨대, 최근 아랍에미레이트연합 셋마스터 일렉트로닉스사와 향후 1년간 미니 디지털 방송시대 개막에 따른 내수시장 확대가 예상된다. 낮은 부채비율과 금융비용부담률 등 우량한 재무구조도 이 회사의 강점이다.

이영목(대우증권 투자분석부 과장)

휴맥스(28080)

◆ **회사개요(2000.1.1 기준)**

- 설립일 : 1989년 2월 1일
- 대표이사 : 변대규
- 발행주식수 : 2,216만주
- 주요주주 : 대주주 50.7%
- 주력사업 : 디지털 가전제품
- 결산기 : 12월
- 코스닥등록일 : 1997년 4월 16일
- 자본금 : 110.8억원
- 액면가 : 500원(액면분할 : 99년 4월 17일)
- 홈페이지 : www.humax.co.kr

휴맥스는 89년 주문형 반도체(ASIC) 제조업체로 출발한 벤처기업이다. 93년 디지털 가전사업을 회사의 사업분야로 정하고 수요자가 요구하는 제품개발에 주력하기 시작하여 94년 컴퓨터 분야의 기술인 CD롬 기술을 응용한 가정용 동화상 노래반주기를 출시하였다. 96년 디지털 위성방송수신기 개발에 성공하면서 새로운 성장의 전기를 마련하였다.

◆ **사업전망**

휴맥스의 주력상품인 디지털방송수신기는 유럽·아프리카·중동 등에 수출되고 있는데 특히 디지털TV산업에서 핵심기술의 하나인 수신제한장치(conditional access system : CAS)의 개발에 적극 투자, 전세계적으로 가장 널리 사용되는 CAS인 SECA, Irdeto, Viaccess, Crytoworks 등을 지원해줄 수 있는 기술력을 보유하고 있다. 이는 세계적으로 뛰어난 수준이며, 특히 Crytoworks의 경우 전 세계적으로 필립스와 휴맥스만이 이 방식을 지원하는 제품을 공급하고 있다.

동사는 현재 디지털 방송이 본격적으로 시작되지 않고 있는 국내방송 여건상 전 제품을 해외로 수출하고 있다. 98년 개방형 시장에서 자체 브랜드로 6만대, 삼성물산을 통한 OEM으로 3만대의 매출을 올려 유럽시장뿐만 아니라 세계시장에서도 주목을 받고 있다.

◆ 주가 차트

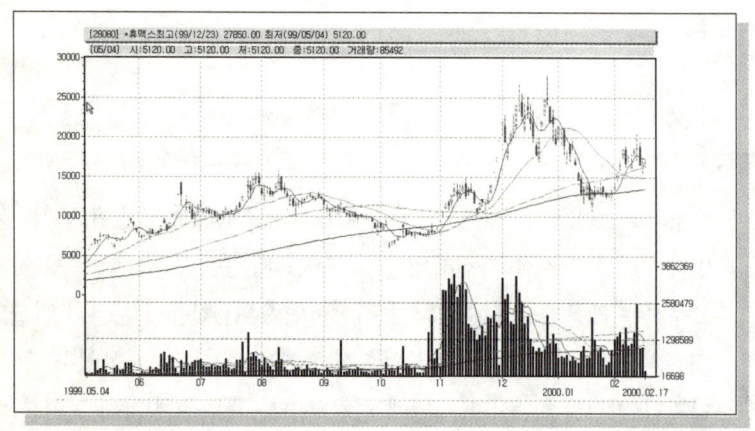

◆ 사업실적 및 재무현황

창사 이후 꾸준한 성장으로 안정적인 재무구조를 유지하였으나 97년 유럽대형방송사간의 인수·합병 여파로 수출시장이 붕괴되어 142억원의 매출과 당기순이익 2억원이라는 부진을 겪었다. 그러나 유럽시장의 안정과 동사 제품의 품질 우수성이 입증돼 98년 259억원의 수출과 총매출액 284억원, 당기순이익 10억원의 실적을 올렸다. 99년 부채비율이 42.6%에 불과해 재무구조가 안정적이다. 수출신장에 힘입어 99년 매출은 약 540억원, 순이익은 100억원에 달할 것으로 예상된다. 전년대비 매출액은 90%, 순이익은 1,000%의 신장률을 보인 셈이다. 올해 매출목표는 1,100억원, 순이익은 157억원을 전망하고 있다.

주요 재무실적 및 전망 (단위 : 억원, 원, %)

연도	매출액	경상이익	순이익	부채비율	EPS
1997	142	2	2	131	292
1998	284	10	10	139	1,191
1999(E)	540	112	100	42.6	6,099
2000(E)	1,100	200	157	49.3	5,938

〈자료 : 휴맥스〉

애널리스트 분석

89년 주문형반도체(ASIC) 제조업체로 출발한 동사는 96년 디지털 위성방송 수신기 개발에 성공하면서 디지털 방송 수신기 전문제조업체로 변신했다.
유럽의 개방형 디지털 위성방송 수신기 시장에 성공적으로 진입함으로써 새로운 성장의 전기를 마련했다. 앞으로 디지털TV산업의 급속한 성장이 예상됨에 따라 동사의 매출규모가 큰 폭으로 늘 것으로 예상된다. 전체 임직원의 과반수 이상이 연구개발능력을 보유하고 있으며 시장형성 초기부터 자체 브랜드로 시장에 진입하여 시장내 인지도가 높은 편이다. 재무 안정성도 양호하고 향후 고속성장을 지속할 것으로 예상되어 장기적인 관점에서 주가 움직임은 긍정적인 편이다.

김정렬(SK증권 투자분석팀 과장)

9

벤처캐피털 관련주

벤처캐피털 관련주 현황

코스닥시장은 벤처기업 위주의 시장인 만큼 벤처기업에 종자돈을 대주는 벤처캐피털도 많이 등록돼 있다. 이들은 창업초기에 돈을 대준 다음 성장한 후 자금을 회수한다. 돈을 대주는 방식은 유상증자에 참여하거나 전환사채(CB)를 인수하는 형태다. 벤처캐피털의 주가는 코스닥지수 움직임과 같은 방향으로 움직인다. 코스닥시장이 활황이면 벤처캐피털 주가도 오른다. 투자해놓은 벤처기업이 등록되면 높은 수익을 올릴 수 있기 때문이다. 반대로 코스닥시장이 상승탄력을 잃으면 벤처캐피털 주가도 힘을 못 받는다. 벤처캐피털에는 한국기술투자, 한국개발투자, 한미창투, 한국창투, 광은창투, 부산창투, 대신개발금융, 대농창투, 신영기술금융 등이 있다.

한국기술투자(19550)

◆회사개요(2000.1.1 기준)

- 설립일 : 1986년 11월 24일
- 대표이사 : 서갑수
- 발행주식수 : 8,000만주
- 주요주주 : 서갑수 17.1%, 외국기관투자가 13%, 중소기업진흥공단 9.6% 등
- 주력사업 : 중소기업 창업지원 및 구조조정사업
- 결산기 : 12월
- 코스닥등록일 : 1989년 8월 29일
- 자본금 : 400억원
- 액면가 : 500원(액면분할 : 99년 8월 19일)
- 홈페이지 : www.ktic.co.kr

한국기술투자는 지난 86년 한국종합기술금융(KTB)의 자회사로 출범한 국내 대표적인 창업투자회사다. 유망중소기업을 발굴해 주식매입, 자금조달, 경영지원 등 등록 및 상장과 관련된 서비스를 제공하여 상장 또는 등록시킨 후 얻는 매각차익을 주요 수입원으로 하고 있다. 최근 코스닥시장의 활황으로 99년 10월 순이익이 312억원에 이르는 등 높은 수익성을 유지하고 있는 기업이다.

◆사업전망

동사의 주요 핵심사업인 벤처기업투자는 기업의 기술력을 평가할 수 있는 심사능력이 주요 관건이다. 동사는 벤처기업 기술심사에 풍부한 경험을 지닌 전문인력을 30명이나 확보하고 있어 확고한 경쟁력을 지니고 있다.

지금까지 메디슨, 경인양행, 경인제지, 기라정보통신 등의 회사를

상장시켰고 한글과컴퓨터, 경덕전자, CNI, 터보테크, MK전자 등 30여개사를 코스닥에 등록시켰다. 주로 벤처기업 투자에 주력해온 동사는 99년 6월 구조조정 전문회사로 인가를 받고 2,080억원 규모의 구조조정펀드(벌처펀드)인 리스트럭처링 펀드를 조성함으로써 종합투자기관으로서의 면모를 갖추고 있다. 이 펀드로 투자한 주요 업체들은 현대정보기술, 한솔파텍, 코캄엔지니어링, 스타맥스 등이 있다.

99년 10월 정보통신부로부터 50억원을 출자받아 인터넷을 포함한 정보통신분야에 집중적으로 투자할 계획이다. 벤처산업과 코스닥시장의 높은 성장으로 동사의 사업수익성은 당분간 높은 수준을 유지할 전망이다. 또한 현재 4,500억원의 투자자금을 운용하고 있고 투자영역을 다양화하는 한편, 2000년에는 5,000만달러의 국외 투자조합을 설립해 투자시장의 세계화에 나설 방침이어서 전망이 매우 밝다. 다만 은행권, 증권사 등의 벤처캐피털 사업으로의 시장진입이 예상되어 경쟁심화가 우려되고 있다.

◆ 주가 차트

♦**사업실적 및 재무현황**

　　99년 10월말 현재 이 회사의 투자자산은 모두 1,145억원이다. 이 중 투자주식이 452억원으로 42%를 차지하고 있다. 투자조합 23%, 해외유가증권 22% 등의 순이다. 98년 51억원의 매출에 118억원의 당기순손실을 기록했던 동사는 99년 매출 751억원에 당기순이익 465억원을 예상할 정도로 실적이 개선됐다. 특히 99년 하반기부터 불기 시작한 코스닥시장 활황으로 막대한 이익을 올렸다. 99년 하반기 고율의 무상증자와 연말 현금 및 주식배당을 실시한 바 있다. 제3시장이 개설되면 투하자본 회수가 빨라져 수혜가 예상된다. 2000년 목표는 2,436억원의 매출에 1,507억원의 순이익을 예상하고 있다.

주요 재무실적 및 전망　　　　　(단위 : 억원, 원, %)

연도	매출액	경상이익	순이익	부채비율	EPS
1997	186	74	61	95.4	133
1998	51	-95	-118	156.6	-253
1999(E)	751	538	465	48.5	581
2000(E)	2,436	1,806	1,507	15.3	1,558

〈자료 : 한국기술투자〉

애널리스트 분석

　한국기술투자의 주가 움직임은 코스닥 벤처지수의 움직임과 흡사하다. 벤처캐피털이라는 업무특성 때문에 이 같은 현상이 생긴다. 벤처캐피털은 유망 벤처기업에 자금을 투자한 뒤 증권거래소 상장이나 코스닥 등록 후 투자자금을 회수하는 일을 한다. 여러 벤처기업에 분산투자한 포트폴리오나 마찬가지다. 주가가 벤처지수와 같은 방향으로 움직일 수밖에 없다.
　당연히 이 회사 주가의 관건은 코스닥 시장 방향이다. 실제로 코스닥시장이 초활황이었던 99년 이 회사는 465억원의 순이익을 냈다. 반대로 코스닥시장 침체기였던 98년에는 118억원의 적자를 기록했다. 또 다른 주가 변수는 제3시장 개설이다. 투하자본 회수가 빨라지면서 실적개선에 도움이 될 전망이다. 다만 벤처캐피털이 우후죽순으로 생기면서 경쟁이 심화되고 있다는 점은 부담스럽다. 코스닥시장 움직임에 따라 이익변동폭이 크다는 점도 기억할 필요가 있다.

　　　　　　　　　　　서영수(굿모닝증권 기업분석부 연구원)

10

기타 주요 종목

기타 주요 종목 현황

코스닥시장에는 이 밖에도 테마군에 속하지는 않지만 자신의 분야에서 높은 경쟁력을 자랑하는 회사들이 많다. 시공테크, 대양이앤씨, 로커스, 터보테크, 한신코퍼레이션, 카스, 세종공업, 다우데이타시스템, 필코전자 등은 해당분야에서 실력을 인정받고 있다.

다우데이타시스템(32190)

◆ 회사개요(2000.1.1 기준)

- 설립일 : 1992년 6월 10일
- 대표이사 : 최헌규
- 발행주식수 : 90만주
- 주요주주 : 김익래 26.5%, 다우기술 13.9%, 강학순 18.2%, KTB 11.7%
- 주력사업 : 하드웨어·소프트웨어 유통, 소프트웨어 전자상거래, 정보기술(IT)전문 마케팅
- 결산기 : 12월
- 코스닥등록일 : 1999년 12월 18일
- 자본금 : 45억원
- 액면가 : 5,000원
- 홈페이지 : www.daoudata.co.kr

    다우데이타시스템은 소프트웨어 전문 유통업체로 시작했으나 밀레니엄 정보화시대에 맞는 발빠른 변신으로 정보기술(IT)전문 마케팅기업으로 대대적인 변신을 시도하고 있는 기업이다.
    미국의 마이크로소프트, 컴팩, LG-IBM, 시만텍, 오토데스크, 어도비 등 세계적 소프트웨어 및 하드웨어 업체와 국내의 안철수컴퓨터바이러스 연구소 등 총 10여개사와 총판계약을 맺고 있다.

◆ 사업전망

    92년 6월에 설립된 이 회사는 테크놀로지 파이낸싱 벤처 마케팅 노하우를 기반으로 하는 토털 솔루션 IT전문 마케팅기업으로 성장하고 있다. 마이크로소프트사의 백오피스를 중심으로 한 기술력을 바탕으로 전국 450여개 협력업체를 대상으로 각종 솔루션을 공급하고 있다. 2000년까지 600개 협력업체를 구축할 예정이다. 솔루션공급에서 마

이크로소프트의 경우 35%의 국내시장 점유율을 갖고 있으며 어도비 30%, 안철수바이러스연구소 35%, 오토캐드 PSG, CAD 제품군을 독점하고 있다. 최근 엘렉스컴퓨터를 인수한 다우기술을 비롯해 다우인터넷, 택산전자, D&C텔레콤, 다반테크, 한국IT벤처 등의 관계회사를 갖고 있다. 20명의 전문 기술인력을 수시로 협력업체에 파견하여 교육과 기술 지원을 하고 있다. 또 더존컨설팅과 한국인프라 등 국내 유명 소프트웨어 개발회사들과 전략적 제휴를 맺고 있어 시장점유율이 높은 편이다. 또 전문세일즈 지원을 위해 최첨단 컴퓨터에 네트워크 장비를 갖춘 6개의 강의실과 최고 수준의 전임강사를 확보한 다우교육센터를 운영하고 있다.

기업경쟁력 강화를 위한 두 가지의 핵심전략사업을 추진하고 있는데, 우량소프트웨어 개발업체 지원을 목적으로 설립한 '벤처포트'와 전자상거래 및 포털 서비스를 제공할 'E-soft' 인터넷 포털사업이다. 벤처포트는 다우데이타와 한국 IT 벤처, 다우기술 등 관계사들이 30억원을 출자해 설립한 펀드로서 협력업체에 대해 자금지원부터 사후관리에 이르는 토털서비스를 제공한다. 이를 통해 이 회사는 단순 소프트웨어 유통업에서 종합유통업체로서의 기반을 다질 수 있는 계기를 마련했다. E-soft의 경우 이 회사가 미래사업으로 전력을 기울이고 있는 인터넷사업으로 기존 유통시스템을 전자물류시스템으로 옮겨와 저비용·고효율을 창출할 수 있을 것으로 보인다.

99년말 한국소프트웨어산업협회 산하 70여개 교육용 소프트웨어 개발사들이 공식쇼핑몰로 운영하는 솔빛의 '베스트소프트웨어' 쇼핑몰을 인수했다. 국내 소프트웨어 시장이 큰 폭의 성장세를 보이고 있고 다우의 주력사업 부문인 패키지 소프트웨어 개발 및 공급사업이 92%의 높은 성장률을 기록할 것으로 볼 때 성장성은 밝다고 하겠다.

◆ 주가 차트

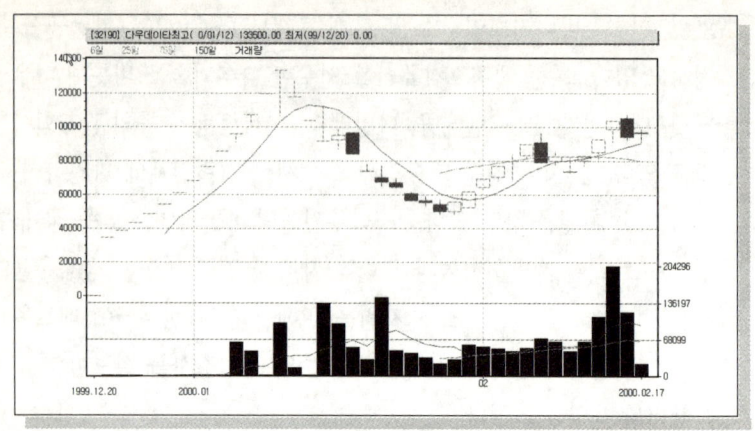

◆ 사업실적 및 재무현황

자본금 40억원, 65명의 직원에 6개 사업부와 부설연구소를 보유하고 있다. 이 회사의 99년 예상매출액은 260% 증가한 650억원대를 기록할 것으로 전망된다. 순이익은 전년도 적자에서 25억원의 흑자를 기록할 것으로 보인다. 이 회사의 실적이 크게 개선된 것은 마진율이 좋은 오토캐드와 어도비 등의 신규매출이 크게 증가한 점과 전반적인 고가제품의 판매 확대에 따른 것이다. 매출의 대부분이 상품매출인데 소프트웨어부문이 90%를 차지한다. 국내 총생산액 대비 소프트웨어 산업이 차지하는 비중이 92년 0.39%에서 1.34%로 증가했고, 향후에도 이런 추세가 이어질 경우 외형성장과 함께 경쟁력 있는 총판업체로서 안정적 수익창출이 기대된다. 2000년 목표는 820억원의 매출에 30억원의 순이익을 올린다는 계획이다.

주요 재무실적 및 전망 (단위 : 억원, 원, %)

연도	매출액	경상이익	순이익	부채비율	EPS
1997	140	2.9	2.3	101	426
1998	177	-1.5	-1.8	170	-
1999(E)	650	30	25	196	2,778
2000(E)	820	35	30	125	2,632

〈자료 : 다우데이타시스템〉

애널리스트 분석

다우기술 계열의 소프트웨어 전문 유통업체다. 마이크로소프트, 안철수바이러스연구소, 오토데스크 등 12개 소프트웨어사의 국내 총판업체다. 마이크로소프트사 제품이 소프트웨어 매출의 65%를 차지하고 있다. 소프트웨어의 단순 중개판매를 지양하기 위해 유지보수·교육지원 등을 중심으로 한 솔루션사업도 추진할 계획이다. 이 회사는 소프트웨어판매전문 포털사업(www.e-soft.co.kr)도 개시했다. 99년에는 정부의 불법복제품 단속강화에 힘입어 외형이 큰 폭으로 성장했다. 앞으로도 소프트웨어 시장의 확대추세는 계속될 전망이다. 다만 시장이 성장하고 있음에도 불구하고 마이크로소프트 등 제품생산자의 영업전략에 따라 회사의 경영실적이 좌우되는 다소 불안한 영업구조를 가지고 있다는 것이 약점이다.

김창수(대한투신 기업분석팀장)

대양이앤씨(33030)

◆ 회사개요(2000.1.1 기준)

- 설립일 : 1986년 2월 26일
- 대표이사 : 이준욱
- 발행주식수 : 3,600만주
- 주주관계 : 대주주 58.7%
- 주력사업 : 집중력 학습기 엠씨스퀘어 제조 판매
- 결산기 : 12월
- 코스닥등록일 : 1997년 8월
- 자본금 : 72억원
- 액면가 : 200원(액면분할 : 99년 10월 27일)
- 홈페이지 : www.dyenc.co.kr

　　　대양이앤씨는 집중력 학습기 엠씨스퀘어로 유명한 벤처기업이다. 90년 집중력 학습기시장에 진출, 97년까지 연평균 100%대의 성장을 구가하며 시장을 선점했다. 동사는 벤처육성 및 발굴을 위해 대우창투(현 대양창투) 지분 80%를 인수했으며 최근에는 태아관련제품인 아가소리를 출시하며 신규시장을 창출하고 있고 신규프로젝트인 개인용 영상표시장치(HMD)와 PDF사업(인터넷 표준 문서)을 통해 고성장 발판을 마련할 계획이다.

◆ 사업전망

　　　동사의 집중력 학습기 엠씨스퀘어는 두뇌상품의 대명사로 굳게 자리잡고 있다. 97년 엠씨스퀘어 스터디 알파를 시판, 현재 시장점유율이 90%대를 넘어섰다. 기존 엠씨스퀘어는 수험생 위주로 수요처가 한정돼 있었으나 현재는 그 시장이 중학생, 초등학생까지 확산되고 있고 신규개발한 태담시스템 '아가소리' 판매로 시장영역은 지속적으로 확산될 전망이다.

이 회사는 정보통신, 멀티미디어, 엔터테인먼트 등 첨단분야의 집중 육성을 위해 대양이앤씨 기술연구소와 마약, 알코올, 니코틴 등 향정신성 약물중독의 예방 및 치료시스템 개발을 위해 뇌 과학연구소를 설립해 운영하고 있으며 대우창업투자(주)에 출자해 지분을 80%인수했다. 대우창투는 99년 50여억원의 당기순이익이 예상되는 건실한 재무구조를 지니고 있다.

동사는 차세대 개인용 디스플레이 장치인 HMD를 개발해 시판할 예정이다. 이 제품은 미국 PC 엑스포에 출품해 〈타임〉지와 ABC방송 등 미국 언론으로부터 호평을 받았던 것으로 SVGA, VGA, NTSC, PAL, SVHS 등의 다양한 영상신호를 지원하는 개인용 디스플레이 장치다. 특히 최신기술인 반사형 액정표시장치를 채용해 해상도와 가격 면에서 기존의 제품을 한 단계 뛰어넘는 제품으로 평가받고 있는 등 높은 경쟁력을 갖고 있다. 한편 PDF솔루션 프로그램인 HaanQ 시리즈와 Acrobat를 패키지로 구성한 OEM제품을 기업 및 교육기관, 공공기관의 문서관리 부문을 대상으로 3만~4만원에 공급하고 있다. 2000년 말까지 이 부분에서만 약 33억원의 매출이 예상되고 있다. 가장 큰 기대를 걸고 있는 시장은 역시 HMD시장으로 HMD판매를 위해 마케팅 전략에 총력을 기울이고 있다.

◆주가 차트

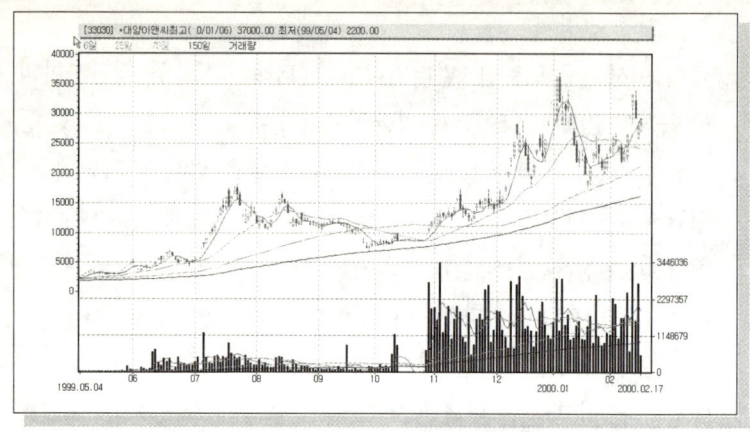

◆사업실적 및 재무현황

　　동사는 안정적인 재무구조를 바탕으로 외형성장세가 지속되고 있다. 부채가 전혀 없는 무차입 재무구조를 보이고 있어 경상이익은 늘어날 것으로 예상된다. 98년 74억원의 매출에 25억원의 순이익을 올렸으나 99년 들어 경기회복과 수요폭증으로 매출이 2배 가까이 늘어난 130억원을 기록할 전망이다. 99년 순이익도 230억원을 올릴 것으로 추정된다. 2000년 목표는 2,654억원의 매출에 1,090억원의 순이익을 달성한다는 계획이다.

주요 재무실적 및 전망　　　　　　(단위 : 억원, 원, %)

연도	매출액	경상이익	순이익	부채비율	EPS
1997	182	46	36.8	11.7	269
1998	74	32	25	10.5	101
1999(E)	130	182	230	8	740
2000(E)	2,654	1,268	1,090	4.7	2,400

〈자료 : 대양이앤씨〉

애널리스트 분석

대양이앤씨는 집중력학습기인 엠씨스퀘어를 만드는 회사다. 엠씨스퀘어의 매출비중이 92%에 달하고 있다.

이 회사의 향후 주가는 휴대형 디스플레이(HMD)와 자회사인 대양창투에 달려 있다. 상반기중 출시할 신제품인 HMD는 안경처럼 쓰면 가상의 초대형 화면을 즐길 수 있는 제품. 가격대비 성능면에서 매우 뛰어난 것으로 판단된다. 특히 유사제품인 소니 제품보다 3배 정도의 가격경쟁력을 갖추고 있다. 회사측은 2000년중 이 부문에서만 신규로 1천5백억원 정도의 매출을 올릴 수 있을 것으로 내다보고 있다. 실제 얼마나 매출이 일어나는지 지속적으로 살펴봐야 한다.

자회사인 대양창투의 실적도 주가변수로 작용할 전망이다. 80% 지분을 가지고 있는 대양창투는 유망 코스닥등록기업 및 등록예정기업에 집중 투자해 놓고 있다. 99년말 지분법 평가이익만 160억원을 넘는다.

허도행(한진투자증권 과장)

로커스(34600)

◆ **회사개요(2000.1.1 기준)**

- 설립일 : 1990년 7월 20일
- 대표이사 : 김형순
- 발행주식수 : 920만 8,000주
- 주요주주 : 김형순 41%, 자딘플레밍일렉트라 21% 등
- 주력사업 : 컴퓨터전화통합(CTI) 및 지능형 통신솔루션 전문개발
- 결산기 : 12월
- 코스닥등록일 : 1999년 12월 4일
- 자본금 : 51억원
- 액면가 : 500원(액면분할 : 99년 9월 4일)
- 홈페이지 : www.locus.co.kr

로커스는 90년 설립된 컴퓨터전화통합(CTI) 및 지능형 통신솔루션 전문개발 업체다. 국내 대형 이동통신업체와 증권사를 비롯한 금융기관의 콜센터를 직접 구축했으며, 국내 콜센터시장의 40%를 차지하고 있는 시장점유 1위업체다.

◆ **사업전망**

동사의 주력사업은 CTI기술을 기반으로 한 콜센터와 통신사업자용 음성사서함시스템(VMS) 장비의 개발·생산이다. 아시아 최대의 콜센터인 SK텔레콤 콜센터를 비롯해 하나로통신·데이콤 등 통신업체와 현대증권·삼성증권 등 금융기관의 콜센터를 직접 구축하면서 기술력을 인정받으며 두각을 나타냈다. 94년 CTI분야 국내시장 점유율 1위, 금융기관 폰뱅킹시장 점유율 1위를 확보한 이후 지속적인 성장세를 이어오고 있다. 창업 당시만 해도 국내에는 생소했던 VMS소프트

웨어와 콜센터 사업에 뛰어들어 제품의 기술력을 인정받았다. CTI사업에서 동사는 국내 타 경쟁업체와의 차별화된 기술력을 바탕으로 네트워크 음성통신(VoIP) 등 고도의 기술이 요구되는 음성통신 기술을 개발해 상품화에 성공하면서 매출이 급격히 증가하고 있다.

세계적 통신장비업체인 루슨트테크놀로지, 엑셀, 컴팩 등과 전략적 제휴를 맺고 있다. 특히 루슨트테크놀로지사와는 교환기 독점 공급계약을 맺기도 했다. 최근에는 중국·동남아시아 등 해외시장 개척에 적극 나서면서 VMS와 차세대 지능망서비스(AIN-IP) 등을 공급하고 있다. 동사는 인터넷 확산에 따른 인터넷 콜센터와 멀티미디어 콜센터 관련기술 등의 개발에 주력한다는 방침이다. 또다른 주력사업은 부가통신서비스 솔루션의 개발이다. 이미 시장에서 서비스에 적용돼 인기를 끌고 있는 이동통신 투넘버서비스와 평생번호서비스가 그것. PCS업체들이 동사의 서비스를 채택한 PCS서비스를 실시하면서 일반인들에게 잘 알려지게 됐다.

지속적인 기술개발로 99년에 VMS와 AIN-IP 기능을 하나의 시스템에 구현한 개방형 통신시스템 'LIPS'를 개발했다.

또 2000년 한국통신으로부터 약 100억원 규모의 신지능형 전화교환시스템114 프로젝트를 수주했다. 신지능형 114(가칭)는 지역번호 없이 전국 어디서나 114만 누르면 원하는 지역의 전화번호를 안내받을 수 있고 안내된 번호로 직접 전화연결을 할 수 있는 전화시스템이다. 또 외부3자와 통화뿐 아니라 송신자부담과 수신자부담을 자유로이 선택할 수 있으며 한번의 전화로 여러 개의 번호를 문의할 수도 있다. 2000년 4월부터 전국적인 서비스에 들어갈 예정이다. 동사는 이 같은 첨단기술을 미국·중국·일본 등 해외에도 수출한다는 계획이다.

99년 12월 동사는 일본 최대 국제전화사업자인 국제전신전화(KDD)에 50만달러어치의 광고전화 솔루션을 수출하기로 했다고 밝했다. 광고전화란 가입자가 약 30초 정도 전화로 광고를 들으면 2~3분간 무료로 통화할 수 있는 서비스다. 일본을 비롯한 중국·태국 등 아시아 시장에서 급속히 수요가 늘어나고 있는 신규분야로 국내에서도 2000년 상반기중에 통신사업자를 중심으로 시장이 형성될 것으로 보여 수익이 기대된다.

◆주가 차트

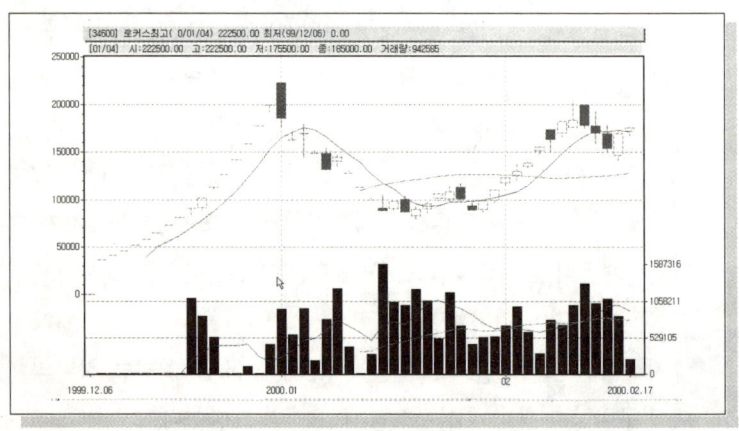

◆사업실적 및 재무현황

부가통신서비스와 CTI콜센터 구축사업이 활기를 보임에 따라 최근 2년간 연평균 287%의 매출신장을 기록했다. 98년 매출액은 262억원에 순이익 18억원을 올렸으며, 99년 추정매출액은 약 550억원에 55억원의 순이익을 낼 것으로 보인다. 전년도 실적과 비교하면 눈에 띄는 성장세다. 현재 총직원의 62%에 달하는 연구개발인력을 70%까지 늘리고 매출액의 10%를 R&D에 투자하고 있다. 코스닥 등록 이전 영국 금융그룹인 자딘플레밍 일렉트라가 1천6백만달러를 투자해 지분의 27.7%를 인수했다. 외자유치 성공과 코스닥공모를 통해 자본금을 늘리면서 재무구조가 안정되고 있다. 부채비율은 98년 301%에서 99년도엔 약 40%대로 낮아질 전망이다.

주요 재무실적 및 전망   (단위 : 억원, 원, %)

연도	매출액	경상이익	순이익	부채비율	EPS(5백원 기준)
1997	182	15	13	249	394
1998	262	28	18	301	573
1999(E)	550	79	55	40	599
2000(E)	1,200	216	150	45	1,628

〈자료 : 로커스〉

애널리스트 분석

로커스의 주력사업은 컴퓨터통신통합(CTI)솔루션과 부가통신서비스솔루션이다. CTI솔루션의 대표적인 예가 증권사·은행·이동통신회사 등의 콜센터다. 콜센터란 고객과 상담원이 직접 연결될 수 있는 시스템이다. 단순응답시스템인 전화자동응답서비스(ARS)에서 전화·컴퓨터·데이터베이스를 연결해 상담이 가능한 CTI콜센터로 발전하고 있다. 인터넷이 확산되면서 인터넷기반의 콜센터 수요도 급증하고 있다.

부가통신솔루션은 최근 이동통신회사들이 내놓고 있는 투넘버서비스, 평생번호서비스 등으로 이해하면 쉽다. 단순 음성사서함에서 시작해 서비스기능이 고도화되고 있다. 로커스는 부가통신솔루션을 개발해 이동통신업체에 판매하고 있다.

CTI 및 부가통신서비스 시장이 고성장하고 있어 우수한 기술력을 자랑하는 로커스의 향후 성장전망도 밝다.

양성욱(LG증권 선임조사역)

바이오시스(35960)

◆회사개요(2000.1.1 기준)

- 설립일 : 1996년 11월 27일
- 대표이사 : 김범룡
- 등록주식수 : 74만주
- 주요주주지분 : 메디슨 26%, 세인전자 25% 등
- 주력사업 : 생체의료기기
- 결산기 : 12월
- 코스닥등록일 : 1999년 12월 1일
- 자본금 : 37억원
- 액면가 : 5,000원
- 홈페이지 : www.biosys.co.kr

바이오시스는 96년 메디슨과 세인전자의 공동투자로 설립된 생체신호관련 의료기기를 생산하는 벤처기업이다. 주요 생산품은 환자감시장치, 태아감시장치, 심전도계, 폐기능 측정기 등이다. 국내시장에서 30% 이상의 점유율을 보이고 있다. 2000년 이후부터는 메디슨의 마케팅 네트워크를 이용하여 미국·일본 등 선진국 시장에 진출할 예정이다.

◆사업전망

동사는 국내 전자인프라와 값싼 노동력, 짧은 제품개발기간, 주요 부품(PCB, IC)의 저가확보 등으로 높은 가격경쟁력을 갖고 있어 실적호전이 예상되고 있다. 또한 메디슨 및 기타 자회사들과 R&D 및 마케팅망을 공유하고 있어 선진국시장으로의 진출이 용이하다는 것도 하나의 경쟁력으로 작용하고 있다.

동사는 세계적 생체의료기기 회사들과 경쟁하기 위해 메디다스와 협력하여 생체신호를 이용한 원격 의료시스템 장비개발에 역점을 두고 있다. 또한 메디다스와 비트컴퓨터에서 추진하고 있는 전자 의료 서비스 초기 시장에서 두각을 나타낼 것으로 보인다. 건강에 대한 관심이 늘어나면서 가정에서 손쉽게 건강진단을 실시할 수 있는 자가진단용 홈케어 시장이 본격 형성되면 국내 홈케어기기 시장을 선점하고 있는 동사 제품에 대한 수요가 크게 증가할 것으로 보인다.

동사는 매출실적이 해마다 증가추세에 있고 재무구조도 우량하며 OEM수출증가라는 강점을 보이고 있어 코스닥에 등록한 의료기기 관련 5개 업체가 모두 액면분할이나 액면분할을 결의한 점에 비추어볼 때 액면분할 가능성이 높다.

동사는 지금까지 판매해온 저가형 제품 외에 선진국형 제품개발에 나서 연초부터 본격 시판에 나설 예정이다. 이 제품은 세계 의료기기 시장의 절반을 차지하고 있는 미국시장이 주요 대상인데, 현재 FDA 인증을 추진하는 등 미국시장 진출채비를 하고 있다.

◆주가 차트

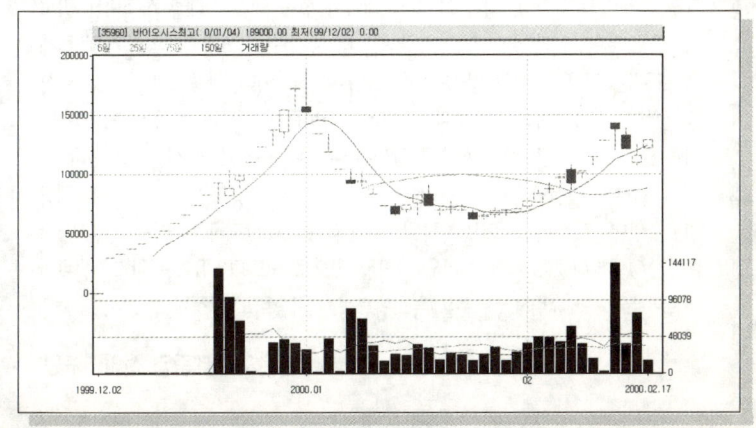

◆사업실적 및 재무현황

　동사는 코스닥 등록으로 총 41억 7천만원의 자금이 유입되어 99년 말 부채비율이 60%로 낮아지고 유보율은 121%로 재무구조가 개선될 전망이다. 99년 96억원 매출에 12억원 순이익이 예상되고 2000년 목표는 200억원의 매출에 32억원의 순이익을 전망하고 있다.

주요 재무실적 및 전망 (단위 : 억원, 원, %)

연도	매출액	경상이익	순이익	부채비율	EPS
1997	16	0.6	0.6	403	577
1998	35	3.9	3.3	342	3,388
1999(E)	96	14.2	12.4	60	1,676
2000(E)	200	40	32	75	-

〈자료 : 바이오시스〉

애널리스트 분석

　바이오시스는 생체신호의료기기 제조업체다. 주력제품은 환자감시기와 태아감시기다. 환자감시기란 환자의 심전도파형, 맥박수, 혈압, 산소포화도 등의 신호를 분석하는 기기다. 태아감시기는 태아의 심박 태동 상태를 점검하는 기기다. 두 제품의 매출비중이 80%를 넘는다. 뛰어난 가격경쟁력을 앞세워 전세계 의료기기시장 중 저가 및 중가시장을 공략하고 있다. 매출액의 70% 이상을 전세계 50여개국에 수출하고 있다. 선진시장을 잠식하고 있는 HP 등에 비해 50% 저렴한 가격경쟁력을 앞세워 빠르게 해외시장에 진출하고 있다.

　이 회사는 선진국형 고기능제품의 주문자상표부착방식(OEM)매출이 예상되고 있어 지속적인 외형성장이 기대된다. 양산체제가 갖춰짐에 따라 2000년부터 제조원가가 더욱 절감될 것으로 보인다. 뛰어난 가격경쟁력과 더불어 독일 및 유럽제품인증을 통과함으로써 기술력도 인정받고 있다.

김은지(현대증권 선임연구원)

시공테크(20710)

◆ **회사개요(2000.1.1 기준)**

- 설립일 : 1988년 2월 19일
- 대표이사 : 박기석
- 발행주식수 : 530만주
- 주요주주 : 박기석 40%, 삼성증권 3.28% 등
- 주력사업 : 전시관·박물관·과학관 등의 기획, 설계 및 제작전문
- 결산기 : 12월
- 코스닥등록일 : 1999년 8월 11일
- 자본금 : 53억원
- 액면가 : 1,000원 (액면분할 : 99년 12월 11일)
- 홈페이지 : www.tst.co.kr

시공테크는 박물관, 과학관, 전시관, 테마파크 등 각종 전시공간의 기획설계에서 제작까지 담당하는 전시사업 전문업체다. 88년 자본금 1억원, 직원 3명으로 창업한 이 회사는 전시공간에서 연출되는 첨단 전시기법을 비롯해 테마파크의 조성 및 관련 인터넷 콘텐츠 사업까지 전시에 관한 토털 솔루션을 제공하면서 이 분야에서 독보적인 영역을 확보하고 있다.

◆ **사업전망**

시공테크는 90년 영상전시기술연구소를 설립해 컴퓨터와 영상을 연결하는 복합영상기술을 비롯한 수많은 신기술을 개발해내고 있다. 특히 연구소에서는 과학전시물 전반에 관한 하드웨어 및 소프트웨어 개발에 주력하고 있으며 터치스크린을 이용한 멀티미디어 시스템, 빠른 속도와 우수한 기능으로 정지 및 동화상을 처리하기 위한 자체 도

구를 개발해 박물관 과학관, 그리고 교육용 멀티미디어 시스템 등에 응용하고 있다.

지난 10여년간 시공테크가 설계·제작한 전시관은 전국적으로 407곳에 이른다. 부산수산과학관, 대전엑스포 정보통신관, 석탄박물관, 경기도 박물관, 서대문형무소 역사관, LG반도체 전시관, 이화여대 자연사 박물관 등이 시공테크의 대표적 작품이다.

현재 활발하게 설계 또는 제작중인 곳만 해도 35개 프로젝트에 이르고 있는데 초고속 정보통신 전시관, 서대문 자연사 박물관, 하노비 엑스포 한국관 등이 그것이다. 동사는 박물관이 단순히 역사적 유물의 보존기능뿐 아니라 연구센터로서 또 교육의 장으로서 컴퓨터를 통해 안방에서도 전시제품을 볼 수 있도록 인터넷서버 설비를 도입하는 등 완벽한 컴퓨터 시설을 갖추어놓고 있다.

아울러 동사가 개장할 사이버 박물관은 박물관에 직접 가지 않고도 시공테크의 인터넷사이트에 접속만 하면 각종 유물들을 3차원 영상으로 볼 수 있도록 하고 있다.

시공테크는 문화재를 안전하게 보존하는 수장고 시스템을 개발하여 특허와 EM마크를 획득하였으며 해외 특허도 출원하여 해외시장 개척에 나서고 있는데, 진출 대상국으로 과학관이 현저하게 부족한 중국을 꼽고 있다. 선진국의 우수한 업체들과 공동 진출을 추진하고 있다.

◆주가 차트

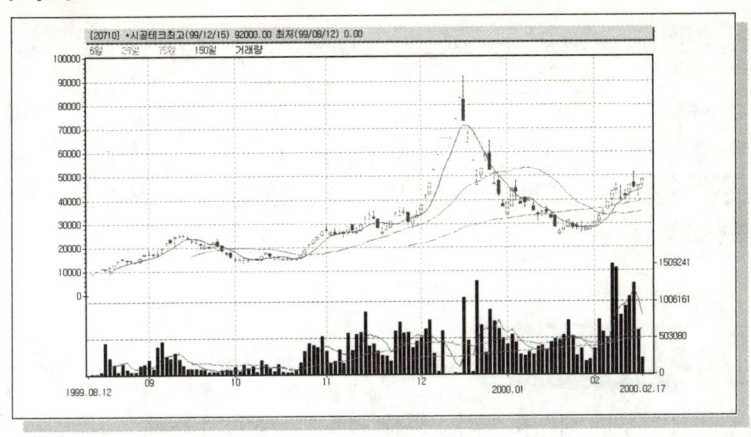

◆사업실적 및 재무현황

　최근 3개년간 평균 20.5%의 매출액 증가추세를 보이고 있으며 순이익은 165.4%의 증가율을 나타낼 정도로 성장폭이 커지고 있다. 대부분의 발주처가 정부 및 지방자치단체로 사업구조가 안정적이다. 자본금 53억원에 직원수 140여명의 중견기업으로 성장했다.
　담보보증이나 채무보증이 전혀 없다. 99년 증자 및 순이익 급증으로 부채비율이 98년 142.8%에서 73%대로 대폭 낮아져 재무구조도 탄탄한 편이다. 99년 추정매출액은 330억원, 순이익은 65억원이 넘을 것으로 보인다. 2000년 목표매출액은 650억원, 순이익 100억원을 달성한다는 계획이다.

주요 재무실적 및 전망 (단위 : 억원, 원, %)

연도	매출액	경상이익	순이익	부채비율	EPS
1997	238.5	8.8	5.2	192.5	2,401
1998	249.2	11.1	9.1	142.8	1,018
1999(E)	330	80	65	73	1,226
2000(E)	650	140	100	30	1,572

〈자료 : 시공테크〉

애널리스트 분석

　　전시테마파크산업은 정보통신산업과 함께 최대 성장산업으로 주목받고 있는 분야다. 문화·교육측면은 물론, 오락 및 관광요소까지 포함하는 종합산업이다. 아이디어와 창의력이 핵심으로 미국의 디즈니랜드나 유니버설 스튜디오를 이해하면 쉽다. 국내시장 규모는 3천억원으로 추정된다. 향후 1조원 규모의 거대시장으로 성장할 것으로 전망된다. 시공테크는 국내시장의 40%를 점유하고 있어 성장성이 큰 것으로 판단된다. 또 동사는 중국 등 외국시장 진출에 주력하고 있어 큰 성장잠재력을 갖고 있다. 수많은 종류의 과학관·박물관·전시관 등의 사업을 수행하는 과정에서 축적한 사진과 영상의 방대한 자료를 바탕으로 인터넷 콘텐츠사업에도 적극 투자하고 있다. 2000년부터는 인터넷 상거래 분야에도 진출할 계획이다. 담보제공이나 채무보증이 전혀 없어 재무구조도 탄탄하다. 부채비율 등 안정성 지표는 산업평균치에 비해 월등히 우수할 뿐만 아니라 절대치에서도 우량한 편이다. 사업성격상 경기변동에 순응하지만 아직은 대부분의 발주처가 공공기관적 성격을 갖고 있어 경기변동에 그다지 민감한 편은 아니다.
　　수익성도 안정적인 편이다.

김태경(하나증권 투자정보팀 과장)

코닉스(17210)

◆**회사개요(2000.1.1 기준)**

- 설립일 : 1983년 9월 19일 (법인전환)
- 대표이사 : 우부형
- 발행주식수 : 300만주
- 주요주주 : 우부형 18.05%, 이문희 21.71%, 김석기 8.52%
- 주력사업 : 계측기 제조업
- 결산기 : 12월
- 코스닥등록일 : 1991년 7월 22일
- 자본금 : 15억원
- 액면가 : 500원 (액면분할 : 99년 10월 2일)
- 홈페이지 : www.konics.co.kr

　코닉스는 83년에 설립된 제어계측기 분야 국내 선도 벤처기업이다. 전자식기록계, 지시계, 조절계, 온도압력계 등 각종 공업용 제어기기를 전문생산하고 있다. 국내 최초로 전자식 아날로그 기록계의 국산화 성공에 이어 하이브리드 기록계 및 디지털 지시계와 조절계 개발분야에서 독보적인 기술을 확보하고 있다.
　국내 26개 대리점과 엔지니어링 회사를 주축으로 영업력을 구축하고 있으며 그동안의 기술력과 노하우를 극대화해 많은 신제품을 출시하고 있어 향후 높은 수익을 올릴 것으로 전망되는 기업이다.

◆**사업전망**

　동사는 81년에 설립된 삼성종합계기가 모태다. 86년 사명을 현재의 상호로 변경하고 기술개발에 주력, 국내 최대의 제어계측계 업체로 성장했다. 회사설립과 동시에 기술개발과 신제품 개발에 힘써온

결과 공업용 계측기분야에서 세계 최고의 기술력을 인정받고 있다.

동사가 생산하는 주요 계측기는 전자식 아날로그 기록계, 디지털 및 그래픽지시계, 공정제어용 조절계, 신호변환기, 트랜스미터, 압력계, 컨트롤밸브 등 산업계 전반에서 물과 전기를 사용하는 곳이라면 필수적인 기기들이다. 국내 계측기시장은 기기 자체가 고도의 정밀성을 요구하는 특성 때문에 전체 시장의 80~90% 정도를 일본·미국·독일 제품이 점유하고 있다. 국내시장규모는 약 4천5백억원으로 추정되는데 계측기를 수입·판매하는 회사들이 부도로 인해 법정관리에 들어감으로써 상대적인 수혜를 받을 것으로 기대된다. 또 계측기는 내용연수가 보통 2~3년으로 짧기 때문에 대체수요가 많아 지속적인 매출이 이어질 것으로 보인다. 동사는 99년부터 각 산업현장에서 설비투자가 증가하고 있어 신규수요가 더욱 늘어날 것으로 예상된다.

한편 2000년부터 대기환경보호를 위한 소각로에 계측기를 의무적으로 부착해야 하는 법안이 국회를 통과함에 따라 수요가 대폭 늘어날 것으로 전망된다. 이 법안이 통과됨에 따라 국내에는 연간 10만개 이상의 소각로 환경계측기가 소요될 것으로 추정되는데 동사는 이를 위해 현재 연간 1만개 정도 생산하던 생산시설을 확충하고 생산량을 대폭 늘릴 예정이다. 소각로에 부착되는 환경계측기는 유일하게 동사만이 생산하는 고부가가치 첨단제품이다. 따라서 올해 약 50억원의 추가매출이 기대되고 있다고 회사측은 밝혔다. 99년 독일의 계측기박람회에서 호평을 얻은 트랜스미터의 기술개발 완료로 99년 매출은 전년도에 비해 약 70% 이상 증가할 것으로 전망된다. 또 동사는 제어계측기 기술력에서 얻은 '마이크로 프로세서' 기술을 바탕으로 공장자동화의 핵심기기인 온도 및 압력전송기를 개발하는 데도 성공했다. 이 제품은 향후 각종 컴퓨터를 통한 제어계측시스템으로 업그레이드하여 지속적으로 개발해나갈 계획이다.

동사는 정보통신분야의 핵심으로 떠오르고 있는 광통신계측기사업에도 본격 진출할 채비를 갖추고 있다. 이미 한국표준과학연구소와 기술개발에 관한 공동개발협약을 마친 상태다. 광통신계측기는 최근 급성장하고 있는 정보통신 중에서도 인터넷의 빠른 정보전달을 위해 사용되는 광통신에 부착하는 계기로서, 현재 국내생산은 전무한 상태다. 동사는 전체 인원의 15%를 투입, 기술연구소를 운영하고 매출액의 일정액을 기술연구소에 투자해 신제품 개발에 주력하고 있다.

◆주가 차트

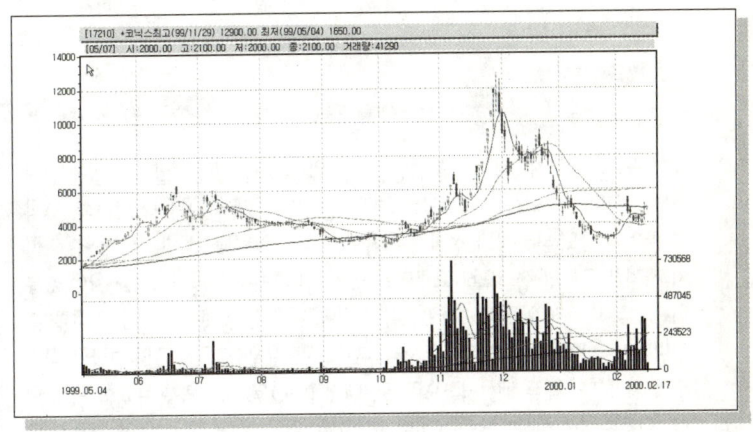

◆사업실적 및 재무현황

98년 매출액은 90억원, 순이익 6억원을 올렸다. 99년에는 기업들의 설비투자 증가에 힘입어 전년대비 약 34% 증가한 121억원의 매출에 13억원의 순이익을 올릴 것으로 추정된다.

2000년에는 매출 160억원, 순이익 20억원을 목표로 하고 있다. 99년 두차례에 걸친 유상증자 및 수익성 호조로 부채비율이 99년말 53%선으로 축소될 전망이며 금융비용부담률도 1.8%로 무차입경영에

돌입해 안정적인 재무구조를 보이고 있다. 2000년 1월 유상증자를 성공적으로 마쳤고 99년말 12%의 주식배당을 실시한 바 있다.

주요 재무실적 및 전망 (단위 : 억원, 원, %)

연도	매출액	경상이익	순이익	부채비율	EPS
1997	113	8.2	6.4	115.07	2,944
1998	90	7.2	6.0	79.04	2,736
1999(E)	121	17	13	55	433
2000(E)	160	25	20	25	-

〈자료 : 코닉스〉

애널리스트 분석

코닉스는 제어계측기기 전문생산업체로 외형보다는 기술개발과 내실을 중시하는 회사다. 이 회사가 생산하는 계측기는 거의 대부분 공장과 발전소, 소각로 등에 공급되는데 물과 전기를 사용하는 장소에는 필수적인 기기들이다. 기기 자체가 고도의 정밀도를 요구하고 있어 국내 계측기시장은 80~90%를 미국·독일·일본으로부터 수입품이 차지하고 있다. 경쟁사는 이들 기기를 수입판매하는 판매법인들이다. 동사는 부품국산화율을 최근 70%선까지 끌어올려 원가율을 대폭 개선시켰으며 3년내에 100% 국산화를 목표로 하고 있다. 다품종 소량생산방식으로 거의 100% 주문생산을 하고 있어 재고가 없고 자금부담이 상대적으로 적다고 할 수 있다. 기업들의 설비투자규모가 동사의 매출과 직결되는 상관관계에 있다. 계측기는 내용연수가 보통 2~3년으로 경기회복에 힘입어 99년부터 기업들의 설비투자가 다시 늘어나면서 계측기 수요가 늘어 매출이 증가하는 추세다. 또 전국의 소각로에 기록계설치 의무화가 추진되면서 이 부분의 매출이 큰 폭으로 늘어날 것으로 기대된다. 50%대의 낮은 부채비율과 금융비용부담률로 안정적인 재무구조를 나타내고 있다는 점이 강점이다.

이창경(신한증권 투자분석부 대리)

터보테크(32420)

◆ **회사개요(2000.1.1 기준)**

- 설립일 : 1988년 4월 7일
- 대표이사 : 장흥순
- 발행주식수 : 1,569만 4,000주
- 주요주주 : 대주주 외 특수관계인 23%, 한강구조조정기금 15.7%
- 주력사업 : 공작기계용 수치제어장치 및 정보통신 단말기 개발 제조
- 결산기 : 12월
- 코스닥등록일 : 1997년 4월 22일
- 자본금 : 157억원
- 액면가 : 1,000원(액면분할 : 99년 4월 30일)
- 홈페이지 : www.turbotek.co.kr

    터보테크는 88년 설립된 공작기계용 컴퓨터수치제어장치(CNC) 전문생산 벤처기업이다.
    2년 전부터 PCS단말기를 생산해 모토롤라와 국내 대기업에 납품하면서 정보통신분야로 사업영역을 확장해나가고 있다. IMT-2000사업을 앞두고 SK텔레콤의 단말기 공동개발자로 선정돼 향후 탄탄한 성장기반을 마련했다.

◆ **사업전망**

    동사의 주력사업은 원래 공작기계용 컴퓨터 수치제어장치의 생산이다. CNC는 산업전반에 걸쳐 원가와 품질을 결정짓는 핵심 자본재 품목이다. 99년 정부가 95년부터 국책사업으로 추진해온 차세대 수치장치 개발에서 시스템통합업체로 선정되어 이 분야에서 주도권을 갖게 됐다. 99년 7월에는 삼성전자와 전략적 제휴관계를 맺고 차세대

CNC개발과 생산, 판매에 관한 공조체제를 갖춘 바 있다. CNC분야의 기술력을 응용하여 각종 컨트롤러를 생산하여 가전제품 핵심부품으로 공급하고 있다. 또 OEM방식으로 그동안 김치냉장고, 에어컨 컨트롤러, PCS단말기 보드 등을 생산해왔다. 특히 CNC에 탑재하는 소프트웨어와 교육용 소프트웨어 분야는 IMF 이후 극심한 경기침체 속에서도 높은 수익을 올리는 효자노릇을 해오고 있다. 99년 말부터 일본의 공작기계 업체에 CNC핵심보드 수출협상을 진행중이다. 동사는 그동안 범용공작 기계분야의 수치제어장치에 주력해왔으나 97년이후 PC를 이용한 CNC인 PC-NC 전용 공작기계분야 진출을 급속히 추진, 개발을 완료하고 제품에 장착해 자체 브랜드로 판매하고 있다. 98년부터 수출모델을 개발해 수출을 추진하고 있다. 97년부터 PCS단말기를 OEM방식으로 생산하면서 정보통신업에 진출했다. 모토롤라와 국내 대기업에 단말기를 공급하면서 불량률 6ppm으로 최고수준의 품질을 인정받았다. 이 같은 기술력을 바탕으로 올해 사업자 선정이 예정돼 있는 차세대 이동통신 단말기사업인 IMT-2000사업에 진출할 준비를 착실히 다지고 있다. 이미 SK텔레콤의 IMT-2000 공동개발자로 선정됐다. 2000년 하반기에 시제품이 나올 예정이다. 최근 개발에 성공한 3차원 얼굴조각기도 동사 매출에 큰 기여를 하고 있는 제품이다. CNC 소프트웨어 기술을 응용해 개발한 이 제품을 유럽지역에 5천여대 수출할 계획이다. 이 밖에도 자회사인 넥스트인스트루먼트를 통해 반도체 장비사업에도 진출했다. 램버스 D램용 자동핸들러 개발을 마치고 2000년 부터 양산할 계획이다. 이미 테스트를 거쳐 기술력과 품질을 인정받았다. 인터넷사업에도 진출해 2000년초 기술교육전문 포털사이트인 '테크빌'을 개설할 예정이다.

CNC라는 자본재분야에서 정보통신분야로 새 사업영역을 구축해 나가고 있어 성장성이 기대되고 있다.

◆주가 차트

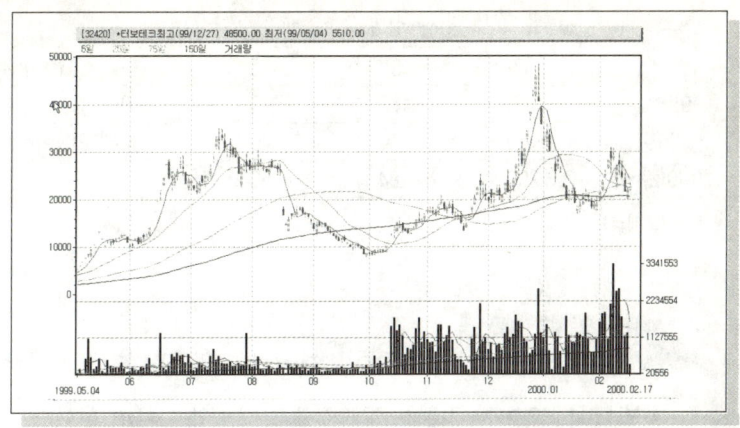

◆사업실적 및 재무현황

　98년 기준 매출구조는 CNC매출이 39.6%, 방위산업용 유무선 통신설비가 18.5%, 신규진출분야인 산업전자부문이 41.9%를 차지해 신규사업의 매출이 큰 비중을 차지한다.
　99년 4월 한강구조조정기금으로부터 80억원의 투자를 유치했으며 8월에는 460억원의 유상증자를 성공적으로 마쳐 재무구조가 크게 개선되었다. 99년말 기준 부채비율을 30%대로 대폭 낮췄으며 2000년부터 본격화할 신규사업인 정보통신사업에 대규모 투자를 할 수 있는 기반을 마련했다. 98년에 매출액 181억원, 순이익 9억원을 올렸으며 99년 추정실적은 410억원의 매출에 40억원의 순이익이 예상된다. 2000년 목표는 CNC 관련 보드와 3차원 얼굴조각기 수출 등 신제품 매출발생이 본격화돼 1,200억원의 매출에 150억원의 순이익을 전망하고 있다.

주요 재무실적 및 전망 (단위 : 억원, 원, %)

연도	매출액	경상이익	순이익	부채비율	EPS
1997	171	3.1	2.5	132	230(5천원기준)
1998	181	11.3	9.3	140	839(5천원기준)
1999(E)	410	50	40	30	318(1천원기준)
2000(E)	1,200	204	150	15	-

〈자료 : 터보테크〉

애널리스트 분석

　터보테크의 사업분야는 컴퓨터수치제어장치(CNC)사업, CAD/CAM사업, 산업전자사업 등 세 가지다. CNC사업은 공작기계에 들어가는 컴퓨터수치제어장치를 개발하는 분야다. 터보테크의 주력사업으로 기술집약도가 매우 높다. 이 회사는 지난 95년 국내 최초로 CNC컨트롤러를 국산화하는 데 성공했다. CNC컨트롤러에 PC의 장점을 접목시킨 'PC-NC', 보급형 'PC-NC'인 'HX시리즈'를 선보여 좋은 반응을 얻었다.
　CAD/CAM사업은 금형가공을 위한 CAD/CAM시스템을 개발·판매하는 사업분야다. 산업전자사업은 에어컨 자동온도제어장치, 무선 통신기기 등 각종 산업전자부품을 개발·생산하는 사업분야다. 우수한 기술개발인력과 연구개발투자가 강점이다. 터보테크는 장흥순 사장을 포함해 임직원의 25%가 공학박사 출신이다. 매년 매출액의 18% 정도를 연구개발에 쏟고 있다.

남옥진(신영증권 연구원)

한신코퍼레이션(37120)

◆ 회사개요(2000.1.1 기준)

- 설립일 : 1992년 7월 7일
- 대표이사 : 최신욱
- 등록주식수 : 1,000만주
- 주요주주지분 : 대주주 24.4%
- 주력사업 : 만화영화제작
- 결산기 : 6월
- 코스닥등록일 : 1999년 11월 18일
- 자본금 : 50억원
- 액면가 : 500원(액면분할 : 99년 8월 20일)

한신코퍼레이션은 TV용 및 극장용 만화영화를 제작·판매하는 애니메이션 전문제작업체다. 국내 90여개 애니메이션 업체 가운데 자체 기획력을 갖추고 창작할 수 있는 몇 개 안되는 기업으로 한국 창작 애니메이션 수출의 85%를 점하고 있다. 통합방송법 실시에 대비해 만화영화전문 위성방송 사업을 계획하고 있다.

◆ 사업전망

동사는 KBS에서 방영되어 만화영화사상 최대 시청률을 기록한 '꼬비꼬비'를 제작해 그 가능성이 돋보이는 애니메이션 전문기업이다. 매출구성은 하청제작 68%, 해외공동제작 15%, 국산제작 15%, 방영권 2%의 순이다. 앞으로는 하청제작보다 5배 이상의 고부가가치 사업인 캐릭터, 오디오 판권 등을 합친 수익창출력에 집중한다는 방침이다.

국내 애니메이션 시장은 하청제작 감소에도 불구하고 '지상파 TV 만화영화 쿼터제(국산만화영화를 50% 의무적으로 방영해야 하는 제도)'와 '애니메이션 육성책(애니메이션 발전기금 1,000억원 지원)' 등 정부의 적극적인 지원과 통합방송법 통과 등에 힘입어 2001년에는 1조 5,000억원까지 시장규모가 커질 것으로 전망된다. 동사는 200여편 이상의 프로그램 방영권을 가지고 있고 컴퓨터 애니메이션 제작기술을 보유하고 있어 높은 성장가능성이 예측되고 있다.

동사는 매년 100여편 이상씩 프로그램 방영권을 양산할 계획이며 신규사업으로 위성방송 프로그램 공급을 추진하고 있다. 또한 애니메이션과 오락, 교육을 가미한 에듀테인먼트를 지향하는 어린이 채널을 설립하고 제작부터 보급까지 일원화한 통합 애니메이션 회사로 거듭난다는 계획을 갖고 있다.

또 2000년초 정부가 발표한 경제정책운용방향에서도 지식기반경제 구축을 위한 방안으로 게임이나 애니메이션 등 고부가가치산업을 집중 육성 지원한다는 내용을 담고 있어 이에 대한 수혜기업으로 기대가 모아지고 있다. 이 같은 지원을 위해 정부는 '애니메이션지원센터'를 신설하기로 결정한 바 있다.

◆주가 차트

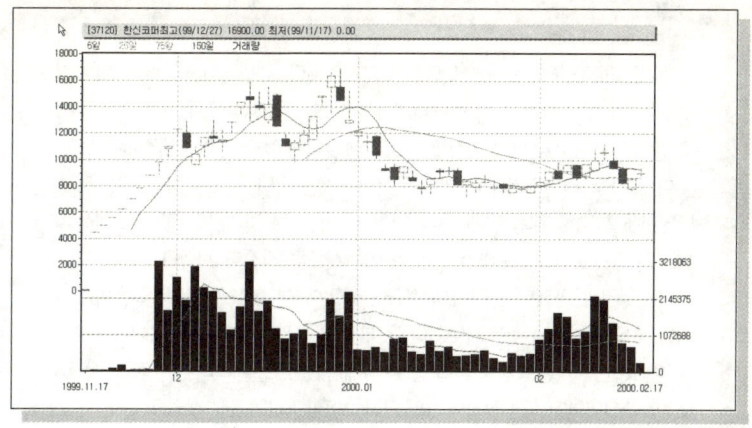

◆사업실적 및 재무현황

　98년 매출액 70억원, 순이익 5억원의 실적을 거두었다. 99년 86억원의 매출에 당기 순이익 11억원을 기록했다. 99년 66억원의 유상증자를 실시, 부채비율을 25%로 낮춰 안정적인 재무구조를 보이고 있다. 2003년까지 평균 성장률은 76%, 수익성 증가도 71%로 예상된다. 2000년 추정매출액은 106억원이며 20억원의 당기순이익이 예상되고 있다.

주요 재무실적 및 전망　　　　　　(단위 : 억원, 원, %)

연도	매출액	경상이익	순이익	부채비율	EPS
1998. 6	70	7	5	296.85	253
1999. 6	86	15	11	177.59	390
2000. 6(E)	106	26	20	13	200
2001. 6(E)	175	37	27	11	270

〈자료 : 한신코퍼레이션〉

애널리스트 분석

한신코퍼레이션은 창작 애니메이션 제작업체다. 애니메이션은 쉽게 말해 만화영화다. 이 회사는 전체 창작 애니메이션시장의 85%를 점유하고 있다. 시장규모가 연간 100% 이상 성장할 것으로 예상됨에 따라 향후 성장전망도 밝다.

이 회사는 창업초기에는 해외 하청작업만 해왔다. 95년부터 자체 창작 애니메이션을 제작했다. 현재 단순 해외하청작품 대 기획창작 및 공동제작 비율이 5대 5정도다. 전체 매출액의 90% 정도를 수출하고 있다.

창작능력과 마케팅 능력이 우수하다는 것이 이 회사의 강점이다. 이에 따라 해외 공동제작도 가능할 전망이다. 정부가 방송사의 국산 애니메이션 방영비율을 2000년 10월부터 50%로 확대하고 창작 애니메이션 관련 자금지원도 할 예정이어서 매출신장이 기대된다. 반면 애니메이션 산업은 방영 및 상영시기가 외부요인에 따라 영향을 받을 수 있어 매출과 이익의 실현시기 및 규모가 변할 수 있다는 것이 약점이다.

김성호(현대증권 선임연구원)

부록

코스닥 및 제3시장 현황

부록 1
코스닥 등록예비심사청구 예정법인 현황(2000년 2, 3월)

(공모예정가는 모두 액면가 5,000원으로 환산한 수치)

회 사 명	구분	자본금(백만원)	딜러	공모가 예정(천원)	회 사 명	구분	자본금(백만원)	딜러	공모가 예정(천원)
고려정보테크	벤처	500	교보	50	아 코 테 크	〃	1,600	〃	
일룽텔레시스	〃	1,400	〃	30	유니와이드테크놀로지	〃	3,620	〃	
하이퍼텔레시스	〃	2,525	〃	70	인 바이오 넷	〃	1,999	〃	
한 광	〃	3,500	〃	20	중앙소프트웨어	〃	3,941	〃	
KIS정보통신	〃	5,732	〃	10	타 프 시 스 템	〃	1,200	〃	
삼일세무정보	일반	1,050	〃	50	이 젠 텍	일반	3,100	〃	
한 솔 창 투	〃	26,000	〃	13	가 로 수 닷 컴	벤처	2,000	대우	50
나모인터랙티브	벤처	1,150	굿모닝	100	네 이 버 컴	벤처	817	〃	200
매 스 램 전 자	〃	2,000	〃	40	대한실험동물센타	〃	2,533	〃	50
비 테크 놀 로 지	〃	1,079	〃	150	반도체엔지니어링	〃	1,000	〃	60
시 큐 어 소 프 트	〃	3,979	〃	80	솔 고	〃	5,798	〃	35
아 이 씨 앰	〃	1,400	〃	200	솔 빛 미 디 어	〃	2,050	〃	30
옥 션	〃	5,019	〃	100	아 이 소 프 트	〃	1,800	〃	50
이네트정보통신	〃	2,500	〃	100	에 드 네 트	〃	2,300	〃	70
이 젠 텍	〃	5,190	〃	150	에 이 스 전 자	〃	1,900	〃	50
테 크 노 필	〃	3,494	〃	130	익 스 팬 전 자	〃	2,300	〃	50
트래픽엔지니어링	〃	1,200	〃	50	인 츠 닷 컴	〃	4,798	〃	기분산
강남종합유선방송	일반	7,000	〃	30	인루스테크놀로지	〃	2,250	〃	80
대 원 유 화	〃	2,000	〃	25	코 웰 시 스 넷	〃	837	〃	30
다 산 인 터 네 트	벤처	1,050	동원	200	한 국 레 이 컴	〃	2,500	〃	50
링 크 웨 어	〃	1,200	〃	30	P&K 시 스 템	〃	2,100	〃	30
바이오스페이스	〃	1,000	〃	40	SM엔터테인먼트	〃	1,200	〃	70
씨앤에스테크놀로지	〃	6,250	〃	200	광 명 기 전	일반	3,500	〃	20
위 즈 정 보 기 술	〃	1,000	〃	300	동 양 매 직	〃	33,500	〃	12
케 이 아 이 티	〃	700	〃	30	오 리 콤	〃	8,250	〃	25
피 코 소 프 트	〃	600	〃	300	멜타정보통신	벤처	1,000	신영	40
한국물류정보통신	〃	14,705	〃	7	아 이 빌 소 프 트	〃	2,850	〃	30
대한시멘트공업	일반	6,000	〃	30	세 청 화 학	일반	5,000	〃	40
이건창호시스템	〃	5,240	〃	20	창 흥 통 신	벤처	3,200	한진	30
한 림 제 약	〃	13,750	〃	20	케 이 비 씨	일반	2,546	〃	15
나 라 콘 트 롤	벤처	3,000	대신	미정	한 림 창 투	일반	20,500	〃	20
대 정 크 린	벤처	2,100	〃	미정	엔 씨 소 프 트	벤처	1,800	LG	200

회 사 명	구분	자본금(백만원)	딜러	공모가 예정(천원)	회 사 명	구분	자본금(백만원)	딜러	공모가 예정(천원)
웬 텔	〃	4,115	LG	13	TPC메카트로닉스	벤처	3,000	현대	25
인 포 뱅 크	〃	3,144	〃	160	3 R	〃	8,484	한빛	40
파 인 디 지 털	〃	3,700	〃	200	삼 명 정 밀	〃	1,700	〃	20
한 원	〃	5,258	〃	40	슈퍼스타소프트웨어	〃	1,930	〃	20
C&C엔터프라이즈	〃	6,250	〃	50	아 주 인 터 내 셔 날	〃	1,875	〃	21
한국신용평가정보	일반	16,764	〃	65	영 우 화 학	〃	1,254	〃	20
건 창	벤처	3,870	부국	15	이 원 이 디 에 스	〃	1,530	〃	35
로 드 테 크	〃	750	〃	65	진 두 네 트 워 크	〃	1,500	〃	30
바 이 오 텔	〃	500	〃	18	한 국 큐 빅	〃	1,500	〃	20
태 창 금 속 공 업	〃	2,100	〃	20	국 보 건 장	일반	1,400	〃	15
현 대 신 용 금 고	일반	6,000	〃	10	대 윤 정 보 통 신	〃	2,000	〃	50
나 이 스 카 드 정 보	벤처	4,000	신한	20	매 지 넷 코 리 아	벤처	2,800	한화	30
쎄 스 컴	〃	1,950	대유	20	우 리 기 술	〃	2,300	〃	70
휴 먼 컴	〃	2,604	〃	50	텔 리 웨 어	〃	2,400	〃	35
벨 코 정 보 통 신	〃	1,400	하나	50	하 이 론 폼	〃	6,800	〃	10
삼 진 정 보 통 신	벤처	1,600	하나	50	한국아스텐엔지니어링	〃	900	〃	82
쎄 라 텍	〃	5,000	〃	300	니 피 코 리 아	일반	2,973	〃	32.5
와 이 즈 디 베 이 스	〃	4,400	〃	30	무 한 기 술 투 자	〃	21,400	〃	기분산
전 신 전 자	일반	1,528	〃	40	수 영 전 기 기 업	〃	3,400	〃	20
진 성 산 업	〃	2,800	〃	15	안 국 약 품	〃	4,000	〃	17
국 순 당	벤처	3,000	현대	150	현대세가엔터테인먼트	〃	5,000	〃	15
네 오 위 즈	〃	600	〃	1,200	인 포 피 아	벤처	1,400	신흥	35
동 양 텔 레 콤	〃	3,500	〃	60	건잠머리컴퓨터	〃	3,160	유화	25
심 마 니	〃	3,224	〃	80	평창하이테크산업	〃	3,300	〃	45
심 스 밸 리	〃	920	〃	100	대 영 에 이 앤 브 이	〃	987	동양	20
아 라 리 온	〃	4,773	〃	40	동 양 알 앤 디	〃	1,300	〃	120
에 스 넷 시 스 템	〃	3,000	〃	100	디 비 엠 코 리 아	〃	2,00	〃	40
이 오 테 크 닉 스	〃	1,000	〃	200	유 니 씨 앤 티	〃	900	〃	81.5
트 라 이 든 테 크	〃	1,250	〃	100	인 피 트 론	〃	761	〃	50
프 로 소 닉	〃	2,536	〃	40	태 인 테 크	벤처	2,500	〃	60
한 성 전 자	〃	2,400	〃	25	삼 아 정 공	일반	2,400	〃	22
국 민 신 용 카 드	〃	292,398	〃	20	이 오 리 스	벤처	1,200	SK	40
삼 성 카 드	〃	228,701	〃	40	자 원 메 디 칼	〃	1,800	〃	30
서 화 정 보 통 신	〃	2,178	〃	40	지 오 엔 터 랙 티 브	〃	1,500	〃	90
제 일 창 투	〃	11,250	〃	15	우 리 기 술 투 자	일반	1,600	〃	25
코 람 스 틸	〃	2,800	〃	20	이 천 일 아 울 렛	〃	21,482	〃	38
한국CATV드림씨티	〃	8,686	〃	15	델 타 콤	벤처	1,725	조흥	60

회 사 명	구분	자본금(백만원)	딜러	공모가 예정(천원)	회 사 명	구분	자본금(백만원)	딜러	공모가 예정(천원)
삼 테 크	일반	4,000	조흥	70	평창정보통신	벤처	4,999	삼성	100
신명엔지니어링	〃	648	〃	21	평 화 정 공	〃	3,640	〃	35
극동뉴메릭	벤처	900	세종	미정	퓨 처 시 스 템	〃	4,000	〃	70
씨에스이엔지	〃	600	〃	〃	프레임엔터테인먼트	〃	4,700	〃	50
장원엔지니어링	〃	1,000	〃	〃	다 림 비 젼	〃	3,670	동부	120
코아정보시스템	〃	1,500	〃	〃	중앙바이오텍	〃	3,000	〃	25
한 국 씨 엠	〃	950	〃	〃	쓰 리 소 프 트	〃	2,333	현투	50
서 두 인 칩	〃	4,500	삼성	60	창 민 테 크	〃	1,400	〃	120
웹인더스트리얼	〃	680	〃	100	쌍용정보통신	일반	27,000	〃	기본산
코스메틱랜드	〃	6,500	〃	60					

□ 부록 2

제3시장 진입희망업체

회 사 명	대표자	업 종
가 나 정 보	이명수	제조및 도소매, 서비스업
가 임 정 보 통 신	이완표	SW개발, FRP, 컴퓨터 게임기, HW
강 원 랜 드	김광식	서비스업
경 우 아 이 티	박위기	정보통신분야 소프트웨어 개발
고 려 정 보 통 신	이광호	제조, 도매, 서비스, 보안장비, 통신기기
골 드 투 어	김희영	사이버관광업
기 가 램 코 리 아	김두현	소프트웨어개발 외
나 우 콤	김창훈	부가통신서비스, PC통신, 인터넷서비스
네 띠 앙	홍윤선	인터넷서비스, SW개발
네 트 로 이 십 일	최영일	SW개발, DB구축
넥 서 스 커 뮤 니 티	양재현	프로그램개발
넥 셀 텔 레 콤	김종원	제조, 도매, 서비스
넥 스 텍	문일호	SW개발
노머니커뮤니케이션	김병진	통신, 부가통신업
노 스 컴	최용진	제조
닉 스	김효근	견직물제조 도소매업, 인터넷온라인 광고대행업
다 솔 정 보 통 신	김대규	통신기기, 컴퓨터 및 주변기기, 소프트웨어개발
닥 스 클 럽	류제천	사이버 커뮤니티 비즈니스, 전자상거래
데이콤인터내셔날	박재천	벤처기획 및 보육, 네트워크 기술 컨설팅 및 솔루션
동 이 기 술	유영환, 심형보	정보처리 및 기타 컴퓨터운용관련업
두 성 네 텍	허영판	제조업, 도매업, 전자상거래업, 임대업
디 앤 시 테 크	박한서	전자부품 SW개발
디 엠 넷	이원우	SW 개발 및 공급
디 지 털 컨 텐 츠	노현철	제조, 서비스, SW개발
디 지 털 퓨 전	김태완	SW 개발, 방송장비
디 킴 스 기 획	김동준	광고대행, SW개발
러 닝 콤	김출생	소프트웨어개발, 교육서비스, 인터넷 통신교육
레 이 콤	최원하	제조
레 이 콤 시 스 템	박기수	제조, 도매, 서비스
로 그 인 코 리 아	이길우	인터넷 정보제공, 전자상거래, 컴퓨터
마 이 플 랜	김도석	서비스, 제조
멀티데이타시스템	이태화	제조, 서비스
멀 티 미 디 어 라 인	임준우	서비스, 음향녹음 인터넷사이트
메 가 메 디 칼	김병장	의료기기 제조업

회 사 명	대표자	업 종
메디캠스	강성훈	의료용기기제조
명성엔지니어링	한상관	제조
미다스칸	송정부	금융관련 서비스업, 마케팅 기획 및 판매
미래테크	배정빈	제조, 도소매, 무역업
민텔	조희덕	통신장비 제조, 서비스
밀레텍	전경일	전자제조
바이오메트랩	김종원	염색체 영상분석장치
바텍시스템	임성훈	제조, 도소매
베스트인터넷	이한순	서비스 도소매
보라네트	김용을	여행알선업
사이버스톡21	맹완호	데이터베이스업, 투자자문업
사이버에듀타운	이상문	정보통신업, 컴퓨터하드웨어
삼구개발	구자관	근로자파견서비스 및 SW개발, 컨설팅
새턴정보통신	김태중	SW개발, 인터넷전자상거래, 전산관련운용업
새한텔레콤	김성재	통신업, 정보보안시스템
새호로보트산업	김세영	산업용로봇제조
성림에너지	임영우	제조
세넥스테크놀로지	남궁종	SW개발, 공급
세양통신공업	손창동	유무선통신장치 제조
세일디아이와이컴퓨터	강웅철	컴퓨터 및 주변기기 제조, 멀티미디어제조
세정텔레콤	박장호	통신업
세통정보기술	남재민	제조, 서비스
소프트디에스피	강대윤	DSP관련 소프트웨어개발
소프트랜드	신근영	SW 개발, 인터넷 동화상 압축전송
소프트프로텍	한승조	SW, 보안시스템, ASIC설계
스펙트럼디브이디	이빌상	영화제작관련 서비스업
스포츠뱅크코리아	여해규	서비스 도소매
시티넷	윤준호	서비스
신보람	이동호	서비스
쎄라스택	김왕섭	전자부품 제조
쎄인트미디어	백승헌	소프트웨어개발 및 납품
씨네티아정보통신	성낙출	부가통신업
씨엘리서치	이명신	서비스
매진	강두웅	신약개발
아리수인터넷	김상동	서비스, 도매
아미텔레콤	윤중은	영상, 음향 및 통신장비 제조업
아원정보통신	심재범	소프트웨어개발, NMS개발
아이디어플라자	주진용	인터넷 정보 및 서비스

회 사 명	대표자	업 종
아 이 디 전	정연보	기타화학제조 및 서비스
아 이 비 아 이	이관정	정보통신
아 이 빌 소 프 트	전교문	SW개발 및 자문
아 이 앰 알 아 이	유완옥	도매, 제조
아 이 티 켓	김태연	인터넷콘텐츠 개발, 상품권 발행
아파치커뮤니케이션	이종구	SW 및 인터넷 솔루션개발, 인터넷관련
알 파 비 전 텍	이종훈	제조, 서비스
알 파 캐 스 트	김희조	제조
애 니 유 저 넷	정춘석	정보통신 서비스, 소프트웨어 개발·공급
애 드 게 이 터 컴	송경호	서비스, 정보통신업, 광고업
어울림정보기술	장문수	소프트웨어자문, 개발 및 공급업
에 어 미 디 어	유윤	무선증권거래시스템, 양방향 무선호출
에어트랙의과학연구원	박창준	제조, 도매, 의료기
에 오 싸 이 버	오양근	서비스
에 이 다 정 보 기 술	김홍구	SW 개발 및 자문
에 이 맥 정 보 통 신	하태정	전기전자 엔지니어링, 방송수신기 및 기타영상음향
에 이 엠 알 텍	김정수	제조, 도매, 서비스
에 이 직 프 라 자	정태섭	반도체설계, 제품제조업
에 치 디 엔	송문걸	정보통신, 관광, 학원
엑 소 프 트 뱅 크	정규식	정보통신
엔 드 레 스 레 인	정재욱	SW개발, 인터넷서비스, 컨설팅
엔 비 이 로 테 크	윤영곤	인터넷 전자상거래, 자동차판매, 프랜차이즈
엔 써 커 뮤 니 티	최준환	사업 서비스업, SW자문개발 및 공급
엔피아시스템즈	함경수	SW 개발, 판매
엘 앤 제 이	조용문	제조
예 인 정 보	조기원	데이터베이스업
오 프 너 스	김시원	정보통신, 유무선 단말기 제조
오 픈 타 운	조상문	서비스업
와마켓코머시스템	김선민	서비스
우 주 네 트 워 크	장재환	정보통신, SW, 컴퓨터 및 주변기기
우 진 케 미 칼	김정호	제조업, 광업
웹 넷 코 리 아	김해련	전자상거래, 정보제공, SW개발
웹 뷰	최원하	SW 개발 및 공급
유 진 산 업	정진태	제조
으 뜸 정 보 통 신	송재성	SW 개발 및 자문업
이 노 버 텍	이성웅	제조, 무선통신방송 및 응용장비, 전기전자 통신기술
이 니 시 스	권도균	도매, 서비스
이 스 트 소 프 트	김장중	SW 개발

회 사 명	대표자	업 종
이 티 즌	유세형	기타금융업
이 프 컴	현은정	전자통신기기, 부가통신단말기, SW개발
인 디 컴	김태영	제조, 서비스, 방송프로그램 영화제작
인 사 이 드 유	심우섭	SW 개발
인 터 넷 일 일 사	최규남	정보통신업
인터넷프라자시티	유완상	서비스, 도매, SW 개발 공급
인 터 뱅 크	신창균	도소매, 서비스업
인 터 존 이 십 일	윤남희	서비스 도소매, SW 자문·개발
인터코리아앤모야	이용시	부가통신업, SW 자문 개발 공급
인 터 텍 스 타 일	정갑진	제조, 도매
인 테 크 디 지 털	박재영	정보처리, 멀티미디어, 인터넷 콘텐츠
인 프 라 넷	김형필	정보통신업, 컴퓨터하드웨어
자 유 여 행 사	심양보	서비스, 여행알선
자 유 전 산 기 술	이동학	
장보고투자컨설팅	구성진	증권정보제공업
제 일 테 크 전 자	지만경	음향기기, 무선통신
조선인터넷티브이	김명환	SW개발, 정보처리 및 컴퓨터 운용
지란지교소프트	오치영	SW 개발 판매
지아이에스소프트	정동희	컴퓨터 SW개발 및 자문
지 아 이 티	정재웅	정보통신기기 제조업 및 소프트웨어 개발
지존인터미디어	이세리	서비스
지 트 콤	마윤식	별정통신
집 인 터 넷	이광석	인터넷 콘텐츠, 소프트웨어
창 신 소 프 트	지창진	SW 개발
카 디 날	최희식	제조, 도매, 서비스
캠 퍼 스 21	조성주	서비스, 제조
컬 쳐 901	김자영	SW 개발
컴 네 트	김강규	제조, 도매, 통신업 서비스
컴 캐 스 트	이대윤	인터넷방송
컴 텔 텔 레 콤	조상진	제조
케 리 어 서 포 트	이경우	온라인 정보통신사업, 취업정보제공사업
케 이 맥	유홍렬	전자
케 이 앤 티 그 룹	이종기	동시통역, 인터넷전자상거래, 정보인트라넷 구축
케이엔케이텔레콤	김성군	정보통신업, 무역
코 디 콤	안종균	전자정보통신기기, 유무선방송, CCTV
코리아인터넷정보통신	김용환	인터넷, 정보통신
코 리 안 소 스	심은섭	SW개발, 무역업
코 스 모 이 엔 지	김영철	무역, 중기부품, 온라인 정보제공

회 사 명	대표자	업 종
코 프 미	이제우	제조, 도소매, 음식점업, 체인음식업
쿠 키	구태기	인터넷 정보 서비스업
크 로 스 텍	강주형	제조, 도소매, 무역업
클릭엔터테인먼트	이상경	애니메이션 소프트웨어제조, 서비스업
키이엔지니어링	오석인	제조, 도매(대기오염방지시설)
키 텔	김문환	PC통신, 소프트웨어개발, 컴퓨터 주변기기, 네트워크
투 어 시 티	김호진	전자상거래, 홈페이지 제작
트 바 스	이균철	제조, 도소매, 무역, 서비스
트 인 텍	조홍식	제조, 서비스, 도소매
티 니 텔	홍정식, 허광호	컴퓨터 및 주변기기, SW개발
티 비 아 이	유예권	제조, 건설, 도매
티앤티월드콤	허남성	서비스
티 엔 비	임순권	제조업
포 롬 디 지 탈	이기붕	SW 개발
프 로 랭 스	권태근	SW 개발 및 자문
프 로 지 온	유신영	제조, 음향기기
프리컴시스템	이양주	부가통신업, 소프트웨어자문개발공급
피 앤 엠	박종덕	제조, 도소매
피에스디테크	강창원	제조, 건설, 도소매, 무역, 서비스
하 이 브 나 라	유광선, 이정호	인터넷서비스, SW개발
한국멀티넷(한국무선CTV)	정연태	무선통신 및 방송서비스
한국미디어산업기술	정병철	SW 개발, 제조, 서비스
한국사이버피아	김재호	정보통신, SW
한국신과학기술센타	김길남	제조
한 국 엑 시 스	김일천	기초 음성영상시스템 기술연구 개발업
한 국 웹 T V	홍승철	정보사업
한국지리정보기술	임재용	서비스제조, 도소매/소프트웨어개발, 주변기기
한국췌도이식	이광진	췌도증식업(의료업)
한국토지신탁	장병선	기타 금융서비스업
한국하이테크전자	박호진	제조업
한 국 CNC기 술	정호표	제조, 도매업
한 맥 인 스 코	이종국	서비스업
한 빛 네 트	한일환	SW자문, 개발, 공급
해 피 텔 레 콤	송기출	무선호출서비스업
허 드 슨 텍	박노춘	공장자동화기기제작 및 개발, 컴퓨터 하드웨어
현대야광안전경계석	이병호	제조
현 우 실 업	장장규	건설업, 부동산, 제조, 무역
협 동 화 학	조부원	제조, 합성수지

회 사 명	대표자	업 종
확 률 씨 엔 씨	윤인길	정보제공(인터넷)
환 경 비 전 2 1	김동우	환경관련 엔지니어링 서비스
후 이 즈	이청종	정보서비스
휴 처 인 터 넷	이창호	정보통신, 인터넷
K A T 시 스 템	국오선	정보처리 및 기타 컴퓨터운용관련업
M T K 텔 레 콤	김낙현	별정통신, 인터넷 콘텐츠사업
S A & K	김용욱	소프트웨어
Y T N	백인호	24시간 뉴스전문 TV방송
3Wtour (쓰리더블유투어)	장진우	인터넷 토털 마케팅, 인터넷 여행사

애널리스트가 분석한
코스닥@기업정보

지은이 / 한국경제신문 증권부
펴낸이 / 김 경 태
펴낸곳 / 한국경제신문 한경BP
등록 / 제 2-315(1967. 5. 15)
제1판 1쇄 인쇄 / 2000년 3월 1일
제1판 2쇄 발행 / 2000년 3월 25일
주소 / 서울특별시 중구 중림동 441
기획출판팀 / 3604-553~6
영업마케팅팀 / 3604-595~7
FAX / 360-4599

* 파본이나 잘못된 책은 바꿔 드립니다.
ISBN 89-475-2302-X

값 9,500원

한국경제신문 출판 한경BP의 책들
— 평생 한번은 꼭 읽어야 할 물과 공기 같은 책 —

권력이동
앨빈 토플러 지음 / 이규행 감역

21세기를 맞이해 폭력·부·지식 등 사회 각부문의 권력격변은 어떤 형태를 취하고 있는가? 이러한 격변은 어디에서 기인하는가? 앞으로 다가올 변화는 누가 어떻게 통제할 것인가? 세계 곳곳에서 일어나고 있는 권력의 대지진과 격변을 놀라운 통찰력으로 예견하고 있다.

양장 / 12,000원

미래쇼크
앨빈 토플러 지음 / 이규행 감역

인간에게 격심한 변화가 닥쳤을 때 인간은 도대체 어떤 상태에 이르게 될 것인가? 어떻게 하면 미래의 변화에 적응할 수 있을 것인가? 오늘의 현대인에게 미래의 충격적 상황을 예시하고 이를 극복할 방향을 제시하고 있는 역작. 미래 기술적·사회적 변화의 속도를 예감할 수 있는 구체적 내용을 담았다.

양장 / 10,000원

제3물결
앨빈 토플러 지음 / 이규행 감역

기존질서의 붕괴와 전자문명의 개막이 가져다 준 생활패턴의 변화라는 격량에 현대인은 표류당하고 있다. 어떻게 이러한 새로운 시대의 질서와 생활패턴에 적응하고 나아가 이에 능동적으로 대처해 나갈 것인가를 예리한 문명비판적 시각에서 제시해 주고 있다.

양장 / 11,000원

전쟁과 반전쟁
앨빈 토플러 지음 / 이규행 감역

새로운 세기로 접어들고 있는 오늘의 지구촌에서 새 문명의 등장으로 촉발된 대규모 평화위협의 실상을 파악하고 「신세계질서」의 이상형을 예측하고 있다. 전쟁과 반전쟁에 관한 저자의 방법론적 탁견은 전쟁을 예방하기 위한 평화적 해결책을 제시하고 신비한 미래사의 문을 활짝 열어주고 있다.

양장 / 9,500원

경영혁명
톰 피터스 지음 / 노부호 옮김

정보화사회는 불확실성이 심화된 사회로 기업경영의 경기규칙과 새로운 경영스타일 등 생존을 위한 변화는 가히 혁명적이라 할 수 있다. 이 책은 전통적 사고에 도전하고 조직이 사람을 위해 존재할 수 있도록 변화를 유도하는 45가지 경영실천전략을 제시한 기업경영자의 「비즈니스 핸드북」이다.

양장 / 13,000원

해방경영
톰 피터스 지음 / 노부호 외 옮김

2000년대의 경영사조는 무엇이며, 이를 주도할 기업의 생존철학은 무엇인가? 장장 1,300여 페이지에 걸쳐 좋은 기업을 만들기 위한 조직의 창조적 파괴와 일반통념으로부터의 해방을 핵심테마로 다루고 있다. 자유분방한 필치와 수많은 은유, 패러독스가 곳곳에 번득여 방대한 분량임에도 불구하고 읽는 동안 재미와 해구감·지적 충족감을 더한다.

양장 / 19,000원

경영파괴
톰 피터스 지음 / 안중호 옮김

이제 리스트럭처링·리엔지니어링으로는 급변하는 시대를 이길 수 없다. 기업의 조직은 상상을 초월하는 혁신적인 네트워크형이 되어야 한다. 이 책은 기업을 운영하는 사람들이 재창조와 혁명을 향해 전진할 수 있도록 9개의 「넘어서」를 중심으로 구체적인 혁신방안을 제시한다. 변하지 않는 기업이나 조직은 망한다는 것이 저자의 한결같은 주장이다.

양장 / 8,500원

혁신경영
톰 피터스 지음 / 이진 옮김

팀, 권한위임, 리엔지니어링, 품질관련 책은 많은데 혁신에 관한 책은 왜 없는가? 혁신의 순환을 이루는 15개의 불연속적인 아이디어를 독특한 방식으로 설명하고 있다. 톰 피터스는 모든 조직이 지속적으로 혁신을 추구할 수 있도록 극단적이지만, 실용성 있는 가이드 라인을 제시하고 있다. 혁신이야말로 개인과 조직이 살아남는 최후의 생존전략이 될 것이다.

양장 / 15,000원

강대국의 흥망

폴 케네디 지음 / 이왈수 외 옮김

역사학자이자 미국 예일대 교수인 저자는 이 책에서 지난 5세기 동안에 전개되었던 강대국들의 흥망성쇠는 그들의 경제력과 군사력의 변화 추이에 따라 좌우되어 왔다고 진단하면서 다가오는 21세기에는 미국·소련·서유럽 등의 쇠퇴와 중국·일본 등 아시아 강국들의 부상을 예언하고 있다. 〈뉴욕 타임스〉 선정 최우수 도서.

양장/13,000원

21세기 준비

폴 케네디 지음 / 변도은·이왈수 옮김

우리에게 충격을 던졌던 「강대국의 흥망」저자 폴 케네디 교수가 다가올 21세기 문명세계의 각종 위기를 명쾌히 분석·정리한 역저. 향후 30년 사이 우리에게 닥칠 도전들과 그 대응방법 그리고 인구폭발, 환경오염, 생명공학, 로봇, 통신수단, 가공할 파워의 양태 등을 특유의 통찰력으로 분석·예견하고 있다.

양장/11,000원

메가트렌드 2000

존 나이스비트 외 지음 / 김홍기 옮김

90년대는 정치개혁과 경이적인 기술혁신 등으로 인류에게 지금까지와 전혀 다른 변화양상을 안겨줄 것이다. 이 책은 90년대의 변화로 경제호전, 예술의 번영, 시장사회주의의 출현, 복지국가의 쇠퇴 등을 예시하고 있다. 과거 어둡고 비관적인 세기말적 변화보다는 밝고 새로운 흐름을 부각시키고 있다.

양장/9,800원

메가트렌드 아시아

존 나이스비트 지음 / 홍수원 옮김

미래예측가로 세계적 명성을 떨치고 있는 나이스비트는 21세기에는 아시아가 미국주도의 상품과 소비시장에 가장 중요한 경쟁자로 떠오를 것으로 내다보고 현재 역동적으로 변화하는 아시아의 모습을 8가지 트렌드로 분석했다. 특히 아시아와 세계라는 맥락 속에서 한국에 나타나고 있는 폭넓은 변화들을 살펴보고 한국이 아시아에 기여할 수 있는 방안도 짚고 있다.

양장/9,500원

20세기를 움직인 사상가들

기 소르망 지음 / 강위석 옮김

20세기 사상계에 결정적인 영향을 끼친 사람들은 과연 누구인가? 프랑스의 저명한 경제학자이자 사회학자인 기 소르망이 29명의 생존해 있는 현대 최고의 사상가들과 직접 인터뷰를 통해 그들 자신이 선택한 분야에 전 생애를 바친 사상과 사색의 놀라운 통찰을 기록·정리한 「살아있는 도서관」.

신국판/8,000원

자본주의 종말과 새 세기

기 소르망 지음 / 김정은 옮김

세계적인 석학인 저자는 자본주의 체제를 위협하는 것은 「도덕적 불만」과 「자본주의에 대한 몰이해」라고 주장하고 러시아·중국·독일·인도 등 20여개국의 자본주의의 현재 모습을 생생히 그리고 있다. 또한 현재의 자본주의의 위기를 극복하기 위한 구체적인 실천방안에 대해서도 통찰하고 있다. 방대한 분량인데도 르포형식이어서 전혀 지루하지 않다.

양장/13,000원

열린 세계와 문명창조

기 소르망 지음 / 박 선 옮김

서로 다른 문화가 충돌하는 유럽, 러시아, 중국, 일본, 아프리카, 라틴아메리카의 국경으로 우리를 이끈다. 서양인의 독백이나 나르시시즘이 아니라 바로 한반도에 대한 진단이며 치료제가 될 수 있다. 통독 이후의 문제, 북한의 실상과 우리의 미래, 미국화로 상징되는 맥몽드(McMonde)의 악몽 속에서 나름대로의 대응법을 찾을 수 있다.

양장/13,000원

편집광만이 살아남는다

앤드류 그로브 지음 / 유영수 옮김

인텔 불패(不敗) 신화의 주인공, 앤드류 그로브의 경영과 인생! 경쟁에서 이기기 위한 키워드 '편집광'을 주목하라. 지루함을 모르는 직장, 도전정신으로 머릿속이 꽉찬 편집광 직원들, 그리고 인텔에 대한 진솔한 이야기가 담겨 있다. 예리한 판단력과 관찰력을 겸비한 그로브는 첨단산업을 경영하는 데 필요한 이론으로 「전략적 변곡점」을 정립해 자세히 설명하고 있다.

양장/10,000원

미래기업

피터 드러커 지음 / 고병국 옮김

우리 시대의 가장 뛰어난 사회·경영학자이자 미래학자인 드러커의 「변혁시대 기업생존전략 연구서」! 세계경제가 빠르게 바뀌어 감에 따라 기업의 새로운 생존 경영전략 모델, 즉 기업이 살아남기 위한 5가지 변화조건을 예리하게 분석·고찰했다. 특히 사회·경제학 시각에서 세계경제 흐름을 독특하고 분석적으로 통찰했다.

양장 / 9,500원

자본주의 이후의 사회

피터 드러커 지음 / 이재규 옮김

사회주의권의 급격한 몰락 이후 탈냉전 분위기가 고조되고 있는 시점에서 향후 세계 변화가 주요 관심사로 떠오르고 있다. 저자는 향후 세계는 자본주의적 시장구조와 기구는 그대로 존속되겠지만 주권국가의 통제력은 약화되고 전문지식을 갖춘 지식경영자 중심의 글로벌화 사회가 될 것으로 예측하고 있다.

양장 / 9,000원

미래의 결단

피터 드러커 지음 / 이재규 옮김

현대 경영학의 대부, 피터 드러커는 이 책에서 「스스로를 다시 생각함으로써 회생할 수 있다」고 전제하고 기업의 5가지 치명적 실수, 가족기업을 경영하는 규칙, 대통령을 위한 6가지 규칙, 새로운 국제시장의 개발, 3가지 종류의 팀조직, 오늘날 경영자들이 필요로 하는 정보 등 바람직한 미래를 실현하기 위한 방안을 제시했다. 21세기를 위한 새롭고 시의적절한 경영지침서.

양장 / 9,000원

비영리단체의 경영

피터 드러커 지음 / 현영하 옮김

선진국에서는 학교, 자선단체 등 비영리단체의 경영혁신이 선풍을 일으키고 있다. 이 책은 필자가 교수생활을 하면서 비영리단체에서 봉사했던 경험을 바탕으로 조직관리, 예산 등 경영전반에 대한 문제점을 심도있게 분석하고 개선방안을 제시했다. 전문가들과의 대담을 통해 경영의 효율성을 높이기 위한 여러가지 방안이 눈길을 끈다.

신국판 / 8,000원

21세기 지식경영

피터 드러커 지음 / 이재규 옮김

새로운 경영 패러다임이 경영의 원칙과 관련한 기본가정을 어떻게 변화시켜 왔는지, 또 어떻게 계속 변화시킬 것인지에 대해 통찰하고 있다. 앞으로 수십년 아니 수년내에 틀림없이 일어날 여러 문제에 대처하지 못하다면 혼란의 시대, 구조변화의 시대, 전환기의 시대에 생존할 수 없다는 드러커의 마지막 경고는 반드시 귀담아 들어야 할 것이다.

양장 / 13,000원

미래의 조직

피터 드러커 외 지음 / 이재규 옮김

경영학의 두 거물인 피터 드러커가 서문을 쓰고 찰스 핸디가 결론을 내린 미래조직의 최종완성판! 당대 최고의 경영학자, 실무자, 컨설턴트가 참여한 이 책에는 미래 조직이 존속하고 번영하려면 조직과 지도자가 어디에 언제, 그리고 어떻게 변해야 하는지 각 분야별로 실질적인 조언을 하고 있다. 특히 정부, 기업, 사회단체 등 모든 인간조직의 미래모습에 대해 통찰력있는 비전을 제시하고 있다.

양장 / 13,000원

자본주의 이후 사회의 지식경영자

피터 드러커 지음 / 이재규 옮김

20세기가 낳은 가장 위대한 경영학자인 드러커 교수는 정보(information)가 권위를 대신하고 보고(report)가 사라진 조직에서 적응하기 위해 경영자들이 어떻게 해야 하는지 그 해답을 제시한다. 새롭게 도래하고 있는 미래 조직에서의 효과적인 의사결정방법, 경영혁신의 체계적 관리와 함께 지식경제에서 경영자가 직면할 구체적인 도전, 지식근로자의 생산성 향상을 위한 동기부여에 대해 충고하고 있다.

양장 / 10,000원

트러스트

프랜시스 후쿠야마 지음 / 구승회 옮김

한 나라의 경제는 규모만으로는 설명될 수 없고 문화적 요인이 중요하다. 이 문화적 요인이 사회적 자본이며 가장 중요한 덕목이 바로 신뢰이다. 저자는 이 책에서 개인주의, 가족주의에 기반을 둔 저신뢰 사회의 특성을 혹독하게 비판하면서 건강한 사회가 되려면 공동체적 연대와 결속의 기술을 터득해야 하며 신뢰는 경제와 사회, 문화를 아우르는 놀라운 가치라고 강조한다.

양장 / 12,000원

코피티션

배리 네일버프 외 지음 / 김광전 옮김

비즈니스 게임은 끊임없이 변하므로 전략도 당연히 변해야 한다. 경쟁(competition)과 협력(cooperation)에 관한 과거의 법칙들을 넘어서서 양자의 장점을 결합한 코피티션 전략은 기존의 비즈니스 게임을 혁신할 혁명적인 신사고다. 저자들은 게임 자체를 변화시켜서 이득을 최대화하는 방법을 보여주는 5가지 요소(전략의 PARTS)의 비즈니스 전략을 체계적으로 제시했다.

양장 / 9,000원

회사인간의 흥망

앤소니 샘슨 지음 / 이재규 옮김

이 책은 17세기 동인도회사에서 현재의 마이크로소프트사에 이르기까지 기업의 변화과정과 직장인들의 문화변천사를 통해 회사인간이란 무엇인가를 규명했다. 생생한 인물묘사와 인터뷰, 사례를 곁들이면서 전혀 도전받을 일이 없을 듯이 보였던 「기업관료들」이 어떻게 레이더스, 모험기업가, 일본의 경쟁자들, 컴퓨터, 여자 회사인간들에 의해 차례차례 공격당했는가를 밝히고 있다.

양장 / 9,800원

팝 인터내셔널리즘

폴 크루그먼 지음 / 김광전 옮김

산업위축과 실업증가, 실질소득 향상의 둔화를 비롯해 소득격차의 확대, 산업시설의 유출 등 선진경제가 지닌 문제점을 상세히 분석하고 그 원인이 개발도상국과의 교역에 있는 것이 아니라 선진국의 산업구조 변화와 기술발전에 있다고 밝히고 있다. 레스터 서로에 필적하는 20세기 최고의 경제학자인 저자가 지적하는 개도국 성장 비결은 우리에게 시사하는 바가 크다.

신국판 / 7,000원

2020년

해미시 맥레이 지음 / 김광전 옮김

다양한 인종만큼이나 상이한 정치·경제체제와 독특한 문화양식을 지니고 있는 세계 각국은 저마다의 주무기를 앞세워 미래를 설계하고 있다. 경제평론가인 저자는 앞으로 국가경쟁력을 결정짓는 요인은 기술이 아니라 문화라고 강조한다. 현재 세계 각국이 처해있는 상황을 바탕으로 치밀하게 전망한 2020년경의 세계 각국의 모습에서 우리의 진로는 어떻게 모색해야 할 것인가?

양장 / 9,000원

제4물결

허먼 메이너드 2세, 수전 E.머텐스 지음 / 현영환 옮김

21세기 범세계적 기업을 위한 낙관적 비전을 제시하고 있는 이 책은 한마디로 앨빈 토플러의 《제3물결》을 넘어 장기적 미래의 비전에 집중하고 있다. 지금 우리는 공업화를 상징하는 「제2물결」에서 탈공업화인 「제3물결」로 전이하고 있지만, 머지 않은 곳에서 새로운 차원의 「제4물결」이 밀려오고 있다고 진단하고 있다.

양장 / 4×6판 / 5,000원

소명으로서의 기업

마이클 노박 지음 / 김진현 감역

실업과 빈곤의 해결책은 무엇일까. 마이클 노박은 종교적 윤리 기반위에 선 민간기업만이 그 해결책이 될 것이라고 명쾌하게 주장한다. 민주자본주의하에서 신학적·윤리적 기초를 갖는 기업이야말로 이윤창출기관인 동시에 민주주의와 인권을 증진시키는 기관이며 사회공동체를 만드는 기관이다. 기업의 위치, 정신의 설정과 사회관계 정립에 등불이 될 내용들이 가득하다.

신국판 / 7,000원

21세기 오디세이

마이클 더투조스 지음 / 이재규 옮김

20년 동안 기술 전도사, 기업가, 경영 컨설턴트로서 정보혁명을 이끌어온 마이클 더투조스는 농업혁명과 산업혁명을 밀어낼 제3의 정보혁명에 대해 보다 폭넓은 관점을 제시한다. 저자는 21세기 글로벌 정보시장의 생생한 모습을 보여 주는 한편, 그 기술적인 문제점들을 폭로하고 한편으로 해결책을 제시하여, 영감에 가득찬 미래의 청사진을 제공한다. 보디넷, 전자 코, 촉각 인터페이스의 미래를……

양장 / 12,000원

21세기를 여는 7가지 키워드

오마에 겐이치 지음 / 임승혁 옮김

다가오는 21세기에는 서구 선진국의 뒤만을 쫓을 수는 없다. 그들을 앞서 나가기 위해서는 지금까지와는 다른 창의적인 발상, 새로운 전략, 확실한 준비가 필요하다. 21세기를 능동적으로 맞이하려는 사람들에게 띄우는 오마에 겐이치의 독특한 키워드. 1.시간축 발상 2.신커뮤니케이션론 3.자유재량시 4.글로벌경쟁시대 5.정보발신시스템 6.이미지전략 7.네트워크의 힘

양장 / 4×6판 / 6,500원

신창조론

이면우 지음

미증유의 경제위기를 맞은 한국, 한국인, 한국기업은 어디로 가야 하는가? IMF는 변화를 모르는 기업전통, 말만 많은 우매한 현자들의 득세, 재벌의 출혈경쟁, 모방으로 날새는 제조업, 부서이기주의에 찌든 업무절차 등 우리의 병세를 알려 준 고마운 의사다. 난장의 활기, 국가적 비전, 중소기업 활성화, 가상연구소, 동북아 경제 네트워크(신창조론)가 강력한 치료약이 될 것이다.

신국판/8,000원

내 인생 내가 살지

서상록 지음

예순둘의 나이에 대기업그룹 부회장에서 식당 견습웨이터로 변신한 서상록씨의 자전에세이. 그는 이 책을 통해 왜 최고경영자의 위치에서 모두들 하찮게 여기는 식당 견습웨이터를 하게 되었는지, 그의 평범하지 않은 인생을 감칠맛나게 들려주고 있다. 더불어 인생의 눈높이를 낮춰 하고 싶은 일을 하면서 누구보다 즐겁게 살라는 충고도 들려준다.

신국판/7,800원

유머인생 1~6

한국경제신문 출판부 편

많은 독자들이 1980년 12월부터 본지에 연재되고 있는 「해외유머」를 책으로 출판하면 어떨지, 그런 계획은 없는지 물어왔다. 이 책은 독자들의 그러한 성원에 보답하자는 취지로 출판되었으며 우스갯소리 가운데서 인생의 묘미도 느끼고 영어공부도 할 수 있게끔 어려운 단어나 어구에는 주석을 달아 독자들의 이해를 돕고자 노력했다.

4×6판/각권 4,500원

성공적인 점포경영 33선

류광선 지음

5,000만원 정도의 소자본으로, 심지어 무자본으로도 사업을 시작할 수 있는 아이디어를 담았다. 저자가 현장을 발로 뛰면서 바로 개업하기에 유망한 33개 업종을 선별, 입지선정부터 개업절차·경영 비법까지 최신 노하우를 총집결시켰다. 경영지침이나 사업의 성패진단법은 물론 직접 점포를 운영하는 사람들의 현장 목소리를 담아 차별화를 꾀했다.

신국판/9,000원

실전 부동산 경매

전 철 지음

법원경매든 성업공사 공매든 경매는 이제 누구나 쉽게 배우고 참여할 수 있게 되었다. 경매물건에 대한 마음가짐을 얼마나 유연하고 객관적인 자세로 평가할 수 있느냐가 성공의 지름길이다. 이 책은 부동산 경매에 대한 전반적인 원리를 누구나 알기쉽게 배울 수 있도록 설명했다. 실전사례중심으로 실패없는 부동산 경매 방법을 체계적으로 정리한 실전 가이드.

신국판/12,000원

사장님을 위한 5분 경제

손정식 지음

경영일선에 있는 경영자가 매일매일 직면하는 경제·경영현상에 대해 기본적인 원리를 설명한 이 책은 경제현상을 올바로 이해하여 기업경영의 이론적 토대를 튼튼히 하는데 보탬이 되는 경제상식들만 모았다. 가격관리와 비용관리에서부터 기업전략, 경쟁과 윤리, 기업과 금융, 국제무역과 국제금융에 이르기까지 꼭 알고 있어야 할 경제원리들을 강의하듯 풀어서 설명했다.

신국판/8,500원

새노동법 해설
(개정판)

윤호현 지음

노동법이 전면 개정되었다. 개정 노동법은 개별적 노동관계법의 대명사인 근로기준법상의 변형근로시간제, 정리해고제 등을 도입하고 집단적 노동관계법에서 금지됐던 복수노조, 제3자개입, 정치활동 등을 허용했다. 이 책은 저자가 현장에서 직접 느끼고 체험한 노사간의 문제점들을 살펴보고 개정 노동법 전반을 알기 쉽게 해설한 책이다.

신국판/11,000원

금융시장 예측

김성우 지음

주식, 금리, 상품 등의 현물시장은 물론 선물 및 옵션 등의 파생상품시장에서도 생존할 수 있는 방법을 다양하게 제시하고 있다. 20여년간 외환시장 등 다양한 시장에서 딜러, 투자가, 분석가로 활동하며 풍부한 현장경험을 가지고 있는 저자가 시장상황에 따른 기술적 지표의 분석요령과 심리적 동요의 극복방안을 현장사례 중심으로 상세히 설명하고 있다.

양장/12,000원

걱정하지 말고 살아라
리처드 칼슨 지음 / 채선영 옮김

스트레스 컨설턴트이자, 강연가인 리처드 칼슨이 풍요롭고 즐거운 인생을 창조하는 100가지 아이디어를 알려준다. 걱정이 사라졌을 때 어떤 멋진 인생이 펼쳐질지 따뜻하면서도 설득력있는 문체로 읽는 사람을 격려하고 있는 이 책은 걱정과 불안으로 마음을 어지럽힐 것이 아니라 결심과 실천으로 이어지도록 마술과도 같은 삶의 방법들을 제공하고 있다.

신국판 / 8,000원

시간이동
스테판 레트사폰 지음 / 형선호 옮김

사람들에게 있어서 시간은 객관적인 것이 아니라 주관적인 것이다. 이 책에서 저자는 시간에 대한 사고방식을 바꿈으로써 자신의 인생에 대한 통제를 되찾을 수 있다고 강조한다. 그 과정을 통해 우리는 인생을 최대한 즐길 수 있으며 많은 시간을 자신과 가족과 함께 더 한층 고양된 삶의 의미를 느낄 수 있다. 이 책은 명상서로서 자신의 삶을 컨트롤하는 방법을 제시한다.

신국판 / 9,000원

마음을 치유하는 79가지 지혜
레이첼 나오미 레멘 지음 / 채선영 옮김

정신분석학자로서 영혼의 연금술사로 평가받는 저자는 보다 큰 평화를 가져다주는 것은 우리가 서 있는 바로 이곳, 또 이곳에서 만나는 사람들을 있는 그대로 받아들일 수 있게 해줄 치료제, 즉 영혼을 위한 약이 필요하다는데 초점을 맞추고 있다. 저자의 따뜻한 식탁의자에 영혼이 충만한 의사와 환자, 그리고 동료들이 둘러앉아 나누는 그들의 삶은 무한한 가능성의 목소리로 들린다.

신국판 / 7,500원

밀레니엄
펠리프 페르난데스 아메스토 지음 / 허종열 옮김

지난 1000년을 마감하고 다음 1000년을 준비하기 위해, 한 시대를 평가하기 보다는 새로운 시대를 창조하려는 의도로 쓴 이 책은 유럽 중심적인 위장된 세계사가 아닌 진정한 세계사 정립을 위해 역사 이면을 자리매김하려고 노력했다. 인류역사의 주도권, 즉 민족의 힘은 태평양 주변국가에서 대서양으로 다시 태평양으로 옮겨가고 있다고 주장하고 있다.

전2권 / 양장 / 각권 12,000원

복잡계란 무엇인가
요시나가 요시마사 지음 / 주명갑 옮김

『무수한 구성요소로 이루어진 한 덩어리의 집단으로 각 부분의 움직임이 총화이상으로 무엇인가 독자적인 행동을 보이는 것』으로 정의되는 복잡계, 복잡계 과학은 「잃어버린 세계로의 여행」이 될 것이다. 복잡계의 과학은 그 꿈을 현실화시킬지도 모른다. 21세기를 주도하게 될 최첨단 키워드, 복잡계의 모든 것을 담았다.

양장 / 4×6판 / 7,000원

복잡계 경영
다사카 히로시 지음 / 주명갑 옮김

복잡계 이론이 예언하는 21세기적 경영의 모든 것이 여기 있다. 복잡계는 세기말의 혼돈 속에 지식의 최첨단 이론으로 등장, 구미지역에서 폭발적인 관심을 끌고 있다. 이 이론은 세계를 몇 개의 단순한 요소로 환원할 수 없는 '부분 이상의 총화', 자기조직화의 동적 프로세스로 이해한다. 또 세계관의 근본적인 변화를 통해 탈근대시대의 새로운 경영, 경영자를 위한 경영학의 혁명을 꿈꾼다.

양장 / 4×6판 / 6,500원

세계를 움직인 경제학 명저 88
네이 마사히로 지음 / 이균 옮김

한치 앞도 예측하기 어려운 경제. 환율, 주가, 금리… 어느 하나 앞을 내다보기 어렵기만 하다. 지금까지의 경제논리로는 더이상 예측하기 불가능하다. 여기 17세기의 페티에서 20세기 경제학의 거두 스티글리츠까지 경제의 흐름을 읽기 위해, 그리고 예측하기 위해 고뇌했던 수많은 경제학자들이 있다. 세상을 움직이던 일류 경제학자들이 피와 땀으로 써내려간 역작들을 통해 경제의 흐름을 짚어볼 수 있다.

신국판 / 9,500원

비즈니스 사회에서 가르쳐주지 않는 60가지
나카타니 아키히로 지음 / 이선희 옮김

회사에서는 학교처럼 음식을 입에다 떠먹여주듯이 친절하게 가르쳐주지 않는다. 회사는 방대한 교과서와 같다. 그곳에서 배우느냐, 배우지 못하느냐는 것은 모두 이 책을 읽는 당신에게 달려 있다. 이 책에는 회사인으로서 최소한 지켜야 할, 최소한 알아야 할, 그리고 최소한 갖추어야 할 비즈니스 사회에 필요한 성공발상을 저자 특유의 감각적인 문체로 펼쳐보이고 있다.

신국판 / 7,500원

리스크

피터 번스타인 지음 /
안진환 외 옮김

세계적인 경영 컨설턴트인 저자가 리스크의 역사와 발전과정을 담았다. 탁월한 통찰력으로 현재의 시점에서 미래를 다루는 방법을 밝혀낸 여러 사상가들의 이야기가 담겨 있다. 그리스시대부터 현재까지 인류의 다양한 위기의 순간들과 이를 헤쳐나가는 과정을 역사와 철학, 경제학 관점에서 돌아본다. 투자나 선택이 일상인 경영자들을 위한 책이다.

양장/12,000원

중산층이 살아야 나라가 산다

에드먼드 펠프스 지음/신동욱 옮김

자본주의의 야수성과 복지제도의 단견에서 비롯된 중산층의 붕괴는 우리를 당황하게 한다. 이 책은 바로 중산층이 살아야 내가 살고 지역사회가 살고 나라가 살고 더 나아가 민주주의와 자본주의가 산다는 인식 위에서 쓰여졌다. 국민의 정부 제2기 복지정책의 기초가 된 이 책은 장기적으로 인류 모두에게 혜택을 줄 자유시장 경제체제와 기술진보를 가능케 해주는 유일한 길을 설파하고 있다.

신국판/8,500원

지구의 변경지대

로버트 케이플런 지음/황 건 옮김

베일에 가려져 있던 서아프리카에서 중동을 거쳐 러시아의 외곽지대인 중앙아시아, 중국, 인도를 거쳐 캄보디아, 태국, 베트남에 이르는 대장정을 끝내고 저자가 내린 결론은 한마디로 암울하다는 것이다. 저자는 새로운 분쟁지역으로 떠오르고 있는 지구 곳곳을 다니면서 문제점을 지적하고 혼란에 빠진 이들에게도 따뜻한 시선을 보내자고 제안하고 있다.

양장/12,000원

대기업을 이기는 벤처비즈니스

마키노 노보루 · 강동우 지음 /
유세준 옮김

첨단 기술력과 재빠른 정보수집력을 갖춘 모험심 강한 중소기업이 대기업보다 훨씬 더 유연하게 시장상황에 대처하고 있으며 성공하고 있다. 마이크로소프트, 인텔 등이 그 예다. 이 책은 재편되고 있는 경제구조 속에서 앞서 나가고 있는 일본 벤처기업들의 사례와 실리콘밸리의 성공전략을 살펴보고 틈새시장을 공략하는 요령과 아이디어, 국제적 제휴전략 등을 다루고 있다.

신국판/5,500원

경제학은 없다

미셸 무솔리노 지음 / 김찬우 옮김

경제학자들의 수많은 예측의 오류 중에는 몇몇은 유명해졌고 그보다 많은 수의 오류는 잊혀졌다. 프랑스에서 화제를 불러 일으켰던 이 책에서 저자는 20세기 모든 위대한 예견과 모든 환상을 신랄하게 공격한다. 주류 경제학의 일반론을 분해하고 실업과 생산성에 대한 허튼소리와 거짓말, 그리고 시장법칙에 이르기까지 현대 초자본주의의 속성들을 발가벗기고 있다.

신국판/8,000원

기업경영에 창의력을 길러주는 50가지 키워드

톰 램버트 지음 / 정규석 옮김

이 책은 기업에 관여하는 사람이 기회나 문제에 직면했을 때 잘못된 것을 바로잡고 창의력을 고양시킬 수 있게 해주는 문제해결기법으로 가득하다. 경영자들이 최저의 노력과 최저의 비용으로 최단시간내에 필수적인 과제들을 해결하는데 필요한 도구와 점검목록, 직무 지시사항이 담겨 있다. 내일 성공하려면 벤치마킹하지 말고 오늘 도약하라는 것이 이 책의 결론이다.

신국판/10,000원

골프란 무엇인가

김홍구 지음

세계에서 가장 쉽고 재미있는 골프책을 목표로 연애소설 쓰듯이 재미있게 쓴 책이다. 80대 초반 굳히기, 70대 진입하기 등 현 수준에서의 구체적 도약 방법이 설명된다. 완결편은 통계나 속성 차원에서 접근한 상당한 수준의 골프 분석이다. 입문자라면 처음부터, 구력이 5년 이상됐고 성질이 급한 골퍼는 13번홀부터, 프로만큼의 플레이를 하려면 16번홀로, 머리가 아프면 4번홀로 가서 마음껏 웃으면 된다.

양장/11,000원

타이거 우즈 스윙의 비밀

존 안드리사니 지음 / 김홍구 옮김

타이거 우즈의 스윙 테크닉은 너무도 쉽기 때문에 어떤 아마추어 골퍼라도 응용할 수 있다. 우즈는 아놀드 파머와 같은 카리스마와 벤 호건의 집중력, 샘 스니드의 운동 능력, 잭 니클로스의 멘탈 지배력, 닉 팔도의 탁월한 매니지먼트 능력을 그대로 간직하고 있다. 우즈 스윙의 모든 비밀이 담겨 있는 이 책을 통해 우즈 스윙을 카피하게 된다면 당신의 볼은 두 말할 것 없이 까마득히 날아갈 것이다.

양장/4×6판/9,000원

주식시장 흐름 읽는 법
우라가미 구니오 지음 / 박승원 옮김

언뜻 보기에 무질서하고 예측이 불가능해 보이는 주식시장도 장기적으로 보면 특정한 네 개의 국면을 반복하고 있다는 것을 알 수 있다. 이 책은 이 네 개의 국면이 어떤 요인에 의해 순환되고 각각의 국면에서 어떤 종목이 활약하는가를 숙지할 수 있는 안목을 제시해주고 주식투자시 리스크를 피하는 방법에 대해서도 설명하고 있다.

신국판/5,500원

증시테마 알아야 주식투자 성공한다
안창희 지음

이 책은 주식투자자들이 어떤 상황에서 어떤 종목을 사고 팔아야 수익을 올릴 수 있는지 그 구체적인 방법을 제시한다. 더불어 투자이론이 실제 상황에서는 어떻게 적용되고, 앞으로 전개될 상황에서는 어떻게 대응해야 할지를 분석, 정리했다. 특히 실제 일어났던 증시상황에 대한 분석은 물론, 전망까지 곁들여 주식초보자라도 쉽게 이해할 수 있도록 했다.

신국판/9,800원

주식@ 살 때와 팔 때
한국경제신문 증권부 지음

증권투자는 사는 기술이 아니라 파는 예술이다. 기관투자가를 두려워할 필요는 없다. 수익률이 오르지 않아 밤잠을 못 이루는 것은 오히려 그들이다. 단기필마야말로 혼돈의 전쟁터에서 자신을 지키는 방법이며 주식투자로 성공할 확률은 개인투자자들이 높다. 한국경제신문 증권부가 개인투자가들을 지원하기 위해 펴낸 이 책을 통해 확실한 재테크의 길을 찾아보자.

신국판/9,000원

선물시장 흐름 읽는 법
현대선물 지음

이제 선물을 모르고는 주식, 채권 등 투자를 제대로 할 수 없는 세상이 되었다. 선물시장은 특정상품의 가격 수준에 대해 생각을 달리하는 사람들이 생사를 건 전쟁터다. 그동안 어렵게만 느껴졌던 선물거래를 일반인들이 이해하기 쉽도록 만화로 꾸몄다. 읽다보면 선물거래의 기본개념에서부터 선물거래의 실전투자 및 매매 타이밍까지 단번에 이해할 수 있도록 재미있는 스토리를 곁들여 설명했다.

신국판/7,000원

금융혁명 ABS
자산유동화 실무위원회 지음

자산유동화(ABS)제도에 대해 자산유동화 거래실무에 종사하는 국내외 금융기관의 담당자, 전문변호사, 정책입안을 담당하는 재경부와 금융감독원의 관계자들이 함께 참여하여 알기 쉽게 종합적으로 풀어썼다. ABS에 관련된 각 분야를 사례중심으로 현장감 있게 분석 정리했고 법률 축조해설까지 곁들여 누구나 쉽게 실전에 활용할 수 있도록 했다.

양장/20,000원

월가 천재소년의 100가지 투자법칙
맷 세토 지음 / 형선호 옮김

10대 천재소년 맷 세토가 세운 뮤추얼 펀드의 연간 수익률은 단연 압도적이다. 이 소년은 〈월 스트리트 저널〉의 표지인물로 등장한 바 있으며, 전세계 투자자들이 조언을 듣기 위해 애쓴다. 17세에 억대 부자가 된 맷 세토가 100가지의 성공적인 주식투자 비법을 소개한다. 신선하고 반짝이는 그의 투자전략은 폭락과 반전을 거듭하는 우리 주식시장에서 성공을 보장할 것이다.

신국판/8,500원

뮤추얼펀드 투자가이드
한국펀드평가 지음

뮤추얼펀드는 주식형수익증권, 외국인과 함께 주식시장의 큰손이다. 그들이 어떤 종목에 관심을 갖고 매수하며 어느 정도 보유한 뒤 매도하는가? 한국펀드평가(주)가 국내 최초로 뮤추얼펀드 69개를 집중 분석한 이 책은 펀드매니저는 물론이고 증권사 종사자, 뮤추얼펀드에 새로 가입하려는 투자자에게 매우 유익한 지침서가 될 것이다. 국내최초의 펴낸 뮤추얼펀드 종합 분석 전략 가이드.

신국판/15,000원

맥킨지 금융보고서
맥킨지 금융팀 지음

20년간 아시아 금융시스템을 분석, 컨설팅해온 맥킨지 금융팀은 21세기 한국을 비롯한 아시아의 은행 및 금융시스템이 어떤 도전을 받을 것이며 어떤 새로운 기회가 도래할 것인지 2010년까지의 금융 패러다임을 예측하고 있다. 금융시장의 어제와 오늘 그리고 미래를 열어가는데 없어서는 안 될 미래지향적 금융산업 구축에 과연 무엇이 필요한지 그 비결을 담고 있다.

신국판/18,000원